L I V E R P O O L
M A N C H E S T E R U N I T E D

※이 책에 나오는 ○표시의 주석은 모두 번역자주 또는 편집자주입니다.

RED ON RED

레드 온 레드

리버풀과 맨체스터 유나이티드
세상에 둘도 없는
극한의 라이벌 이야기

필 맥널티 · 짐 화이트 지음 / 홍재민 옮김

라의눈

★★★

차 례

PROLOGUE

누가 운하 때문이라고 하나?

2021년 5월 10일 오후. 올드트래퍼드 주변은 화약 냄새로 진동했다. 냄새가 얼마나 지독했던지 '가이 포크스의 밤' 축제와 새해맞이 행사, 디왈리의 불꽃놀이°가 동시에 열리는 듯했다.

맨체스터 유나이티드(맨유)는 리버풀과의 경기를 앞두고 있었다. 이날 경기는 코로나19로 인해 무관중으로 진행될 예정이었다. 경기장 밖에는 아침부터 글레이저 가문에 반대하는 팬들이 몰려와 시위를 벌였다. 최근 구단주 가문이 유러피언 슈퍼리그 창설에 동의했기 때문이다.

사실 슈퍼리그 창설안은 일주일 전 무산되었다. 하지만 팬들은 글레이저 가문이 누구도 원치 않는 일을 시도했다는 사실에 분노했다. 팬들에겐 접근 방식도 모멸적이었다.

° 가이 포크스의 밤, 새해맞이, 디왈리의 축제 모두 불꽃놀이를 한다.

올드트래퍼드 앞에 모인 팬들의 눈에는 이번 해프닝이 글레이저 가문이 클럽을 사금고처럼 다루고 있다는 확실한 증거로 보였다.

타오르는 홍염red flame은 색색의 연기를 내뿜었다. 데니스 로, 조지 베스트, 보비 찰턴의 동상이 보이지 않을 정도로 연기는 거셌다. 수많은 플래카드에 적힌 메시지는 단순명쾌했다. '아무도 슈퍼리그를 원하지 않는다. 더 나아가 아무도 그 발상의 주체인 글레이저 가문을 원하지 않는다.' 현장 취재진을 향해 한 시위자가 소리쳤다. "저 멍청한 녀석들을 클럽에서 끌어내자!" 반대하는 목소리는 들리지 않았다.

경기 시작 90분 전, 경찰의 느슨한 경계를 피해 백여 명의 팬이 경기장으로 진입하는 데에 성공했다. 코로나19로 인해 축구 경기장엔 TV 중계진과 일부 언론 관계자만 출입할 수 있었다. 1년 넘게 경기장에 들어가지 못했던 팬들에게 경기장 난입은 마치 옛 전우를 대하는 느낌이었을 것이다.

처음부터 그럴 생각이 없었기에, 경기장에 들어간 팬들은 무엇을 해야 할지 몰랐다. 기껏해야 〈스카이스포츠〉 중계석이 설치된 쪽으로 홍염을 던지는 정도였다. 그라운드를 배회하던 팬들은 킥오프를 흉내 내거나 성스러운 홈경기장 위에서 셀카를 찍었다. 그리곤 다들 떠났다. 경기장 안에는 구경거리가 없다는 사실은 잘 알고 있기 때문이다. 추가 행동을 우려한 프리미어리그 측이 이미 해당 경기를 취소한 상태였다.

그날 현장에 실질적 위협은 존재하지 않았다. 코로나19 방역 지침을 어기고 경기장에 난입했다는 점 외에 이렇다 할 폭력도 없었다. 그런데 6개월 뒤, 맨체스터 광역경찰대는 이날 현장에 있었던 시위 주동자들의 자택을 새벽에 급습해 몇 명을 연행했다. 경찰의 과잉 대응은 실소를 유발했다.

그날 경기장 밖에서 경기 취소 소식을 접한 맨유 팬들은 구호를 외치기 시작했다. 놀랍게도 글레이저 가문이나 슈퍼리그, 영국 축구를 망치는 갑부 구단주들의 욕심 따위와는 아무런 상관이 없는 구호였다. 맨유팬들은 리버풀팬들의 경제력을 조롱하는 응원곡을 불렀다. 안필드의 앤섬anthem인 '당신은 홀로 걷지 않아You'll Never Walk Alone'○를 개사한 노래였다. '서명해, 서명해, 손에 쥔 펜으로. 그래 봤자 너희들은 영원한 백수야.'

생뚱맞은 선곡이었다. 축구를 망치는 자본주의에 대한 정의로운 분노가 어느새 맨체스터와 리버풀이라는 두 도시 간의 경제력 차이로 변질되었다. 하지만 그날 시위 현장에 아들과 함께 있었던 피터 보일은 맨유팬들의 돌출행동을 충분히 이해했다.

몇 주 뒤, 우리는 맨체스터 남부에 있는 한 펍에서 피터 보일과 이야기를 나눌 수 있었다. 그는 40년 넘은 맨유의 열성 팬이다. "글쎄, 긍정적인 태도가 아닌 것은 인정합니다. 어디까지나 이건 우리와 리버풀의 대결입니다. 맨유팬들에겐 축구판이 어떻게 돌아가는지가 중요치 않아요. 우리의 영원한 주적은 리버풀이니까."

'주적'이라는 단어가 모든 것을 설명한다. 모든 것을 갈라치는 적대감이다. 우리는 리버풀팬이자 소설가이고 각본가인 케빈 샘슨과 연락이 닿았다. 맨유팬들의 응원곡에 대한 샘슨의 반응은 즉각적이었다. 이메일 회신에서부터 그는 감정을 고스란히 드러냈다. "솔직히 그놈들에겐 아무것도 기대하지 않아요. 나는 정말 맨유가 싫습니다."

샘슨은 리버풀 서포터즈를 대변하는 인물인 만큼

○ 브로드웨이 뮤지컬 '회전목마'에 등장한 곡. 앞글자를 따서 YNWA라고 한다.

그의 말은 믿을 만하다. 앤 윌리엄스의 이야기를 그린 ITV의 드라마 '앤' 시리즈가 바로 그의 작품이다. 1989년 4월 15일, 리버풀과 노팅엄포레스트의 FA컵 준결승전에서 리버풀팬 97명이 압사했다. 바로 힐스브러 참사다. 앤 윌리엄스의 열다섯 살 아들 케빈도 이 참사의 희생자 중 한 명이다. 앤 윌리엄스는 참사의 진상 조사와 정의 구현에 일생을 바친 인물이다.

머지사이드°에서 맨유 팬들에 대한 적대감은 특별한 뉴스가 아니다. 브렌던 와이어트는 1980년대 리버풀의 훌리건 모임을 이끌었고, 현재 볼드스트리트에서 패션 브랜드 '트랜살피노' 대리점을 운영한다.

"셀 수 없을 정도로 맨체스터 원정 응원을 갔어요. 내 사투리를 듣자마자 그곳 사람들은 '핸드백 조심! 지갑 조심! 여기 스카우저Scouser°° 출현!'이라고 조롱했어요. 그들은 우리 리버풀 사람들을 '쓰레기통 까마귀'라고 불러요." 잠시 말을 멈춘 뒤 와이어트는 "솔직히 할 말은 없어요. 실제로 나는 한때 절도범이었거든요"라며 웃었다.

한 가지 사실은 확실하다. 양쪽 팬들은 서로에 대한 혐오로부터 자기 정체성을 찾는다. 와이어트, 샘슨, 보일처럼 상상할 수 있는 모든 욕설을 최대치로 장전한 사람들이다. 맨체스터 출신 기업가이자 오래된 맨유팬인 누루딘 초드리는 "맨유-리버풀 관계에서 내가 제일 마음에 드는 부분은 우리가 리버풀을 싫어하는 만큼 그들도 우리를 싫어한다는 거예요"라고 말한다.

좀 이상한 구석도 있다. 어느 축구판에나 조롱과 경멸은 흔하디흔한 것인데, 거기엔 약간의 근거가 있는 법이다. 하지만 맨유와 리버풀의 감정을 객관

° 리버풀이 속한 잉글랜드의 주. 동쪽으로 맨체스터가 속한 그레이터맨체스터주가 있다.

°° 리버풀 토박이. 반대로 맨체스터 토박이는 '맨큐니언'이라 부른다.

적으로 뒷받침할 근거는 찾기 어렵다.

맨유와 리버풀은 글래스고 축구의 치열함을 뒷받침하는 종교 갈등 같은 역사를 경험하지 않았다. 그와 비슷한 현상이 있긴 있었다. 머지사이드 지역에서 프로축구가 태동할 무렵 아일랜드 이주민이 몰려오면서 파벌주의가 형성되었고, 그 결과 북쪽에 있던 천주교 신자는 에버턴, 남쪽에 있던 개신교 신자는 리버풀과 연대감을 쌓은 것이다. 적대관계는 에버턴과 리버풀이지, 결코 맨유와 리버풀이 아니다.

양쪽 팀은 바르셀로나와 레알마드리드처럼 정치적으로 갈등을 빚은 일도 거의 없다. 과거 유고슬라비아리그에서 벌어졌던 레드스타베오그라드와 디나모자그레브의 민족주의 충돌 같은 일도 없었다. 토트넘과 아스널, 애스턴빌라와 버밍엄, 셰필드의 유나이티드와 웬즈데이처럼 지리적으로 너무 가까워서 경기장과 직장에서 쉴 새 없이 부딪히는 경우도 해당되지 않는다. 맨체스터와 리버풀은 머지 평원에서 56킬로미터나 떨어져 있다.

두 클럽을 주적 관계로 만드는 배경은 여타 라이벌들과 다르다. 이들의 상호 경멸은 패션을 비롯해 음악, 놀이 문화, 비즈니스 등 문화 전반에 널리 퍼져 있다. 서로의 사투리 억양을 조롱하는 일도 즐긴다. 맨유의 팬진 〈유나이티드위스탠드United We Stand〉에서 일하는 앤디 미튼이 자신의 경험담을 소개한다.

"세르비아에서 더비매치를 취재하다가 경기장에서 리버풀팬 한 무리를 만났어요. 함께 술을 마시다가 내가 물었어요. '진짜 궁금해서 그러는데, 리버풀 사람들은 왜 치킨을 제대로 발음하지 못하지? 나는 리버풀 토박이들이 '치킨'이란 단어를 어떻게 발음하는지 시범을 보였어요. 목 깊숙이 가래 끓는 소리로 'K' 발음을 과장해서 했죠. 그랬더니 바로 공격이 돌아왔어요. '너희들은 옐로우yellow 발음도 못 하잖아. 도대체 '옐로오'가 뭔 말이래?'라고 리암 갤러거Liam Gallagher○ 흉내를 내며 낄낄대더군요. 우리는 늘 이런 식이었어요."

배우 로비 오닐은 90년대 머지사이드의 헤일우드에서 자랐고, 지금도 안필드 홈경기장을 자주 찾는다. "10대 시절 나는 '맨체스터는 똥내가 진동해'라는 노래를 부르곤 했어요. 진짜 딘스게이트Deansgate○○에 오물이 흐르는 줄 알았다니까요. 맨유가 점점 강해질수록 맨체스터 사람들이 건방을 떤다고 생각했어요. 오만한 개자식들, 난 정말 맨체스터 출신이 싫었어요."

데이비드 스콧은 맨체스터 출신 밴드 '아 키드'의 멤버이자 시인이다. 롱사이트에서 자란 만큼 맨체스터를 지지하고, 지금도 올드트래퍼드 홈경기를 정기적으로 관전한다. 어린 시절 스콧은 맨유팬인 아버지와 함께 머지사이드에서 촬영된 드라마 〈브룩사이드Brookside〉를 보곤 했다. 이 드라마를 통해 그는 리버풀 사람들은 모두 도둑, 백수, 게으름뱅이, 믿을 수 없는 사람이라고 믿었다. 한마디로 '쓰레기통을 뒤지는 까마귀'였다.

라이벌 의식이 강렬하게 배인 스콧의 집안에서 결정적인 일이 벌어진다. 1995년 열네 번째 생일을 맞은 스콧에게 아버지가 안필드 원정 경기 티켓을 선물한 것이다. 그는 혼자 원정 응원에 나섰다. 스콧의 말이다.

"그때까지 나는 리버풀에 가본 적이 없었고 리버풀 사람을 만난 적도 없었어요. 마치 외계인의 영토에 들어가는 심정이었죠. 라임스트리트역에 도착한

○ 맨체스터 출신 인기 그룹 '오아시스'의 프론트맨

○○ 맨체스터 도심을 남북으로 관통하는 도로, 맨체스터 중심가를 뜻한다.

나는 〈반지의 제왕〉에 나오는 프로도 꼴이었어요. 스탠리파크°까지 달려가는 동안 오크들이 나를 쫓아왔어요. 지금도 나는 안필드를 모르도르°°라고 불러요. 무사히 집으로 귀환하자 아버지가 '우리 아들, 이제 어른이네!'라면서 반겨주셨어요. 맨체스터의 전통 성인식이었던 셈이에요."

° 리버풀 홈경기장 근처의 공원으로 안필드 자체를 말하기도 한다. 공원의 다른 쪽 끝에 구디슨파크도 있다.

°° 영화 〈반지의 제왕〉에 나오는 악역 사우론의 거점

앤디 미튼 역시 맨유를 따라 리버풀의 안방을 여러 차례 들락거렸다. 당연히 그도 스콧처럼 살 떨리는 첫 경험을 했다. 미튼에게 두 클럽이 맞붙을 때마다 벌어지는 일촉즉발 상황은 익숙하다. 입싸움, 몸싸움은 기본이요, 양보 따위는 존재하지 않는 분위기였다. 에피소드도 많다.

"2016년 유로파리그 맞대결 취재차 리버풀 경기장의 본부석에 있었습니다. 한 리버풀팬에게 '저는 맨유팬 팟캐스트인데 질문 하나 해도 될까요?'라고 말을 걸었어요. 그는 '차라리 나한테 할복자살을 하라고 해!'라고 무섭게 쏘아붙이더군요. 웃기려는 게 아니라 진지한 대답이었어요. 뭐, 인정합니다."

두 도시 사이에 늘 이런 인정이 존재하는 것도 아니고, 미튼의 방식이 갈등을 대하는 합리적 방식이 아닐 수도 있다. 미튼의 말이다. "나는 주위에서 부고를 받으면 우울해져요. 그런데 리버풀팬들은 하나같이 '당신은 홀로 걷지 않아(YNWA)'라는 트윗을 날려요. 예전에 혼자 남극에 가겠다며 나섰던 사람이 있었어요. 리버풀팬이었고 결국 그곳에서 죽었어요. 그때도 트위터에 YNWA가 넘쳐났어요. 생각해보세요. 그는 혼자 걸었어요. 진짜로 혼자 걸었다고요!"

브렌던 와이어트도 리버풀 토박이들의 그런 특징을 잘 알고 있다는 듯이 맞장구를 친다. "맞아요. 맨체스터 녀석들이 늘 놀리는 포인트예요. 스카우저들은 스탠리파크의 비둘기가 죽어도 추모 플래카드를 건다고요. 뭐 '자위 도시'라나."

그라운드 위에서 이런 적개심이 줄어들 리 없다. 리버풀이 맨유를 상대할 때, 선수들은 크리스털팰리스나 애스턴빌라와 만날 때와 전혀 다른 자세가 된다. 게리 네빌은 맨유에서만 선수 생활을 한 '원클럽 맨'인데 이런 고백을 했다.

"리버풀이 내 어린 시절을 망쳤어요. 그때는 리버풀 세상이었거든요. 다섯 살 때 아버지 손을 잡고 처음으로 맨유 경기를 보러 갔어요. 그때 맨유는 늘 '성공 직전에 미끄러지는 팀'이었어요. 매번 '마지막 퍼즐을 맞췄다, 거의 다 왔다'라는 식이었죠. 하지만 솔직히 우리는 근처도 가지 못했고 리버풀이 영광을 독차지했어요. 난 나쁜 마음을 품기도 했어요."

대니 머피는 정반대의 경험을 했다. 체스터에서 태어난 머피는 어릴 때부터 콥스탠드Kop Stand°에서 리버풀을 응원하며 자랐다.

"어느 날 맨유전을 보러 갔습니다. 경기장에 뮌헨공항 참사°°와 빌 생클리 감독에 관한 끔찍한 노래가 울려 퍼졌어요. 노래는 적대감과 증오로 가득했어요. 내가 선수가 되었을 때는 완전히 맨유 세상이었어요. 올드트래퍼드에서 처음 맨유를 상대했던 경기가 생각나요. 선수단 버스에서 내리는데 '경기 막판에 교체로 들어갈 예정이니 준비해'라는 지시가 떨어졌어요. 갑자기 속이 메슥거렸죠. 하프타임 내내 화장실에 있었어

° 안필드에서 골수팬들이 모이는 구역. 리버풀팬 자체를 뜻할 때도 있다.

°° 1958년 맨유 선수단 8명을 포함, 구단 스태프, 취재기자단 등 총 23명이 사망한 사고

요. 로니 모런 코치가 화장실 문을 두드리며 괜찮냐고 물었지만, 나는 너무 아파서 대답도 못 했어요. 긴장의 힘이라고 해야 할까요? 잘 모르겠네요. 아무튼 맨유전은 내게 그런 존재였어요."

리버풀과 맨체스터, 둘 다 인정하지 않겠지만 두 도시에는 공통점이 많다. 원칙주의, 좌파적 정치관, 집단주의, 강한 노조, 지역사회의 인식 등이 많이 닮았다. 맨체스터 사람은 비틀즈를 좋아하고, 리버풀 사람은 오아시스를 좋아할 가능성이 농후하다.

리버풀의 핵심 수비수 버질 반 다이크를 응원하는 노래가 있는데, 원곡은 맨체스터 출신 가수 이완 맥콜의 '지저분한 옛 동네'다. 하지만 리버풀 사람에게 맨체스터에 관해 물으면 십중팔구 '건방지다, 겉멋 들었다' 같은 소리를 들을 것이다. 맨체스터 사람에게 리버풀에 대해 물으면 '게으르고, 고집스럽고, 허풍 떠는 범죄자'라는 식의 말을 들을 것이다.

분열은 세대와 계층을 넘어선다. 맨체스터의 대법원 판사는 '리버풀에 가면 자동차 절도를 조심하라'라고 권고한다. 리버풀의 버스 기사는 '맨체스터에 있는 하비 니콜스 백화점에 가서 리버풀 사투리를 쓰면 절도범으로 몰릴 수 있으니 조심하라'라고 당부한다.

놀랍게도 이렇게 반목하는 원초적 원인은 하나, 축구다. 일반적 개념의 축구가 아니라 맨체스터 유나이티드와 리버풀이란 두 클럽의 축구다. 이 정도로 서로 증오하는 클럽은 거의 없다. 에버턴과 맨유 팬들도 이렇게까지 서로를 미워하지 않는다. 최근 들어 분위기가 험악해지고 있는, 리버풀과 맨시티 팬들도 마찬가지다. 2021-22시즌 치열한 우승 경쟁을 펼치던 펩 과르디올라와 위르겐 클롭 감독은 경기가 끝나고 진한 포옹을 나눴다. 나란히 시즌 트레블 달성에 도전할 때도 팬들은 서로를 존중하는 분위기였다. 두 클럽은 올드트래퍼드에 있는 공공의 적을 공유한다.

그렇다면 리버풀과 맨유의 관계는 무엇이 다를까? 붉은색을 상징으로 쓰는 두 팀은 일상에 스민 음침하고 악의적인 증오를 공유한다. 어떤 이들은 역사에서 이런 감정의 뿌리를 찾고자 한다. 두 도시의 역사에 깃든 상호 불신의 현대적 표현이 축구라는 주장이다.

18세기부터 19세기 초까지 조지아 양식의 건축이 유행했다. 돈 많은 사람들이 있었기에 가능했던 현상이고, 그런 부富는 리버풀을 중심으로 한 무역에서 창출되었다. 무역의 대상은 대부분 노예였다. 맨체스터 시민들은 노예무역을 통한 돈벌이를 불편하게 여겼다. 노예무역 반대 운동에 앞장선 토마스 클라크슨은 맨체스터에서 큰 지지를 받았다.

그는 노예무역 철폐를 요구하는 청원에도 앞장섰다. 1787년 클라크슨은 더 많은 서명을 받기 위해 리버풀 연설에 나섰다가 격분한 시민들에게 목숨을 잃을 뻔했다. 가까스로 시의 경계까지 도망쳐 나온 그는 '리버풀 사람들은 오만한 맨체스터 출신의 연설을 싫어한다'라는 얘기를 뒤늦게 들을 수 있었다.

클라크슨이 리버풀에서 도망쳤던 때로부터 40여 년이 지나서 두 도시는 철도로 연결되었다. 1830년 리버풀과 맨체스터 사이에 세계 최초의 대중교통 열차가 개통되었다. 위대한 엔지니어였던 조지 스티븐슨의 계획은 원대했다. 그는 맨체스터와 리버풀이 열차로 연결되기만 하면, 거대한 경제권이 형성되어 런던 지역과 어깨를 나란히 할 수 있을 것이라 믿었다.

2010년 재무장관 조지 오스본이 '북부 경제개발' 프로젝트를 발표하기 무려 190년 전의 일이다.

두 도시 간의 대중교통편은 1830년 이래로 지금까지 별로 나아진 것이 없다. 북부의 사회기간시설 투자에 소극적이었기 때문이다. 거대 경제권을 만들겠다는 스티븐슨의 계획은 망각 속으로 사라졌다. 두 도시의 협력 의지가 부족한 것도 어느 정도 영향을 미쳤다. 양쪽 시민들은 각자 돈을 벌고 각자 좋은 건물을 짓는 쪽을 선호했다. 리버풀의 랜드마크인 라이버Liver 빌딩°이라든가 맨체스터 시청이 대표적이다. 두 건물은 지역사회의 위용을 뽐낼 목적으로 만들어졌다.

대중교통의 발전이 두 도시의 적대감을 해소하지는 못했다. 리버풀 상인들은 맨체스터가 산업화된 면직물 생산으로 돈을 버는 방식을 폄하했다. 맨체스터 상인들은 리버풀 상인들의 돈벌이 방식이 지저분하다고 여겼다. 반목이 심화된 계기는 1894년 맨체스터 운하의 개통이었다.

당시 맨체스터의 면직물 상인들은 리버풀 항구를 이용하면서 비싼 수수료를 내야 했다. 맨체스터가 경쟁자의 횡포를 우회하는 방법으로 고안한 것이 바로 운하였다. 운하가 개통되자 일간지 〈리버풀데일리포스트〉는 '맨체스터가 1천만 파운드를 배수로에 버렸다'라고 논평했다. 운하 건설에 엄청난 비용이 들었지만, 결과적으로 충분한 가치가 있는 시도였다. 이를 계기로 두 도시의 경제력이 전화되었기 때문이다. 맨체스터는 시의 문장紋章에 범선을 넣어 사업 성공을 기념했다. 맨체스터 유나이티드 축구클럽의 로고에 범선이 들어간 것도 같은 이유다.

1915년 4월 7일 성금요일, 1차 세계대전 발발로

° 리버풀의 랜드마크 건물. 리버풀과 철자가 같지만 '라이버'로 발음한다.

리그 일정이 조기 종료될지 모른다는 우려와 함께 맨체스터와 리버풀 선수 일곱 명은 승부를 조작하기로 모의했다. 강등권에 있던 맨유는 반드시 이겨야 했고, 리버풀은 리그 중위권이어서 패해도 상관이 없었다. 범죄조직의 유혹에 넘어간 선수 일곱 명은 여러 베팅업체를 돌며 맨유의 승리에 집중적으로 돈을 걸었고 결국 큰돈을 땄다. 그러나 얼마 안 되어 승부조작 사실이 들통났고 일곱 명 전원 영구 제명되고 말았다.

1930년대 대공황이 북부 경제를 강타했다. 경제의 동반 침체는 오히려 두 도시의 인적 교류를 부추겼다. 토요일 밤, 맨체스터 살포드의 크로스레인에서 영업 중인 술집들은 56킬로미터 떨어진 리버풀에서 마차를 타고 오는 사람들로 붐볐다. 맨체스터의 술집 영업시간이 머지사이드보다 90분이나 길었기 때문이다. 1960년대가 되자 맨체스터 시민들은 리버풀의 음악을 즐기기 위해 기꺼이 반대 방향으로 이동했다.

1980년대 탈공업 경기 침체기가 시작되자 두 도시는 상호경쟁보다, 런던을 공공의 적으로 상정했다. 그들은 마거릿 대처 정부가 의도적으로 북부 경제를 고립시킨다고 믿었다. 맨체스터는 '유럽문화수도' 유치에 도전한 리버풀을 지지했다. 커먼웰스게임° 유치전에서는 리버풀이 맨체스터를 지지했다.

두 도시의 시민들은 영국 중앙정부와 거리를 두기 시작했다. 맨유와 리버풀 팬들은 잉글랜드 국가대표팀을 폄하하는 경향이 있다. 사람들의 생각과 달리 두 도시의 인구도 큰 차이가 없다. 자긍심, 적대감, 창의력 모두 리버풀과 맨체스터의 공통점이라 할 수 있다. 아일랜드 이주민 사회가 활발하다는 점도 닮았고, 빈부

° 대영제국 시절의 국가들이 출전하는 종합 스포츠 대회

격차에 따른 계급 갈등도 비슷하다. 잠재력이 크다는 공통점도 있다. 두 도시는 영국의 창의적 엔진 역할을 담당한다. 음악, 예술, 산업적 기여는 이미 세계적 수준이다.

두 도시의 역사는 풍성하고 다채로우며 개성이 넘친다. 그러나 데이브 스콧은 이런 역사적 배경이 양쪽 클럽의 적개심과는 큰 상관이 없다고 말한다. "운하의 유래나 그런 역사를 신경 쓰는 사람은 없습니다. 흥미로운 이야깃거리이긴 해도 다들 관심이 없어요. 두 클럽의 라이벌 의식은 훨씬 뒤에 생겨났으니까요."

맨유와 리버풀의 역사에서, 필 치즈널이란 이름은 별로 유명하지는 않지만 매우 독특한 위치를 차지한다. 1964년 8월, 22세의 공격수였던 필 치즈널은 맨유에서 리버풀로 이적했다. 리버풀의 빌 생클리 감독은 해당 포지션에서 뛸 선수를 급하게 찾고 있었고, 절친인 맨유의 맷 버스비 감독이 고민을 해결해준 것이다. 이적은 두 감독의 통화로 간단히 성사되었다. 그런데 결과적으로 이 거래는 현명하지 않은 것으로 판명 났다.

리버풀이 기대했던 '제2의 이언 세인트 존'은 없었다. 치즈널은 1군에서 8경기 1골에 그쳤다. 이후 사우스엔드유나이티드를 거쳐 스톡포드카운티에서 선수 생활을 마쳤다. 은퇴 후 그는 맨체스터 근교에서 베이커리 가게로 생계를 유지했다. 1964년 이후 지금까지 두 클럽의 역사에서 치즈널은 독보적 존재로 남아 있다. 두 클럽 사이에 이루어진 직접 이적의 마지막 주인공이기 때문이다.

치즈널이 맨유에서 리버풀로 직행한 이후 지금까지, 즉 58년 동안 바르셀로나와 레알마드리드 사이에 직접 이적이 10건, 셀틱과 레인저스 간 직접 이적이 5건, 베식타스와 갈라타사라이 간 직접 이적이 5건 있었다. 그러나 치즈널 이후 맨유와 리버풀 사이를 직접 가로지른 선수는 단 한 명도 없다.

앤디 미튼은 "이런 일이 가능하다는 게 믿기지 않습니다"라고 말한다. 치즈널이란 이름은 영국 축구계에서 성공을 구가하는 두 클럽의 경쟁심이 평범하지 않다는 사실을 보여준다. 관중석은 물론 벤치와 라커룸, 양쪽 이사회까지 순수한 증오로 점철되어 있다. 무엇보다 시간이 갈수록 감정이 더 커진다는 사실이 중요하다.

1964년 치즈널 이적 때만 해도 오늘날 볼 수 있는 적대감은 일상적이지 않았다. 노스웨스트 더비°가 벌어진다고 해서 경찰들의 휴가가 취소되진 않았다는 얘기다. 수년에 걸쳐 경찰은 두 팀의 맞대결에 경계수위를 높였다. 2020년대 팬들은 1980년대 느꼈던 신변 위협 없이 경기장을 방문할 수 있다. 하지만 리버풀과 맨유의 라이벌 의식은 날이 갈수록 더 치열하고 날카로워졌다. 요즘 양쪽 팬들의 신경전은 소셜미디어에서 벌어진다. 그렇지만 경찰이 둘러싼 올드트래퍼드 또는 안필드에서 경기 당일 형성되는 상호 적개심만 한 것은 없다.

두 팬심은 각자의 의식과 조롱 방법을 가지고 서로 도덕적으로 우위에 있다고 믿는다. 2022년 4월 맨유가 안필드 원정에 나섰을 때, 리버풀 홈팬들은 갓 태어난 아들을 잃은 크리스티아누 호날두를 박수로 위로했다. 그 순간만큼은 상호 존중이 존재했다. 물론 오래가진 않았다. 몇 분 지나지 않아 리버풀팬들은 "퍼기 팬들

° 북서부에 위치한 맨유와 리버풀의 라이벌전을 말한다. 레드 더비라고도 한다.

은 전부 똥덩어리!"라고 소리쳤고, 맨유 팬들은 "〈더선〉이 옳았어, 이 살인자들아!"라고 맞받았다. 힐즈브러 참사에 관한 추측성 보도로 논란을 낳았던 일간지까지 들먹인 추태였다. 맨유 고위층은 팬들의 구호를 공식적으로 사과했다.

양측 사이에 존중이란 공허한 개념이다. 붉은색을 입고 맞붙는 이들에겐 오직 스카우즈와 맨큐니언의 싸움만 존재한다. 경기장 안팎에서 자긍심이 솟구친다. 축구화가 날아다니고 자제력은 붕괴된다. 팬들은 순식간에 분위기에 취한다. 헤비급 타이틀전처럼 악의가 공기 중에 스며든다. 맨유와 리버풀이 붙는 노스웨스트 더비의 결과는 양쪽 팬들에게 무엇보다 중요하다.

어쩌다 이 지경이 되었을까? 그런 적대감이 어떻게 축구 경기장의 울타리를 넘어 사회 구석구석으로 퍼졌을까? 도대체 그 분노의 정체는 무엇일까? 이 책에서 우리가 찾고자 하는 해답이다.

필의 이야기

당신이 나처럼 운이 좋아 리버풀에서 태어났다고 치자. 아마도 당신은 리버풀과 그곳에서 동쪽으로 56킬로미터 떨어진 도시 사이에 존재하는 강력한 감정에서 벗어나기 어려울 것이다. 바닷가에 우뚝 솟은 라이버 버드° 와 머지강의 풍광은 이 항구의 유서 깊은 역사를 말해준다. 리버풀과 맨체스터는 길지 않은 M62 고속

° 라이버 빌딩 꼭대기에 있는 새 구조물. 리버풀FC 크레스트 중앙에도 있다.

도로로 연결된다. 하지만 축구가 만드는 거리감은 대서양만큼 멀다.

나는 축구기자로서 1987년부터 두 팀의 경쟁 관계를 취재했다. 라이벌 의식이 내 일상이 된 이유다. 언제나 이야깃거리가 많다. 모든 스포츠 종목을 통틀어도 이만한 주제가 없고 기삿감이 매일 생긴다. 스포츠기자로 입문한 곳은 위대한 일간지 〈리버풀데일리포스트〉였다.

1987년 나는 축구팀장 자격으로 맨유와 리버풀이 맞붙는 올드트래퍼드를 현장 취재했다. 당시 리버풀은 리그 2위로 선두인 에버턴을 쫓고 있었다. 경기 내용은 지극히 평범했다. 맨유는 경기 막판 피터 데븐포트의 골로 승리했다. 알렉스 퍼거슨 감독 체제가 막 출발했던 시기, 경기 종료 휘슬과 함께 올드트래퍼드에 함성이 울렸다.

그런데 얼마 안 있어 맨유 홈팬들이 자리 잡은 스트레트퍼드엔드 쪽에서 좀 전보다 훨씬 큰 함성이 폭발했다. 대형 폭탄이라도 터진 듯한 데시벨이었다. 구디슨파크에서 에버턴이 뉴캐슬을 3-0으로 완파했다는 소식이 전해진 것이다. 에버턴이 이기고 리버풀이 패함으로써 사실상 우승은 에버턴의 것이 되었다. 맨유팬들은 마치 시즌 최고의 성취를 거둔 듯이 흥분했다.

이 바닥이 원래 이렇다. 맨유는 리버풀보다 승점 21점이 처진 11위로 리그를 마쳤고, 리버풀은 리그 2위 확정이었다. 폭풍우 속에서 맨유호는 어디든 배를 정박할 항구가 필요했고, 이날만큼은 오랜 항구 도시 리버풀이 피신처가 되어준 셈이다. 리버풀의 쓰디쓴 좌절은 맨유의 작은 승리였다. 퍼거슨 감독이 결정적 방향으로 키를 돌리기 전까지는 세상이 이렇게 돌아갔다.

내가 머지사이드에서 성장할 때부터 맨유는 묘하게 분열을 일으키는 힘이 있었다. 1999년 캄 노우에서 맨유가 UEFA챔피언스리그 우승을 차지했을 때, 에버턴팬들은 리버풀팬들의 절망에 손뼉을 쳤다. 그들은 리버풀팬들이 비참해진다는 이유로 맨유를 지지했다. 큰 줄기에서 돋은 곁가지가 만드는 상대적 만족감이다. 그렇지만 최근 맨시티의 성공에서는 그런 식의 분노나 비참함 비슷한 것이 나타나지 않는다. 이런 감정은 애향심, 상이한 음악적 취향, 정치적 갈등 그리고 이따금 벌어지는 물리적 폭력에서 기인하는 듯하다. 오랜 세월 뿌리내린 결과물이다.

두 도시 간 인접성은 또 다른 갈등 요인으로 작용한다. 위대한 축구클럽이 꽤 가까이 있다는 지정학적 특징은 경쟁심을 부추길 수밖에 없다. 나는 축구기자로 일하는 덕분에 알렉스 퍼거슨, 케니 달글리시, 루이스 판할, 조제 모리뉴, 위르겐 클롭 같은 두 클럽의 레전드들을 인터뷰할 수 있었다.

나는 안필드의 통로에서 갓 태어난 딸을 안은 달글리시가 퍼거슨과 설전을 벌이는 광경을 봤다. 1996년 FA컵 결승전에서 에릭 칸토나의 위대한 구원을 목격했고, 30년 만에 프리미어리그 첫 우승을 차지한 리버풀팬들이 자축하는 현장에도 있었다. 그날 상대가 맨유였다는 사실은 케이크 위에 올려진 체리처럼 달콤했으리라. 나는 이 모든 광경을 안필드에서 가장 좋은 자리에서 직접 봤다.

물론 두렵기도 했다. 두 팀이 만날 때마다 공기 중에 스민 독소가 두려움을 불러일으켰다. 상대가 겪은 비극을 조롱하는 구호와 적의는 축구의 본질을 흐린다. 양쪽 팬들이 극단으로 치달을 때마다 올드트래퍼드와 안필드로 향하는 발걸음이 무거워진다. 그렇지만 한편으로 적대감의 역사를 더 자세히 들여다보고 각종 사건들의 차이를 변별해야 한다는 탐구욕이 생긴다. 이야기를 더 많이 알아갈수록 양쪽의 축구가 내 일상과 지역민에게 얼마나 큰 영향력을 행사하는지 깨닫는다.

당연히 축구가 핵심 주제다. 하지만 축구를 둘러싼 많은 변수가 더 세밀한 연구를 기다리고 있다. 다행히 우리 옆엔 이 이야기의 많은 주인공들이 있다. 경기에 직접 참여하는 사람도 있고, 리버풀과 맨유를 사랑하는 마음으로 큰돈을 투자하는 사람도 있다. 다들 두 팀의 맞대결과 문화에 대해 더 자세히 알고 싶어 한다. 우리는 리버풀과 맨유의 이야기가 56킬로미터 떨어진 두 도시에서만 공유되는 지엽적 주제가 아니라는 사실을 발견했다. 머지사이드에서 맨체스터, 그리고 저 멀리 아프리카 대륙에 있는 마사이 마라까지 아우르는 이야기다.

짐의 이야기

내가 처음 올드트래퍼드에서 경기를 봤을 때 맨유는, 물론 아주 잠깐이었지만, 비참했던 2부 시절이었다. 때는 1975년 5월이었고 상대는 블랙풀, 나는 스트레트퍼드엔드에 앉아 있었다. 경기 중 나는 자리에서 일어나 나일론 스카프를 감은 팔을 머리 위로 들어 홈팬들의 합창을 따라 했다. '당신은 홀로 걷지 않아'였다.

처음 이 노래가 불려진 것이 1959년 올드트래퍼드였다는 주장도 있지만, 대부분 사람들은 1963년 '제리 앤 더 페이스메이커즈'가 이 노래를 콥에 전파했다고 알고 있다. 누구 말이 맞든 상관없다.

4년 뒤 두 팀이 만난 FA컵 준결승전, 리버풀 쪽에서 애창곡을 부르기 시작하자 내 옆에 앉은 녀석이 리버풀팬들을 향해 "닥쳐, 스카우즈 개자식들아!"라고 욕설을 했다. 40여 년이 지난 지금도 똑같다. 맨유팬들 앞에서 그 노래의 멜로디만 흥얼거려도 당장 쫓겨날 각오를 해야 한다. 맨유팬들은 그 노래를 끔찍이 싫어한다. 나의 축구 직관 인생에서도 두 클럽의 팬들은 순수하게 서로를 증오했다.

나는 맨체스터 부촌인 알트린첨에서 자랐다. 놀이터의 아이들 대부분은 맨유나 맨시티(대부분 맨유였다)를 응원했고, 가끔 올덤이나 스톡포트 팬도 있었다. 리버풀이 모든 타이틀을 획득하던 시절에도 내 주위에서 리버풀을 응원하는 친구는 없었다. 시간이 흐르면서 나의 맨큐니언 그룹 안에서 스카우즈를 향한 조롱은 점점 제도화되었다. 그냥 다들 리버풀을 싫어했다. 옛날에나 통했던 편견도 버젓이 설득력을 얻었다. 다른 사람들에게는 한 번도 해본 적 없는 험담도 리버풀이 상대라면 매우 자연스러웠다.

노스웨스트 더비 얘기를 해보자. 나는 스토크 원정에서 얻어맞았고, 웨스트햄 원정에서는 그쪽 팬들과 추격전을 벌였다. 창피한 일이지만, 리즈 원정에서는 상대 팬들의 발길질을 피하려고 곁에 있던 꼬마를 방패 삼은 적도 있다. 그래도 안필드 원정 같은 경험은 존재하지 않았다. 그때 우리는 리버풀은 칼을 품고 다니는 범죄자로 넘쳐나는 동네라고 믿었다. 안필드로드에서 거대한 증오에 둘러싸일수록 우리가 맨체스터 출신이라는 자긍심이 발동했다. 그곳만큼 우리가 살아 있음을 느끼는 장소는 없었다.

나이가 들면서 나는 리버풀에서 지내는 시간이 많아졌다. 도시와 사람들을 존중하는 마음이 커졌고 내 태도도 부드러워졌다. 지금 내게 리버풀은 늘 가고 싶고 마음이 편해지는 곳이다. 심지어 스카우즈 친구도 생겨서 지금 이 책을 함께 쓰고 있다. 그러나 축구에서라면 사정이 다르다. 기자석에 앉을 때도 다른 마음이 된다. 나는 리버풀 경기 취재에 아무런 불만이 없다. 라파엘 베니테스, 브렌던 로저스, 위르겐 클롭에게도 중립적 시각으로 질문을 던질 수 있다. 그런데도 맨유가 리버풀을 상대할 때면 내 안에 있던 해묵은 감정이 깨어난다. 절대 양보할 수 없는 한판 승부다.

2012년 맨유의 안필드 원정전을 취재했다. 내 자리는 기자석 가장자리라서 리버풀 홈 관중석과 거의 닿아 있었다. 하프타임이 되어 홍차를 마시려고 기자실로 갔는데, 노트북의 화면보호기를 켠다는 걸 깜빡하고 말았다. 내 바탕화면은 리그 우승 횟수를 뜻하는 '맨체스터 19, 리버풀 18'이었다. 자리로 돌아왔을 때, 노트북 화면은 가래침으로 덮여 있었다. 나는 노트북을 닦으면서 '당해도 싸다'라고 생각했다.

이렇게 이상하고 비논리적이면서 확고한 라이벌 의식에 대해 함께 책을 써보자고 필이 제안했을 때, 나는 기꺼이 수락했다. 적개심이 최고조로 치솟아 두 클럽의 관계가 점점 멀어지는 이유를 탐구해보고 싶었다. 잉글랜드 축구 역사상 가장 치열한 경쟁의식이 어떻게 변해왔는지도 궁금했다.

이 책의 목적은 탐사다. 스카우저와 맨큐니언이 함께한 드문 작업 속에서, 우리는 역사적인 열 개의 경기를 뒤돌아보며 분단의 과거와 현재를 따라갈 예정이다. 경기들이 들려주는 이야기는 제각각 휘발성 가득한 개성과 잊을 수 없는 충돌로 채워져 있다. 각기 다른 이야기들이 모여 만드는 큰 그림은 불화의 정체를 또렷이 보여줄 것이다. 어디서 시작되었고, 왜 이렇게 흘러왔으며, 앞으로 어떻게 나아갈지를.

우리는 두 팀이 제대로 맞붙기 시작했던 첫 경기, 1977년 FA컵 결승전부터 시작하기로 했다. 두 번째 사례는 중립지대인 에버턴의 구디슨파크에서 열렸던 1985년 FA컵 준결승전이다. 양쪽 팬들이 서로 병을 던지고 칼을 휘두르는 폭력의 현장이다.

1986년 2월 선수들이 팬들로부터 공격당했던 경기를 거쳐 우리는 1988년 4월 4일로 향한다. 부임 2년차인 알렉스 퍼거슨 감독이 '망할 놈의 왕좌에서 리버풀을 끌어내리겠다'라는 원대한 포부를 밝혔던 현장이다. 다음 사례는 1992년 4월 26일이다. 경기에서 승리한 리버풀은 맨유의 우승 가능성을 짓밟았고, 리버풀팬들은 경기장을 빠져나오는 맨유 선수들에게 사인을 요청하고는 곧바로 구겨서 면전에 던졌다.

1996년 FA컵 결승전도 중요한 의미를 지닌다. 흰색 정장 차림으로 현장에 도착한 리버풀 선수들이 라이벌의 더블 달성에 희생양이 됐던 날이다. 1999년 1월 24일, 맨유는 FA컵 경기에서 리버풀을 상대로 짜릿한 막판 승부를 펼쳤다. 4개월 뒤 캄 노우에서 펼쳐진 '극장 승부'의 리허설이었다고 해도 좋다. 2009년 3월 14일, 올드트래퍼드에서 리버풀은 맨유를 4–1로 완파해 맨유 독점시대에 도전장을 내밀었다. 라파엘 베니테스 감독의 유명한 심리전 패배도 잊을 수 없는 이벤트였다.

다음은 2011년 10월 경기다. 두 선수가 설전을 펼친 뒤, 두 진영은 이성을 되찾은 듯한 모습을 보였다. 마지막 경기는 2020년 1월 19일이다. 리버풀의 승리는 앙숙과의 승점 차이를 역대 최다인 30점까지 벌렸다. 맨유팬들은 원통함에 땅을 쳤고 리버풀은 왕좌에 복귀했다.

흥망성쇠와 희비의 교차 속에서 우리는 세계적 빅클럽 두 곳을 뜨겁게 충돌하게 하는 양쪽의 차이점, 그리고 닮은 점을 찾아 떠난다.

우리는 역사의 조각을 맞추기 위해 그 안에서 살았고, 숨 쉬었고, 그라운드를 누볐던 주인공들을 직접 취재했다. 필 톰슨, 브라이언 롭슨, 론 앳킨슨, 릭 패리, 제이미 캐러거, 게리 네빌 같은 인물들이다. 팬, 행정가, 감독, 클럽 이사, 나아가 리버풀 출신 맨체스터 시장에 이르기까지 다양한 목소리를 담아 기묘한 경쟁심의 실체를 파악하려고 노력했다. 우리는 이 책이 축구뿐 아니라 영국의 현대 사회에서도 가장 독특한 분단을 이해할 수 있도록 최대한 많은 내용을 담고자 했다. 레드 대 레드Red on Red. 세상 둘도 없는 라이벌의 이야기다.

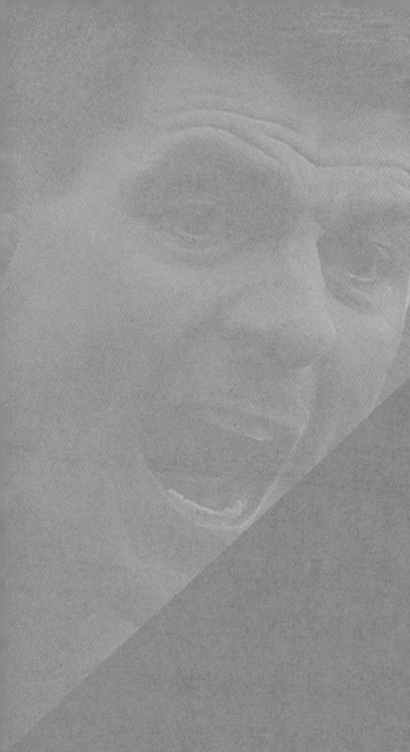

CHAPTER 01

트레블 훼방꾼

TREBLE BUSTERS

FA컵 결승전

리버풀 1 vs. 맨체스터 유나이티드 2

웸블리스타디움

1977년 5월 21일

1972년 마틴 버컨이 입단했던 맨체스터 유나이티드(맨유)는 가파른 내리막길을 걷는 중이었다. 유러피언컵(현 챔피언스리그)을 제패한 지 겨우 4년 만에 클럽은 무사안일, 무기력, 방만한 경영으로 쇠락했다.

모든 혼란의 출발점은 맷 버스비 감독의 은퇴였다. 반세기가 지난 일이지만, 마틴 버컨은 당시 본머스 원정으로 진행되었던 프리시즌 친선전을 떠올리며 한숨부터 쉬었다. "본머스가 6-2로 이겼는데 동료들은 아무 생각이 없었어요. '이따위 팀으로 이적했다니!'라는 생각이 들었죠."

버컨은 더 성장하기 위해 맨유행을 결정했다. 보비 찰턴, 데니스 로, 조지 베스트와 함께 뛰다니 꿈이 이루어졌다고 생각했다. 하지만 막상 와보니 상황이 달랐다. 맨유가 유럽 대회 출전권 순위를 달성하는 것은 유로비전 송 콘테스트에서 우승하는 것만큼 어렵다는 현실을 깨달은 것이다.

버컨은 리버풀 경기를 보는 것을 좋아했다. 맨체스터 남쪽에 있는 집에서 직접 차를 몰아 안필드까지 가서, 유럽 최고의 팀을 상대하는 리버풀의 경기를 감상했다. "기꺼이 그곳까지 갔어요. 유럽 대회는 정말 멋지니까요. 맨유에서 주장을 맡았을 때도 계속 갔어요. 나를 알아보는 사람은 없었어요. 설사 알아본다 해도 딱히 문제 되지 않았고요."

안필드의 '케니 달글리시 스탠드'°에 자리 잡은 홈 팬들 사이에서 해리 맥과이어가 리버풀의 챔피언스리그 경기를 관전한다고 상상해보라. 발각되는 즉시 큰 소란이 벌어질 게 분명하다. 맨유 주장이 홀로 적진에 들어간다고? 아둔한 도발 행위는 큰 비난을 불러올 게 뻔하다.

° 안필드 동쪽 관중석인 센테나리 스탠드가 2017년 케니 달글리시 스탠드로 바뀌었다.

그런데 리버풀 경기를 보러 갔던 맨유 선수는 버컨만이 아니었다. 60년대에는 데니스 로, 팻 크레런드, 데이비드 새들러 등이 경기가 없는 날이면 콥스탠드에 등장했다. 맨유 선수들은 거리낌이 없었고 홈 관중도 개의치 않았다. 이따금 선수들을 알아본 팬들은 악수하거나 등을 두드리며 반겼다. 최고의 축구를 관전한다는 공감대 덕분이었다.

리버풀과 맨유, 양쪽 선수와 팬들이 돈 레비 감독이 이끄는 '더러운' 리즈유나이티드를 상대하는 경기에 더 큰 적개심을 품던 시절이었다. 당시 리즈는 공공의 적이었다. 또는 각자의 푸른색 이웃인 에버턴과 맨체스터시티를 상대하는 경기를 더 신경 썼다. 양팀의 맞대결 현장에는 맨유의 맷 버스비 감독과 리버풀의 빌 생클리 감독의 우정이 전염되어 있었다. 버스비 감독은 2차 세계대전 전까지 리버풀 선수이기도 했다.

피터 후턴은 팬진 〈디엔드〉의 창업자이다. 또한 안필드 전성시대를 신화적으로 묘사한 다큐멘터리 〈부트룸Boot Room° 사람들〉을 제작한 인물이기도 하다. "아버지가 제일 좋아했던 리버풀 선수가 맷 버스비였어요. 다른 팬들도 마찬가지라고 생각해요. 1960년대 중반에 실시한 설문조사에서, 버스비는 리버풀 역대 베스트 11의 주장으로 뽑혔으니까요."

버컨이 안필드 관중석에서 편안하게 경기를 관전한다 해도 놀랄 일이 아니었다. 그렇다고 해서 리버풀과 맨유 사이의 만사가 평화와 사랑으로 수렴하는 히피 분위기였다고 생각하면 오산이다. 그 때도 두 도시 간에는 갈등이 존재했다. 저명한 학자이자 리버풀팬인 존 윌리엄스 교수는, 1968년 웸블리에서 맨유가 벤피카를 꺾고 유러피언컵을 차지했

° 안필드 내 선수단의 축구화를 보관하는 공간. 70년대에 리버풀 감독과 코치들이 이곳에서 경기를 준비했다. 때로는 위대한 리버풀의 지도자들을 지칭한다.

던 시점부터 상호존중이란 수면 아래에서 적개심이 물거품처럼 떠올랐다고 회상한다.

"우리는 유러피언컵을 차지하는 최초의 잉글랜드 클럽이 될 거라 믿었어요. 1965년 준결승 인테르밀란전에서 우리가 사기당하지만 않았더라면 가능한 일이었죠. 빌 생클리 감독이 세상을 떠나자 다들 그 경기가 조작되었다고 생각했어요. 안필드 1차전에서 1-3으로 패했던 인테르가 어떻게 2차전에서 3-0 완승을 거둘 수 있었는지 의심이 들었죠. 무엇보다 1968년 맨유가 먼저 우승할 줄은 꿈에도 몰랐습니다. 우리는 맨유의 패배만 바랐어요. 결승전이 있던 날, 우리 모두 벤피카를 응원했습니다."

이 경기만 단초가 된 것은 아니다. 현재 레스터대학교 사회학부 교수인 존 윌리엄스는 1970년대 초 머지사이드에서 보낸 어린 시절과 양쪽 팀이 어떤 식으로 서로 영향을 끼쳤는지 설명한다.

"맨체스터가 좋은 환경을 독식했다는 인식이 있습니다. 언론들의 본사도 맨체스터에 있었고, 시 당국도 맨체스터 쪽이 훨씬 유능했습니다. 저녁의 놀거리도 그쪽이 훨씬 발달했고요. 리버풀에는 아무것도 없었죠. 시내의 펍은 끔찍했어요. 반면 맨체스터의 펍은 근사했습니다. 그들은 자기들에겐 조지 베스트°도 있고 그가 소유한 나이트클럽도 있다며 으스대곤 했어요."

심지어 크리켓 경기장도 리버풀에서 56킬로미터나 떨어진 맨체스터에 있었다. 윌리엄스 교수의 목소리에서 불편한 심경이 느껴졌다.

"우리 팀인 랭커셔크리켓클럽도 맨체스터에서 경

° 잘생긴 외모와 실력을 겸비해 대중적 인기를 누린 축구 스타. 부업으로 아버지와 함께 나이트클럽을 운영했다.

기를 했어요. 한 시즌에 겨우 한 경기만 아이그버스°에서 했습니다. 우리에겐 주도권이 없었고 내세울 구석도 없었어요. 딱 하나, 축구만 빼고요. 우리는 최고의 축구클럽을 갖고 있었습니다. 그런데 아무도 알아주지 않고 인정하지도 않았어요. 그 시절, 사람들은 트로피를 따내지도 못하는 맨유만 우러러봤습니다. 맨유가 강등되자 〈그라나다TV〉는 빈 경기 시간을 심층 취재 다큐멘터리로 채웠어요. 우리는 리그에서 우승해도 지역 뉴스의 끄트머리에 겨우 나왔어요. 지역 소식이라고 해 봤자 전부 맨체스터발이었습니다."

리버풀팬진 〈바람과 비를 뚫고〉 역시 맨체스터를 향한 조롱과 폄하로 일관한다. 팬진은 맨유를 '잘난척쟁이'라고 부른다. 윌리엄스 교수도 이 표현을 즐겨 사용한다. 70년대로 접어들면서 맨유는 우승을 꿈꾸지도 못할 처지였지만, 맨체스터발 뉴스에서는 머지사이드에 대한 짜증이 여전했다.

현재 리버풀 시장인 스티브 로더럼도 어린 시절 맨체스터 언론의 편향적 논조를 생생히 기억한다. "예전 〈데일리미러〉의 기사를 보면, 리버풀이 7-0으로 이겨도 스포츠 1면은 맨유 차지였습니다. 팀이 1부에 없을 때도 그랬죠. 2부로 간 맨유의 기사가 리버풀보다 훨씬 많았습니다."

로더럼 시장에 따르면 〈데일리미러〉만 그랬던 것은 아니다. "1977년과 1978년 연속으로 유러피언컵을 제패한 리버풀이 노팅엄포레스트에 져서 탈락하자 〈그라나다리포트〉는 '파티는 끝났어'라는 노래를 내보냈습니다. 북서부 지역 전체를 아우르는 주요 방송사가 빅매치에서 리버풀이 진 것을 축하했다는 사실을 받아들이기 힘들었습니다."

70년대와 80년대에 걸쳐 리버풀 경기를 따라다녔

° 리버풀 남쪽의 교외지역. 리버풀 크리켓 클럽의 홈 경기장이 있다.

던 브렌던 와이어트는 이렇게 말한다. “리버풀이 리그에서 우승한 직후였어요. 〈디엔드〉라는 잡지는 표지에 라디오, TV, 신문들의 사진을 싣고 ‘맨유 어쩌고, 맨유 저쩌고’라는 말풍선을 넣었어요. 편향 보도요? 백만 퍼센트 팩트입니다.”

70년대 〈그라나다리포트〉에서 리버풀을 담당했던 버나드 클라크를 옥스퍼드의 한 카페에서 만났다. 그는 리버풀팬 모두가 그런 피해의식을 느끼는 것은 아니라고 했다.

“리버풀 스코틀랜드로드의 한 주민센터 개소식에 앤 공주가 참석한 적이 있었어요. 전날 밤, 직원들이 레드카펫을 설치했죠. 오전 10시쯤 행사가 시작될 예정이어서 카메라 감독과 나는 두 시간 전에 현장에 도착했어요. 그런데 레드카펫이 사라졌어요. 누가 훔쳐 간 거예요. 나는 카메라 감독에게 맨땅을 밟는 앤 공주의 발 쪽을 집중적으로 촬영하라고 했어요. 그리고 레드카펫 도난 사건을 주제로 보도했죠. 〈10시 뉴스〉 편집자는 뉴스의 한 코너에 사용할 수 있도록 영상을 짧게 편집해달라고 요청했어요. 덕분에 나는 보너스 50파운드를 받을 수 있었어요. 당시로서는 꽤 짭짤했죠.” 이어지는 그의 말이다.

“기사 말미에 ‘카펫의 행방을 아시는 분은 제보 바란다’라는 문구를 넣었더니, 다음날 진짜 제보가 들어왔어요. 당장 차를 몰아 제보자가 말한 주소로 찾아갔죠. 집주인에게 혹시 새 카펫을 깔았느냐고 물었더니, 빙고! 집주인이 그렇다고 했어요. 심지어 들어와서 봐도 된다고 했죠. 우리는 집 안에 깔린 레드카펫을 카메라에 담았어요. 집주인은 누가 버린 카펫을 운 좋게 주웠다고 했어요. 집주인에게 자초지종을 설명하진 않았어요. 그리고 우린 후속 보도까지 멋지게 해치웠죠. '왕실 레드카펫을 훔친 스카우저'라는 제목으로요. 〈10시 뉴스〉 팀이 흡족해 한 덕분에 나는 다음날도 수당을 받았어요. 이틀 만에 100파운드를 벌다니, 와우!"

70년대까지 맨체스터에서 상식으로 자리 잡은 편견이 있다. 리버풀에서는 절대 자신의 자동차를 떠나지 말아야 한다는 것이다. 스카우저들이 휠캡을 전부 뜯어갈 테니. 왜 머지사이드에서 휠캡이 절도 대상이 되는지 설명할 수 있는 사람은 없었지만, 진위 따위는 중요하지 않았다. 시간이 갈수록 맨체스터의 우월의식은 견고해졌다. 축구만 빼고 말이다. 맨유팬들에겐 리버풀 축구에 대한 질투심이 커졌다. 맨유가 미끄러져 뒹구는 동안, 리버풀은 생클리 감독의 지도 아래서 트로피를 수집해 갔다.

학생 시절이었던 70년대 초부터 올드트래퍼드 직관을 시작한 존 플라트는 "우리는 힘에 부쳤는데 리버풀은 모든 걸 쟁취했습니다. 당연히 자존심이 상했죠. 그래서 리버풀이 더 싫었어요"라고 말한다. 56킬로미터 거리에 사는 양쪽 사람들의 혐오는 나란히 커지고 있었다.

윌리엄스 교수의 말이다. "그들에게 축구의 성취는 세상의 관심사가 아닌 것처럼 보였어요. 그들은 다른 것들만 좇았습니다. 경기 외적인 화려함, 조지 베스트 같은 스타플레이어, 뮌헨공항 참사의 잿더미에서 부활한 불사조 스토리 같은 것 말입니다. 그래요. 우리도 맨유를 싫어하기 시작했습니다."

1971년 버스비 감독이 은퇴하면서 두 클럽을 연결하던 감성의 고리가 끊어졌다. 양편에 연대 의식이 존재한다는 믿음이 사라지자 경기장 밖에서 양쪽 팬들의 대립이 보다 선명해졌다. 두 클럽은 잉글랜드에서 가장 넓은 팬층을 확보한 라이벌이었다. 팬이 많다는 사실은 경기장에서 부딪칠 때마다 시비를 거는 부류도 그만큼 많다는 뜻이다. 70년대 초반, 스킨헤드와 팔찌, 닥터마틴 부츠 차림을 한 일단의 사람들은 축구가 자신의 영역을 결정하는 도구라고 생각했다.

맨유가 안필드에서 홈경기를 치른 적이 있었다. 1971년 8월, 맨유는 25년 만에 처음으로 버스비 감독이 없는 상태에서 시즌 개막전에 나섰다. 당시 맨유는 홈에서 경기를 치르지 못하는 징계를 받은 상태였다. 올드트래퍼드에서 맨유팬들이 원정 서포터즈석으로 칼을 던졌기 때문이다. 맨유는 홈경기장으로부터 최소 40킬로미터 떨어진 장소에서 세 경기를 치러야 했다. 결국 맨유와 아스널의 경기가 안필드에서 열렸고, 여기에 관중 27,649명이 모였다.

스포츠 중계 앵커인 클라이브 타일더슬리는 그날 자신도 그 경기장에 있었다고 한다. 그는 베리에서 태어나 브람홀에서 자랐고, 10대 시절부터 맨유 홈경기를 직관한 팬이다.

“그때 나는 중학생이었고, 멀리서 전투를 바라보는 종군 시인이 된 기분이었습니다. 병 깨지는 소리가 들리자마자 반대 방향으로 튀었죠. 경찰이 기차역부터 경기장까지 팬들을 호송했습니다. 경기장으로 들어가는 길목 오른쪽의 주택가에서 온갖 잡동사니가 날아오더군요. 꽤 많은 리버풀 팬들이 콥스탠드를 수호한다면서 현장에 나타났어요. 자기들과 아무 상관없는 경기였지만, 맨유팬들이 자기들 안방에 있다는 것 자체가 싫었던 겁니다.”

여기는 리버풀 영토이므로 적의 침략으로부터 방어해야 했다. 리버풀과 에버턴 양쪽의 스킨헤드족이 맨유팬들을 추격했다. 당시 일간지 〈가디언〉의 에릭 토드 기자가 쓴 기사에는 이런 충돌이 점점 빈번해지는 현상에 대한 체념이 묻어 있다.

> 또다시 일부 팬들이 악당으로 돌변했다. 출신 성분과는 무관했다. 축구의 군중심리(이 단어를 사용해야 할지 모르겠지만)를 오랫동안 연구해온 정신과 의사라면 어젯밤 현장이 만족스러웠을 것이다. 양쪽 선수단이 경기장에 도착하자마자 리버풀팬들은 남녀노소 없이 고함을 질러댔고, 맨유 선수들이 몸을 푸는 지역까지 난입했다. 인력 부족에도 불구하고 경찰은 난동을 부리는 팬들을 최대한 많이 체포하려고 애썼다.

당일 현장에서 100명 이상이 쫓겨났고 7명이 연행되었다. 상호 존중이란 오랜 개념은 확실히 바뀌고 있었다. 속도는 빨랐다.

1974년 5월, 맨유는 1부 리그에서 강등됐다. 〈그라나다TV〉는 부득이하게 '맨유 추락'이란 제목의 다큐멘터리를 방영했다. 맨유팬들은 계급 하락의 치욕이 2부에서 맛볼 즐거움으로 상쇄되기 어렵다는 현실을 자각했다. 이후 9개월 동안 자칭 '붉은 군대'라는 팬 그룹은 잉글랜드 곳곳의 시장바닥을 누비며 쾌락주의적 분노를 발산했다.

멀리 리버풀에서 이 광경을 바라보는 사람들의 눈에는 맨유팬들의 소란과 '관종' 행각에 대한 경멸이 담겨 있었다. 윌리엄스 교수의 말이다.

"리버풀 사람들은 항상 '우리 중에 나쁜 사람도 있어'라고 말합니다. 사실 우리 쪽 훌리건들은 좀 달라요. 우리는 절대 경기를 방해하지 않아요. 경기장 폭력은 공동 책임입니다. 그런데 맨유는 작은 동네로 몰려가 말썽을 피웠어요. 우리는 그들이 어리석다고 생각해요. 맨유팬들은 그저 문제를 일으키려고 모입니다. 우리의 철칙은 '누군가 시비를 걸면 대응하지만 먼저 싸움을 걸지 않는다'예요." 이어지는 그의 말이다.

"우리는 결코 머리에 똥만 찬 녀석들이 리버풀팬이 되는 것을 용납하지 않습니다. 맨유의 '붉은 군대'는 용서할 수 없는 짓거리를 해댔어요. 경기를 방해하는 건 있을 수 없습니다. 대가리에 똥만 찬 녀석들!"

맨유가 강등되던 날, 생클리 감독이 은퇴했다. 〈그라나다TV〉는 맨유팬인 토니 윌슨 기자를 리버풀로 보내 시민들을 인터뷰했다. 유튜브 영상에서 윌슨 기자의 들뜬 목소리를 들을 수 있다. 어린 리버풀팬은 막 접한 소식을 믿지 못한 채 "농담이죠?"라고 되묻는다. 윌슨 기자는 진짜로 생클리 감독이 은퇴했다고 설명한다.

하지만 리버풀의 몰락이 임박했다는 윌슨 기자의 예감은 틀렸다. 버스비 감독의 사임 후에 몰락한 맨유와 달리, 리버풀의 후임자는 훌륭하게 팀을 이끌었다. 생클리 감독의 코칭스태프였던 봅 페이즐리는 팀을 1부리그 우승 6회, 유러피언컵 우승 3회라는 역사상 최고점에 올려놓았다.

한편 맨유는 1년 만에 심연에서 탈출했다. 버스비 이후 세 번째 감독인 토미 도허티가 1975년 여름, 팀을 1부리그로 복귀시켰다. 리버풀이 가장 효율적인 축구팀으로 구축되는 동안, '붉은 군대'는 트러블 메이커로 수위를 다퉜다. 맨유가 1부로 복귀하자 두 클럽의 맞대결에서 병 깨지는 소리와 경찰차 사이렌 소리가 뒤섞이는 경우가 잦아졌다.

1976년 2월, 피터 후턴은 리버풀에서 기차를 타고 올드트래퍼드로 가는 내내 물리적 위협에 직면했다. "우리는 특별 편성된 차편을 이용해 빅토리아역에 내렸습니다. 환영대가 우리를 기다리고 있었고 펍에서도 공격을 받았어요. 경찰이 화이트시티°까지 호송해주었죠. 우리는 대략 3백 명 정도였는데 화이트시티에 도착하니 맨유팬들이 사방을 포위해 옴짝달싹할 수 없었어요. 순식간에 맨유팬들이 행렬 한가운데로 치고 들어왔어요. 완전히 백병전이었습니다. 심지어 그중 한 명은 내 학교 친구였어요. 그는 '저 스카우즈 새끼 죽여!'라고 소리치며 나를 쫓아왔어요. 지금이야 서로 웃으면서 말하지만 그땐 정말 무서웠습니다."

후턴은 폭력이 그칠 기미가 보이지 않았다고 한다. 경기를 하는 중에도 사방에서 각종 물건이 날아왔다고 회상한다. "경기가 끝나고 이제는 정말 각자도생해야 했습니다. 그때는 경기 종료 한 시간 뒤에 원정 팬들을 퇴장시키는 조치가 없었어요. 곧바로 학살 위협을 뚫고 탈출해야 했죠. 빅토리아역까지 가는 길에 세 번이나 시간을 묻는 사람과 마주쳤습니다. 최대한 맨체스터 사투리를 흉내 내면서 간신히 위기를 넘겼어요. 낙오된 동료 몇몇은 폭행을 당했어요. 2부에 퍼진 소문 탓에 우리도 어느 정도 위험은 예상했지만, 이 정도일 줄은 몰랐어요. 완전히 당했습니다."

한편 안필드로 원정 가는 맨유팬들도 폭력적 환영을 받기 시작했다. 주로 사투리 억양을 시험하려고 시간을 묻는 식이었다. 그런데 두 클럽의 역사에서 묘한 구석을 발견할

° 올드트래퍼드 인근 그레이하운드 경주 트랙. 지금은 현대식 상가 단지로 재조성되었다.

수 있다. 양쪽이 동시에 흥했던 적이 없었다는 점이다. 한쪽이 우승을 다투면 다른 쪽은 침체에 빠졌다. 그때까지 대규모 인파가 모이는 빅매치에서 양쪽이 붙은 적이 없다는 얘기다. 윌리엄스 교수는 "50년대, 60년대, 그리고 70년대 초반까지 결승은커녕 준결승에서도 양측이 만난 적이 없습니다. 희한하지 않나요?"라고 되묻는다.

따라서 일부 평론가들은 본격적 갈등이 발화된 시점을 양측이 처음 우승 트로피를 놓고 격돌했던 빅매치로 봐야 한다고 주장한다. 1977년 5월 21일 웸블리에서 열린 FA컵 결승전이다.

우리가 루 마카리와 만난 곳은 스토크온트렌트의 산업단지에 있는 창고 안이었다. 이 책의 공동 작업자 중 한 명이 1977년 FA컵 결승전 선제골에 대해 '전형적인 맨체스터 골, 정말 끝내줬다'라고 평했다고 하자 그는 웃음을 터트렸다. 그 골의 주인공이었던 마카리는 '전형적인 맨체스터 골'이라는 표현이 마음에 든다고 했다.

2016년 마카리는 스토크시티 FC의 전 감독 자격으로, 한 노숙자 체험에 초청되었다. 노숙자들에게 임시거처를 제공하기 위한 자선모금 행사였다. 여기서 노숙자들의 실태에 충격을 받은 그는 자신의 이름을 내세워 노숙인들에게 안식처를 마련해주었다.

그는 자신이 설립한 '마카리센터'를 찾아 손님들과 농담을 나눈다. 마카리센터 이용자들이 가장 좋아하는 일 중 하나가 마카리와 축구 얘기를 하는 것이다. 그는 축구가 완벽한 재활 도구라고 믿는다. 이곳에 머무는 사람들 대부분 나이가 많지 않아 마카리의 맨유 시절을 직관한 적이 없다는 게 아쉬울 따름이다.

1973년 당시 스물네 살이었던 마카리는 소속팀 셀틱의 어이없는 연봉 인상안에 반발해 이적을 요구했다. 어느 날 저녁, 조크 스타인 감독이 그를 차에 태웠다. 이적 협상을 하러 간다는 말 외에 어떤 설명도 없었다. 두 사람의 행선지는 안필드였다. 그때 리버풀은 번리와 FA컵 재경기를 앞둔 상황이었다. 마카리의 말이다.

"내가 빌 생클리 감독을 만날 거란 사실을 깨달았죠. 생클리 감독은 융통성 없기로 소문난 양반이었기에 덜컥 겁이 났어요. '생클리 씨'라고 불러야 하나? 빌이라고 해도 되나? 무슨 말을 어떻게 해야 할지 머릿속이 복잡했어요. 드디어 그를 만났습니다. 그는 '꽤 오래전부터 너를 지켜봤다. 만약 네가 셀틱을 떠나게 된다면 내가 영입하고 싶다고 너희 감독에게 일러뒀다'라고 말했어요. 나는 그날 저녁에 뛸 리버풀 선수들을 떠올렸어요. 케빈 키건과 존 토샥이 뛰는 그 미드필드 말이죠. 젠장, 왜 나를 원하는 거지?" 이어지는 그의 말이다.

"주급 180파운드에 이적료의 5%도 챙기는 조건이었어요. 이적료가 19만 파운드라고 했으니까 내 몫으로 9천 파운드 정도 떨어진다는 소리였죠. 집을 살 수도 있겠다 싶었어요. 그게 전부였습니다. 이제 나는 리버풀 선수가 된다고 생각했어요. 협상을 끝내고 임원석에 앉아 경기를 봤어요. 경기가 시작되자 패디 크레란드°가 내 옆자리로 오더니 '여기서 뭐하는 거야?'라고 물었어요. 나는 '리버풀로 이적한다. 셀틱에서 제안한 연봉이 마음에 들지 않아 이적시켜 달라고 요구했다'라고 설명했어요. 패디는 '쓸데없는 생각 하지 마. 너는 맨유로

° 당시 토미 도허티 맨유 감독을 보좌하던 코치. 후일 MUTV 해설자로 활약했다.

올 거야!'라고 하더군요. 그는 자리를 박차고 일어나 안필드 어딘가에 있는 전화기를 찾아 토미 도허티 감독과 통화했어요. 자리로 돌아온 패디는 도허티 감독과 맨유 모두 나를 원한다면서 '이 자식들과 계약할 생각 마!'라고 윽박질렀어요. 세상에나! 맨유라니?"

마카리는 당시의 혼란스러운 상황을 떠올리며 이렇게 말한다. "경기를 보는 내내 그렇게 불편할 수가 없었어요. 이미 리버풀로 가겠다고 했으니까요. 경기가 끝난 뒤에 생클리 감독을 찾아가 생각할 시간을 달라고 했어요. 사실 핑계였습니다. 왜 그랬는지는 나도 설명하기 힘들어요. 어쨌든 그렇게 해서 올드트래퍼드로 갔습니다."

마카리는 논리적으로 내린 결정이 아니었다고 한다. 리버풀은 우승 트로피로 가득한 10년 전성기를 막 시작한 상태였다. 맨유는 버컨의 말대로 가파르게 추락 중인 엉망진창 상태였다. 하지만 마카리는 자신이 맨유 레전드들에 매료되어 있다는 사실을 깨달았다고 회상한다.

"멍청하게 들릴 수도 있겠지만 베스트, 로, 찰턴을 모르는 사람은 없지 않나요? 그런 선수들과 함께 뛸 수 있다고 생각했어요. 내가 가자마자 감독이 세 선수를 모두 내보낼 생각이란 건 꿈에도 몰랐어요. 나는 맨유를 더 크게 봤어요. 외국 어디를 가도 보비의 사진이 걸려 있고 다들 맨유 이야기만 했으니까요. 리버풀팬은 별로 없었어요."

그랬다. 최소한 마카리가 접했던 세상은 '잘난척쟁이들'과 사랑에 빠져 있었다. "생클리 감독에게 마음에도 없는 '생각할 시간'을 달라고 한 건 맞아요. 며칠 뒤 올드트래퍼드 이적이 확실시되자 생클리 감독이 기자회견에서 유명한 말을 했습니다. '나는 그 선수를 리버풀 2군으로만 쓸 생각이었다'라고 한 거예요. 웃음이 나왔어요." 마카리가 웃기 시작했다.

리버풀의 코앞에서 그를 낚아채는 데 성공했지만, 마카리의 영입이 맨유의 2부 강등을 막지는 못했다. 하지만 버컨과 마찬가지로, 마카리도 다른 클럽들의 영입 제안을 뿌리치고 맨유에 남기로 했다. 성적 부진에 대한 책임을 다하고 싶다는 마음에서였다. 결국 그는 번뜩이는 포워드 플레이로 1년 만에 맨유의 반등을 이끌었다.

승격 첫해에 맨유는 리그에서 힘찬 레이스를 펼쳤고, 1976년 FA컵 결승전까지 진출해 당시 2부였던 사우샘프턴과 격돌했다. 버컨은 자신이 맨유에서 뛸 때 리버풀과 리그 우승을 다퉜던 것은 그 시즌이 유일했다고 회상한다. "FA컵 결승에 진출한 상태여서 시즌 막판 집중력이 흩어졌어요. 몇몇 동료는 이미 우승했다고 착각하는 듯했어요. 정말 말도 안 되는 소리였죠."

집중력 결여는 결승전까지 이어졌다. 제 실력을 발휘하지 못한 맨유는 로리 맥메네미 감독의 사우샘프턴에 패했다. 빈손으로 돌아온 선수단은 '붉은 군대'가 모인 맨체스터 시청으로 향했다. 도허티 감독은 아르헨티나의 에바 페론처럼 시청 난간에서 군중을 향해 연설했다. 버컨의 말이다. "앨버트 광장에 팬들이 발 디딜 틈 없이 운집했어요. 도허티 감독은 '걱정하지 마라. 내년에 우리가 반드시 우승하겠다'라고 장담했습니다. 나는 감독을 쳐다보며 '이렇게 부담을 준다고?'라고 생각했어요."

한편 리버풀은 리그를 제패했다. 커크비 출신인 필 톰슨은 리버풀의 유스아카데미에서 성장해 '붉은 수비진'의 기둥이 되었다. 그가 말하는 우승 비결은 이랬다. "그때 팀이 정말 좋았어요. 수준 높은 축구를 구사했죠. 모든 포지션에 최고 선수들이 있었어요. 한마디로 끝내줬어요. 60년대 콥스탠드에서 봤던 찰턴과 베스트의 플레이는 환상이었어요. 그때는 맨유가 최고였지만 사정이 달라졌어요. 내가 1군에서 자리 잡았을 때 맨유는 쇠락하기 시작했어요. 역할이 뒤바뀐 셈이죠. 우리는 최고의 팀, 맨유는 리버풀처럼 되고 싶은 팀!"

70년대 맨유는 모든 면에서 부족했다. 버컨이 꼽은 차이점은 안필드를 감싸는 정신력이다. "리버풀이 코번트리 원정을 갔다고 가정해봅시다. 비오고 쌀쌀한 날씨 속에서 리버풀은 그저 그런 경기력으로도 꼭 1–0 승리를 만들어냈어요. 그런 상황에서 우리는 운이 좋아야 겨우 무승부로 막았어요. 꾸준함을 유지하는 능력 면에서 리버풀이 우리보다 훨씬 앞섰다는 의미예요. 그런데 둘이 맞붙는 경기에서는 우리도 강해졌어요. 리버풀이 무섭지 않았으니까. 이유는 잘 모르겠는데 어쨌든 그랬어요."

맨유가 리버풀을 무서워하지 않았을지는 몰라도, 1976–77시즌 리버풀의 리그 2연패를 막을 힘은 없었다. 국내 리그를 접수하는 동시에 리버풀은 유럽 무대에서도 결승에 진출했다.

당시 유러피언컵에는 시드 제도가 없었지만, 행운의 대진을 선물 받았다. 리버풀은 아일랜드의 크루세이더스, 터키의 트라브존스포르, 생테티엔, FC취리히를 차례로 따돌리고 결승행 티켓을 거머쥐었다. '슈퍼서브' 데이비드 페어클러프의 막판 결승골이 나왔던 8강 생테티엔전을 제외하고, 리버풀은 잔뜩 긴장해 손톱을 물어뜯는 팬들 앞에서 낙승을 이어갔다. 이제 리버풀은 클럽 역사상 최초의 유러피언컵 결승전만 남겨 놓았다. 장소는 이탈리아 로마, 상대는 독일 챔피언인 보루시아묀헨글라트바흐였다.

반면 맨유는 시즌 시작부터 웨스트브로미치, 입스위치, 애스턴빌라, 아스널에 패하면서 우울한 가을을 맞이했다. 전문가들은 도허티 감독에게 당장 수비진을 정비하라고 권고했다. 중원에 난 구멍을 메울 강력한 미드필더를 영입해야 한다는 주장도 잊지 않았다.

고집불통 도허티 감독은 정반대로 공격수 지미 그린호프를 영입했다. 스토크시티는 강풍에 날아간 빅토리아그라운드 버틀러스트리트스탠드의 지붕을 새로 얹을 자금이 필요했기에, 맨유에 그린호프를 팔아야 했다. 도허티 감독은 자신의 새 작품을 위해 마카리를 미드필드로 후진 배치했다. 그런데 이 변화가 기대 이상의 효과를 냈다. 맨유는 리그에서 선전하면서 2년 연속 FA컵 결승전에 진출했다.

리버풀 역시 특유의 효율성을 살려 크리스털팰리스, 칼라일, 올덤, 미들즈브러를 제쳤고, 준결승전에서 재경기를 하는 접전 끝에 연고지 라이벌인 에버턴을 꺾고 결승전까지 전진했다. 리그 우승과 함께 FA컵과 유러피언컵 모두 결승전에 진출하자 '트레블'이라는 새로운 용어가 등장했다. 당시는 시즌 더블도 매우 드물었다. 2차 세계대전 후인 1961년의 토트넘과 1971년의 아스널이 달성했던 더블이 '유이한' 사례였다. 리버풀이 전무후무한 업적을 달성하기 일보 직전이었다.

리버풀 중원으로 활약했던 지미 케이스는 당시엔 스쿼드 규모가 작아 트레블은 거의 불가능하다고 인식되었다고 운을 뗀다. "그때 유럽 대회에서는 교체가 3명, 국내 리그에서는 1명이었어요. 그만큼 체력적으로 힘든 시절이었어요. 리그에서 우승하기까지 지금처럼 많은 선수를 기용하지 못했어요. 그러나 우리는 그 부담을 문제없이 떨쳐냈죠."

페이즐리 감독은 성격이 불같았던 전임자 섕클리와 정반대 타입이었다. 그의 차분함과 이성적 판단이야말로 리버풀이 호성적을 거둘 수 있었던 밑바탕이었다. 호들갑이나 허풍은 없었다. 페이즐리 감독의 초점은 언제나 다음 경기에 맞춰졌다. 시즌 전관왕의 가능성이 시야에 들어오기 시작한 시즌 막판에도 절대 '트레블'이란 단어를 입에 담지 않았다.

페이즐리 감독의 자서전 작가 이언 허버트는 "감독과 코칭스태프들은 '오직 다음 경기에만 집중한다'라는 주문을 외웠습니다"라고 말한다. "전략적 선택이라기보다 징크스가 존재했습니다. 실제로 손에 쥐기 전까지 성취 대상을 말해선 안 된다는 겁니다. 그렇지 않으면 저주에 걸린다는 식이었죠. 한번은 언론 인터뷰에서 앨런 케네디가 다가오는 경기의 승리를 장담한 적이 있었어요. 리버풀이 패하자 페이즐리 감독은 케네디를 혼쭐냈어요."

전형적인 맨유팬 토니 그레이엄의 말이다. "1975년에 팬들은 패치를 덕지덕지 붙인 흰색 정육점 코트를 입고 팔목에 새틴 스카프를 둘렀어요. 상대 팬의 스카프를 빼앗아 월요일 학교에서 전리품이랍시고 자랑하던 시절이었죠. 그런데 2년 만에 그런 문화가 싹 바뀌었어요. 패션도 변혁기를 지나고 있었어요. 뭐든지 찢어버리는 펑크 음악계로부터도 영향을 받았어요. 하지만 펑크 패션은 축구팬들과 어울리지 않았어요. 경기장에 가는 데 킬트나 화장은 좀 아니었어요. 그때 '페리보이Perry boy'가 나타났습니다."

페리보이란 60년대 맨체스터에서 유행했던 모즈(60년대 저항 패션)의 유행 코드를 새롭게 해석한 젊은 맨유팬들을 말한다. 그들은 '프레드페리Fred

Perry'○의 폴로셔츠와 일자 청바지 패션을 선호했다. 절대 클럽의 유니폼을 입지 않았고, 제멋에 취해 원정 응원에 나섰다. 포인트는 헤어스타일이었다.

그레이엄은 그들이 데이비드 보위의 〈로우〉 앨범 재킷 스타일을 따라 했다고 말한다. 1977년 1월 발매된 이 앨범에서 보위는 붉은빛이 감도는 금발 생머리에 몇 가닥만 웨이브를 주었다. 그들은 보위의 LP판을 옆에 끼고 미용실에 가서 "똑같이 해주세요"라고 했다.

이 시점에서 이 책의 공동 작업자이자 리버풀팬인 케빈 샘프슨이 메일을 보내왔다. '친구, 중요한 패션 팁을 알려줌. '로우' 앨범의 헤어스타일은 '웨지'가 아님. '웨지'는 뒷모습이 좁은 형태. 로우의 헤어스타일은 그렇게 좁지 않으며 앞머리가 짧음. 이상!'

샘프슨에 따르면, 56킬로미터 떨어진 리버풀의 패션도 빠르게 변해 갔다. 쓰리버튼 재킷을 멋지게 차려입은 와이어트는 리버풀 패션에 대해 이렇게 설명한다.

"1977년 나는 열두 살이었어요. 풀헬리에 있는 휴양지에서 스카우저와 맨큐니언의 패싸움을 목격했습니다. 스카우저들은 새파란 모직 점퍼 차림이었어요. 말도 못 하게 꽉 끼는 청바지에 할머니나 신을 만한 구멍 숭숭 뚫린 '젤리 베이비' 샌들을 신고 있었어요. 여기에 금발로 염색한 앞머리가 풍성했습니다. 라임스트리트역 근처에 사는 도심의 거친 아이들 스타일이었어요. 1977년은 동성애 혐오와 인종차별이 정말 심하던 때였는데, 그 녀석들은 여성 아이템들로 무장했어요. 마치 '록시 뮤직Roxy Music'○○과 데이트하

○ 테니스·탁구 선수 프레드 페리가 런칭한 패션 브랜드. 월계관 로고가 특징이다.

○○ 영국의 전설적 글램록 밴드. 화려하고 퇴폐적 분위기다.

는 데이비드 보위처럼 보였죠. 하지만 그 녀석들 모두 싸움에 진심이었다는 것은 확실히 말할 수 있습니다."

와이어트는 곧 새로운 유행을 받아들였다. 당시 패션에 민감했던 리버풀의 젊은 세대답게 최고의 패션을 찾아 먼 길 떠나기를 마다하지 않았다. "변혁기를 직접 통과하는 느낌이었어요. 매주 다른 스타일의 청바지가 출시되었어요. 우리는 안데일센터에서 FUS 청바지를 사려고 맨체스터에 가곤 했어요. 원정 응원 가는 기분이었죠. 맨체스터 녀석들은 스카우저들이 온다는 걸 알고 있었어요. 청바지 한 벌 사려고 흠씬 두드려 맞을 위험을 감수했다는 뜻이에요."

패션은 테라스°에서 '얼리 어답터early adopter'로 통하는 조건이 되었다. 그레이엄의 말이다. "요즘은 소셜미디어에서 유행이 퍼지지만, 예전에는 올드트래퍼드에 온 다른 지역 녀석들을 보는 게 유일한 방법이었어요. 그쪽 무리가 오면 우리는 조롱할 준비를 합니다. '정말 답이 없는 녀석들'이라면서 우월감을 느끼는 거예요. 그런데 리버풀 녀석들이 잔뜩 몰려오는데 다들 멋진 거예요! 완전히 상황 역전이었죠. 어딘가 묘하게 다른데 우리보다 훨씬 스타일리시했어요. '우리가 제일 잘난 줄 알았는데 갑자기 이 녀석들이 우리 수준으로 올라왔네, 심지어 우리보다 더 멋있는 놈도 있어'라는 식이었어요."

이런 상황 변화는 자연스레 라이벌 의식에 불을 붙였다. 후턴에 따르면, 이제 누가 더 패션 감각이 좋은지를 가지고도 시비가 붙었다고 한다.

° 영국 축구장 골대 뒤에 있는 입식 스탠드. 힐스브러 참사 이후 폐지되었다.

1977년 5월 패션 경쟁은 새로운 장소로 이동했

다. 웸블리스타디움이었다. 결승전에서 뛸 선수들은 누가 최고의 바지를 입느냐보다 승부 자체에 집중했다. 버컨의 말이다.

"FA컵 결승전을 향한 우리의 자세는 단순했습니다. '우리가 이긴다!'였어요. 결승전에서 패한 지 1년 만에 다시 그 무대에 오르는 것은 동화 같은 이야기입니다. 경기를 앞두고 과연 우리가 우승할 수 있을지 걱정도 되었어요. 리버풀의 트레블을 저지한다기보다 1년 전 사우샘프턴에 당했던 패배를 만회해야 했기 때문입니다."

루 마카리도 같은 생각이었다. "언론들은 1년 전 도허티 감독이 내년에 우승하겠다고 장담했던 말을 끄집어냈습니다. 웸블리 결승전으로 가는 동안 그 말은 계속 인용되었어요. 감독의 말을 실현하는 것이야말로 우리가 해야 할 일이었죠. 우리 자신을 위해서도 지난해에 날렸던 것을 만회해야 했어요. 리버풀의 트레블 저지는 동기부여와 거리가 멀었습니다."

버컨은 맨유팬들 역시 도허티 감독의 예언을 실현해야 한다는 의무감에 더 신경 썼다고 말한다. 그는 "결승전을 앞두고 내게 와서 '트레블 달성을 꼭 막아야 해!'라고 말하는 팬들은 없었습니다. 과장이 아니라 진짜 그랬어요"라고 말한다.

한편 리버풀의 관심은 트레블 그 자체였다. 케이스의 말이다. "우리는 매일 같이 그 소리를 들었습니다. 어딜 가도 똑같은 얘기였어요. 언론들은 '웸블리에서 이기고 로마에서 진다면, 또는 그 반대가 된다면'이라고 경우의 수를 떠들어댔어요. 하지만 우리는 모두 이기겠다는 각오였습니다."

리버풀은 리그 우승컵을 챙기고, 다음 주 수요일에 열릴 유러피언컵 결승전을 앞두고 있었다. 리버풀 선수단 내에서는 FA컵이 가장 쉬운 목표처럼 인식되었다. 맨유는 1부 순위표에서 7위에 있는 팀이었다. 2주 전, 안필드에서 있었던 리그 경기에서도 맨유는 특별한 모습을 보이지 못했고, 리버풀은 케빈 키건의 득점으로 승리했다. 경기를 마친 양쪽 선수들은 선수 전용 라운지에서 맥주를 마셨다. 당시엔 그게 관례였고, 선수들은 2주 후 웸블리에서 재격돌한다는 사실을 신경 쓰지 않았다.

버킨의 말이다. "우리는 서로 존중했어요. 리버풀의 주축은 정말 괜찮은 친구들이었죠. 내가 토미 스미스에게 '토미, 내가 왜 널 좋아하는지 알아?'라고 물었던 게 기억납니다. 그는 '왜?'라고 되물었고, 나는 '넌 강하지만 사기를 치거든'이라고 놀렸어요."

리버풀 선수들은 자신들이 훨씬 나은 팀, 우승할 수 있는 팀이라고 믿었다. 일간지, TV의 축구전문가들, 베팅업체도 리버풀의 우세를 점쳤다. 케이스는 "자신 있었지만 과신하지는 않았습니다. 어쨌든 사람들은 우리의 승리를 예측했어요"라고 말한다.

리버풀의 페이즐리 감독은 재경기 없이 단번에 승리를 쟁취하고 싶어 했다. 당시 축구협회가 홈인터내셔널° 개최를 위해 FA컵 재경기 일자를 6월 22일로 잡았기 때문이다. 페이즐리 감독은 선수들의 집중력을 그렇게 오래 유지하기 어렵다고 생각해 처음부터 매우 공격적인 선발진을 꾸렸다.

평소 수비에서 안정감이 돋보였던 4-4-2 포메이션이 아닌 케빈 키건, 데이비드 존슨, 스티브 헤이웨이의 최전방 3인 전술이었다. 스트라이커를 한 명 더 세우기 위해 페이즐리 감독은 노련한 미드필더 이언 캘러헌을 벤치로

° 브리티시 홈 챔피언십. 1884년 시작된 잉글랜드, 스코틀랜드, 웨일스, 아일랜드 4개국 축구 대회. 1984년 폐지되었다.

내렸다. 나중에 감독 본인도 위험성이 큰 결정이었다고 인정했다.

한편 맨유 감독은 그다지 전술에 집중하는 타입이 아니었다. 마카리는 도허티 감독이 재미있는 사람이고 그것이 그의 최대 장점이라고 말한다.

"팀 분위기가 좋으면 선수들은 감독을 위해 뜁니다. 나는 감독과 자주 말다툼을 벌였어요. 상식적으로는 내가 감독을 싫어해야 했지만 그렇지 않았어요. 매번 감독이 웃겼던 덕분이었죠. 매주 오후 2시°에 상대팀의 출전명단이 발표되면 도허티 감독은 항상 똑같은 행동을 했어요. 명단을 구겨서 공 모양으로 만든 다음 '젠장, 여기 쓰레기가 있네!'라면서 명단을 차서 쓰레기통에 넣었어요. 뻔히 아는 퍼포먼스였지만 선수들은 매번 웃었어요."

감독으로부터 상세한 전술 지시를 받지 못한 상태에서 버킨은 리버풀의 공격에 알아서 맞서야 했다.

"브라이언(지미 그린호프의 동생이자 버킨의 센터백 파트너)과 나는 키가 177센티미터밖에 되지 않아요. 우리는 페널티박스 안에서 상대 스트라이커가 크로스를 머리로 연결하지 못하도록 전략을 썼습니다. 그때 우리는 오프사이드 전술로 유명했죠. 나는 발이 번개처럼 빠른 선수는 아니었지만 나름 경기 흐름을 잘 읽었어요. 상황을 잘 이해하면 키건처럼 빠른 선수도 한발 앞서 막을 수 있어요. 나는 키건을 어떻게 막을지 걱정하지 않았어요."

맨유 선수단은 12개월 전 사용했던 호텔을 다시 예약했다. 페이즐리 감독이라면 불길한 징조로 여겼겠지만, 도허티 감독은 선수들에게 익숙한 환경이

° 영국 프로축구의 전통적 킥오프 시간은 오후 3시이며, 출전명단은 한 시간 전인 2시에 발표된다.

좋다고 생각했다. 참고로 도허티는 선수와 감독으로서, 웸블리에서 일곱 번 싸워 한 번도 이기지 못했던 인물이다.

마카리는 선수들이 1년 전보다 덜 긴장했다고 회상한다. "경기 준비, 숙소 모두 익숙했습니다. 다들 리버풀을 두려워하지 않았어요. 부담감을 떨쳐냈다는 기분이 들었죠. 우리 쪽이 우승 후보였던, 그러니까 1년 전 사우샘프턴과 만났던 결승전과는 분위기가 달랐어요. '좋아, 다시 해보자, 하면 될 거야'라는 분위기였습니다."

수많은 팬이 잉글랜드 북서부에서 웸블리를 향해 내려왔다. 팬들의 동선은 다양했다. 피터 보일의 회상이다. "일곱 살 때, 아버지와 함께 결승전에 갔어요. 우리는 옥스퍼드를 경유했어요. 그곳에 맨체스터에서 옥스퍼드로 이사한 아버지 친구가 계셨기 때문입니다. 그분이 옥스퍼드발 특별편성 버스 티켓을 선물하셨어요. 버스 안의 분위기는 좀 이상했어요. 맨유와 리버풀팬이 함께 탔기 때문입니다. 웸블리에 도착했던 때가 기억납니다. '마치 스카우저를 색출하라'라는 분위기였어요. 맨유팬들은 맨유 응원 머플러로 장식한 길다란 로프로 트윈타워의 양쪽을 연결했어요. 정말 근사했습니다."

피터 후턴은 사촌들과 함께 머지사이드에서 런던으로 내려갔다. 그는 양쪽 클럽이 몰고 온 서포터즈 규모가 꽤 차이 났다는 사실을 알곤 실망감을 감추지 못했다. "1977년 결승전은 우리에게 큰 좌절로 남아 있습니다. 리버풀보다 맨유팬이 훨씬 많았어요. 어찌나 많았던지 우리 쪽 구역까지 넘어올 정도였어요."

후턴에 따르면, 당시 맨유팬들의 수적 우위는 일상적 현상이었다.

"70년대에는 어디를 가든 맨유팬들이 있었어요. 미들랜즈에 사는 친척과 함께 콘월Cornwell°에 자주 놀러 갔었는데, 그쪽 훌리건인 '뉴키 부트보이즈Newquay boot boys'°°도 맨유를 응원했어요. 다들 도허티를 지지하는 '붉은 군대'의 회원으로 등록되어 있더군요. FA컵 결승전 티켓을 팔 때 리버풀팬들도 당연히 배정된 분량을 확보했어요. 하지만 중립 팬용 티켓과 축구협회가 각 클럽에 보내는 티켓이 죄다 전국에 산재한 맨유팬들에게 팔렸어요. 당연히 경기장엔 맨유팬들이 훨씬 많았어요. 우리는 완전히 밀렸어요. 족히 우리의 3배는 되었던 것 같아요. 대부분의 팬들은 로마와 웸블리 원정 둘 다 갈 형편이 되지 못했어요. 나도 형편상 로마 원정을 포기하고 웸블리를 선택했던 건데, 그게 실수였어요."

° 웨일스의 대표 휴양지. '어바웃 타임' 촬영지로 유명하다.

°° '뉴키'는 콘월 지방에서 가장 인기 있는 명소다.

경기장 밖에서도 수적 불균형 현상이 나타났다. 후턴은 웸블리에 도착하니 많은 사람들이 개찰구 바깥 잔디밭에 앉아 맥주를 마시고 있었다고 회상한다. "그때 친구 아버지가 맨유팬들에게 공격을 당했어요. 친구 아버지는 한 덩치 하는 데다 완력도 강했는데 숫자로 덤비는 데는 버틸 재간이 없었죠. 그날 맨유팬들이 리버풀팬들을 사냥하러 온다는 소문이 파다하게 퍼진 상태였습니다."

당시 현장에 있었던 윌리엄스 교수에게도 그날 FA컵 결승전은 충격이었다. "패션 등으로 서로 티격태격하면서 라이벌 의식이 커지는 줄은 알았지만, 양측 팬들이 그렇게 대거 부딪치는 사례는 그날이 처음이었습니다. 서로에 대한 혐오가 크다고 느낀 첫 경험이었죠. 공기 중에 순수한 증오가 넘실거렸습니다."

경기 내용조차 리버풀의 분위기를 끌어올리지 못했다. 경기에 직접 뛰는 선수에게는 팀의 전술보다 일대일 맞대결이 만드는 결과가 훨씬 크게 느껴지는 법이다. 그날 FA컵 데뷔를 신고했던 맨유의 어린 풀백에 대한 버컨의 회상이다.

"그날 경기에서 제일 걱정스러웠던 것은 아서 알비스턴이었습니다. 2주 전 주전이었던 스튜어트 휴스턴의 다리가 부러지는 바람에 아서가 출전했어요. 겨우 열아홉 살짜리가 리버풀의 거칠기로 유명한 지미 케이스를 마크해야 했던 거죠. 하지만 내 걱정은 기우였어요. 아서는 정말 잘 뛰었어요. 몸싸움에서 케이스를 거의 관중석으로 던져 버릴 정도였으니까요. 케이스는 어리둥절해하며 일어났어요. 그날 아서는 자신의 이름을 세상에 알렸습니다."

우리는 아서 알비스턴과의 전화 통화에 성공했다. 본인도 그날 상황을 잘 기억하고 있었다. 어린 나이였지만 자신이 막아야 할 상대를 두려워하지 않았다고 한다. "나는 주저 없이 상대를 걷어찼어요. 예전 유스팀 경기에서 사우스리버풀을 상대하면서 지미 케이스와 맞붙은 적이 있었어요. 누군가 '우리랑 싸웠던 그 더러운 자식이 리버풀과 계약했대!'라면서 소식을 전해주었어요."

알비스턴은 45년 동안 맨유와 함께했다. 은퇴 후엔 관리 부서와 MUTV° 의 해설위원으로도 일했다. 그는 당시 FA컵 결승전에서 개인적으로도 동기 부여가 되었다고 말한다.

"누구도 실망시키고 싶지 않았을 뿐입니다. 솔직히 많이 긴장했죠. 다른 사람 자리를 메우려고 결혼

° 맨체스터 유나이티드가 자체 운영하는 TV 방송 채널

식에 초청받은 기분이었어요. 스튜어트의 다리가 부러지지 않았다면 결코 출전하지 못했을 테니까요. 스튜어트가 다치자마자 주치의는 '결승전은 네가 뛰는 거다'라고 하더군요. 나는 '까짓거 해보지 뭐'라고 생각했어요."

전반전은 무득점으로 끝났지만, 여전히 리버풀이 유리해 보였다. 평범한 경기력으로도 승리를 챙기는 것이 당시 리버풀의 저력이었다. 후반전이 시작되고 15분 동안 갑자기 골이 쏟아졌다. 먼저 맨유의 스튜어트 피어슨이 선제골을 터트렸다. 리버풀 수문장 레이 클레멘스의 기량이 평소 같지 않았던 탓에 맨유가 한 골 앞서갔다. 몇 분 뒤에 터진 케이스의 훌륭한 동점골에 리버풀은 가슴을 쓸어내렸다. 문전 대각선 지점에서 케이스가 때린 슛이 홀로 남겨진 맨유 골키퍼 알렉스 스테프니를 통과했다.

케이스의 회고다. "우선 무릎으로 볼을 오른쪽으로 보내고, 볼이 땅에 닿기 전에 오른발로 왼쪽을 향해 슛을 때렸어요. 빠른 턴 동작과 오른발 슛이 멋지게 연결되어 골이 만들어진 거예요. 내가 넣었던 최고의 골은 아니지만 제일 유명한 골로 남아 있습니다. 빅매치에서 나온 득점이었으니까요."

리버풀의 트레블 야망이 정상궤도를 되찾은 듯 보였다. 하지만 오래가진 않았다. 리버풀의 골문 앞에서 대혼전이 벌어졌다. 루 마카리가 시도한 슛이 지미 그린호프의 가슴에 맞고 굴절되어 리버풀 골대 안으로 천천히, 그리고 유연하게 빨려 들어갔다.

케이스는 눈앞에서 득점 장면을 목격했다. 그는 어제 일처럼 생생하다면서 우울한 추억을 떠올렸다. "수비수 토미 스미스가 막는 상황에서 루는 자기가 넣은 골이라고 주장했어요. 하지만 그린호프에게 맞지 않았다면

루의 슛은 관중석까지 날아갔을 겁니다. 그린호프에게서 굴절된 슛은 레이 클레멘스의 머리 위로 날아가 골대 안으로 들어갔어요. 볼수록 어이없는 실점이었죠. 불꽃놀이 같았어요. 볼은 정처 없이 떴다가 말도 안 되게 우리 골문 안으로 들어갔습니다."

리버풀의 스티브 로더럼 시장은 "두 실점 모두 엉터리였어요. 내가 한 말을 그대로 인용해도 좋습니다"라고 직설적으로 말했다. 45년이나 지난 지금, 마카리는 그 골에 대한 논란을 적극적으로 부정하지 않는다. "솔직히 나도 지미도 의도한 골이 아니었어요. 튕기는 볼을 보면서 '내버려 둬, 지미!'라고 소리친 것밖에 기억나지 않아요. 내가 힘껏 때린 슛이 지미의 몸에 맞아 방향이 바뀌었죠. 레이 클레멘스는 꼼짝할 수 없었고, 필 닐도 역부족이었습니다. 가끔은 그런 운이 필요하죠."

리버풀은 거세게 반격했다. 상대를 문전에 몰아세운 채 골대를 강타하기도 했다. 하지만 맨유는 끝까지 버텼다. 버컨은 키건을 봉쇄했다. 경기 종료 휘슬이 울리자 리버풀 선수들은 그라운드에 무릎을 꿇었다. 새로운 역사를 놓쳤다는 사실에 절망하면서.

톰슨은 "우리는 트레블을 꿈꿨지만 모두 끝났습니다"라고 말한다. 당시 톰슨은 무릎 인대 수술에서 회복하느라 결승전을 벤치에서 지켜봤고 로마 결승전도 결장했다. 그의 말이다. "우리가 경기를 지배했던 걸로 기억합니다. 왜 우리가 졌는지 이해할 수 없었죠. 실감이 나지 않았어요. 절망감에 빠진 선수들은 기차를 타고 리버풀로 돌아왔습니다. FA컵 우승을 놓친 것은 뼈아팠어요. 클레멘스가 일어나 '기운 내자! 술 한잔하면서 전부 잊자고. 수요일 경기를 준비해야 할 때야'라면서 선수들을 다독였습니다."

알다시피 수요일 경기는 유러피언컵 결승전을 말한다. 톰슨이 이어서 말한다. "클레멘스는 골키퍼로도 인간으로도 훌륭했습니다. 우리는 클레멘스의 말에 응원가를 부르기 시작했어요. 우리는 늘 그런 식이었습니다. 항상 하나로 뭉쳤고 정말 끈끈했죠. 로마 원정을 떠날 때는 선수단의 분위기가 회복되었습니다."

로마에서 리버풀은 FA컵 결승전 같은 실수를 반복하지 않았다. 시작부터 끝까지 묀헨글라트바흐를 압도한 끝에 3–1로 승리했다. 다음날 일간지 〈리버풀에코〉는 1면에 '수고했다! 우승을 축하한다!'라는 헤드라인으로 기사를 올렸다. 기사 첫 단락은 로마에서 리버풀팬이 한 명도 체포되지 않았다는 내용이었다. 기사의 부제는 '머지사이드의 이미지를 개선할 방법이 이것이다. 팬들도 머지사이드를 자랑스럽게 했다'였다.

FA컵 결승전 종료 휘슬과 함께 무너진 리버풀 선수들과 달리 맨유 선수들은 짜릿한 성취감을 만끽했다. 마카리는 본인이 결승골을 넣었다고 믿었지만, 득점자는 엄연히 그린호프였다. 마카리는 지미의 득점으로 기록된 줄 몰랐다고 한다. "보통은 결승전에서 결승골을 넣은 선수가 '골든부트'를 받습니다. 경기가 끝나고 30분이 지나서 지미가 골든부트 트로피를 들고 라커룸으로 돌아왔습니다. 영문을 몰랐지만 우승 메달을 목에 걸었으니 상관없었어요. 시상대에 먼저 오르지 않은 것으로° 충분했습니다."

로열박스에서 마틴 버컨이 켄트 공작부인으로부터 우승 트로피를 받았다. 결승전을 중계했던 〈BBC〉 앵커 존 모트슨은 버컨이 트로피를 받는 순간을 소설가 존 버컨의 대표

° 은메달을 받는 준우승팀이 먼저 시상대에 오른다.

작 《39계단》에 비유해 멋지게 표현했다. “39개의 계단을 올라가서 트로피를 받는 주인공이 버컨이라니 정말 잘 어울리는 이름입니다.”

정작 버컨은 이 멘트를 나중에야 전해 들었다. 버컨의 말이다. “나도 그 소설을 읽었지만 웸블리 시상대를 오르는 계단이 39개인 줄은 전혀 몰랐습니다. 정말 모트슨다운 멘트였어요. 후일 그를 만나 와인 한잔할 정도로 친분을 쌓았습니다.”

알비스턴은 FA컵 결승전에서 승리한 후, 리버풀 선수들에게 다음주 수요일의 행운을 빌어주었다고 회상한다. 그는 경기에서 이기는 일에만 신경 썼을 뿐, 그날 맨유의 승리가 리버풀의 트레블을 망쳤다고는 생각하지 못했다. “1977년 FA컵 결승전 직후에 만나는 팬마다 우승을 기뻐했어요. 1999년 우승하기 전까지 아마도 제일 유명한 우승이었을 겁니다. 시간이 갈수록 그때 우승의 의미가 커졌어요. 나는 지금까지도 1977년 결승전에서 리버풀의 우승을 막았다는 찬사를 듣고 있답니다.”

버컨의 반응도 비슷했다. 그는 “리버풀의 트레블을 막았다면서 사람들이 내게 고마워합니다. 친구 중에 리버풀팬이 있는데 이 이야기가 나올 때마다 내가 소환된다더군요”라며 웃음을 지었다.

약 46년 후인 2023년 FA컵 결승전에서 붉은 옷을 입은 버컨의 후계자들은 경쟁자의 야망을 막아야 한다는 비슷한 위치에 있었다. 6월 3일 마커스 래쉬포드, 브루노 페르난데스, 크리스티안 에릭센이 웸블리에 들어섰을 때, 오직 맨체스터시티의 트레블을 막아야 한다는 생각뿐이었다. 하지만 이번엔 실패했고 맨시티는 트레블을 달성한 유일한 잉글랜드팀이 되었다. 이렇게 어려운 훼방꾼 역할을 1977년의 맨유가 해낸 것이다.

지도자 경력 최초의 우승을 쟁취한 도허티 감독은 FA컵의 뚜껑을 머리에 쓰고 춤을 췄다. 그는 본인의 입지가 탄탄해졌다고 생각했겠지만 축구판에서 그런 일은 불가능하다. 리버풀에서 페이즐리 감독이 위상을 굳히는 동안, 도허티 감독은 올드트래퍼드에서 쫓겨나는 운명을 맞았다. 마카리, 버컨, 알비스턴 모두 도허티 감독이 클럽의 물리치료사인 로리 브라운의 아내 메리와 바람을 피웠다는 사실을 눈치채지 못했다.

FA컵에 우승하고 2주 뒤에 두 사람의 부적절한 관계가 폭로되었고 도허티 감독은 곧바로 해고되었다. 알비스턴의 말이다. "여름휴가에서 돌아와 프리시즌 훈련을 시작했을 때 감독은 이미 떠난 뒤였어요. 다들 믿지 못하겠다는 눈치였죠. 축구 감독은 보통 성적 부진으로 해고되니까요."

도허티 감독이 불붙인 타이틀 획득의 불씨는 이내 꺼졌다. 이후 5년에 걸친 리버풀의 권좌는 애스턴빌라와 브라이언 클러프 감독이 이끄는 노팅엄포레스트로부터 도전받긴 했지만 무너지지 않았다. 반면 맨유는 우승 후보군에 끼지도 못했다. 지미 케이스는 맨유가 FA컵 우승을 디딤돌로 삼지 못한 이유를 스카우즈답게 분석한다. "맨유가 왜 그렇게 오래 타이틀을 얻지 못했냐고요? 감독을 너무 자주 바꿔서 그랬나? 사실 잘 모르겠어요. 솔직히 맨유에 관심이 없어서요."

웸블리 결승전 현장에서는 많은 이들이 절대 불가능하다고 생각할 법한 광경이 연출되었다. 두 클럽의 관계를 아는 사람이라면 누구나 "그럴 리가 없다"라고 할 것이다. 하지만 그 일은 일어났고 많은 팬들이 직접 목격했다. 경기 시작 전까지 상대 팬들과 격렬한 싸움을 벌이느라 온 힘을 쏟았던 맨유팬들은 맨유의 우승 확정 후 경기장을 빠져나가는 리버풀 선수들을 향해 "리버풀! 리버풀! 리버풀!"이라고 연호하며 격려했다. 당시만 해도 승자의 여유가 존재했던 모양이다.

피터 보일의 말이다. "경기가 끝난 뒤, 아버지는 옥스퍼드에서 함께 버스를 타고 왔던 리버풀팬들을 향해 손을 흔들며 '유러피언컵 결승전의 행운을 빈다'라고 외쳤어요. 그 후로 그런 너그러움은 더이상 반복되지 않았습니다."

마카리도 1977년이 양쪽 클럽 사이에 존재했던 우호적 분위기의 마지막이라고 생각한다. 그날 이후 두 팀의 관계가 악화되었다는 것이 마카리의 믿음이다. 즉 분리의 시작이다. "라커룸에서도 관중석의 소리가 들렸어요. 올드트래퍼드에서뿐 아니라 웸블리에서도 그랬습니다. 경기 시작 전부터 우리는 리버풀을 상대하고 있음을 사무치게 느껴야 했어요. 창문 너머에서 정말 이기고 싶다는 맨유팬들의 염원이 고스란히 들려 왔어요. 라커룸에서 팬들의 소리를 들으면 리버풀전이 단순한 경기가 아니라는 사실을 절감합니다. 애스턴빌라도 아니고, 버밍엄시티도 아니고, 맨체스터시티도 아니었어요. 우리는 반드시 리버풀을 잡아야 했습니다. 진정한 라이벌 의식이었죠."

그날 우연한 만남이 아니었다면 리버풀에서 뛸 뻔한 마카리의 말이다.

RED ON RED 01

MATCH	STADIUM	DATE
FA컵 결승전	웸블리스타디움	1977년 5월 21일

SCORE

리버풀 1 : 2 맨체스터 유나이티드

LIVERPOOL / **MANCHESTER UNITED**

LIVERPOOL	MANCHESTER UNITED
지미 케이스 **53'**	스튜어트 피어슨 **51'**
	지미 그린호프 **55'**

리버풀 출전명단 (4-3-3)

감독 봅 페이즐리

레이 클레멘스; 필 닐, 토미 스미스, 엠린 휴즈, 조이 존스; 지미 케이스, 테리 맥더모트, 레이 케네디; 케빈 키건, 데이비드 존슨(이언 캘러헌 64'), 스티브 헤이웨이

맨체스터 유나이티드 출전명단 (4-2-4)

감독 토미 도허티

알렉스 스테프니; 지미 니콜, 브라이언 그린호프, 마틴 버컨, 아서 알비스턴; 새미 매킬로이, 루 마카리; 스티브 코펠, 지미 그린호프, 스튜어트 피어슨, 고든 힐(데이비드 맥크리리 81')

주심 B. 매튜슨

관중 10만 명

CHAPTER 02

야수들의 축구

FERAL FOOTBALL

FA컵 준결승전

리버풀 2 vs. 맨체스터 유나이티드 2

구디슨파크

1985년 4월 13일

우스터셔에 위치한 언덕 위 저택, 론 앳킨슨°은 정원의 등의자에 길게 누워 일광욕을 즐기는 중이었다. 봄 햇살을 만끽하던 중에 새로 산 자동차가 곧 납품된다는 전화를 받았다. 차종은 당연히 메르세데스-벤츠였다.

앳킨슨이 예전 이야기를 하면서 웃음을 되찾았다는 사실은 분명하다. 2004년 〈ITV〉의 간판 해설위원으로 일하던 시절, 그는 첼시 수비수 마르셀 드사이를 인종차별적 별명으로 불렀는데 그 목소리가 마이크를 타고 나가는 바람에 오랫동안 대중에게 외면당했다.

그의 저택은 당신이 상상하는 '빅 론Big Ron'°°이 사는 집처럼 생겼다. 고급스럽고 널찍하다. 카펫의 털은 발목이 꺾일 정도로 길다. 이곳을 방문한 이유는 앳킨슨 감독이 현장에 있었던 80년대에 리버풀과 맨유의 라이벌 의식이 어떻게 격화되었는지에 대해 직접 듣기 위해서다.

맨유 시절, 앳킨슨 감독은 리버풀팬들의 주된 타깃이었다. 앳킨슨 감독은 "잘 알죠. 내가 올드스완 출신이니까"라고 말한다. 올드스완은 리버풀 동쪽 지역이다. "리버풀팬들이 붙여준 멸칭이 바로 '올드스완에서 온 빅 론'이었습니다. 하지만 내가 리버풀에서 지낸 날은 고작 이틀뿐이었어요. 나는 매번 '유모차를 도둑맞아서 리버풀을 떠났지'라고 대꾸했어요."

지미 타벅°°° 스타일의 말장난이다. 앳킨슨 감독은 일광욕 의자 아래에 타벅의 빛바랜 농담집이라도 숨겨놓은 걸까? 다행히 그의 입에서 나온 1983년 시즌 직후의 이야기는 깜짝 놀랄 만한 내용이었다.

FA컵에서 한 번밖에 우승하지 못하고도 권력의

° 1981년부터1986년까지, 맨체스터 유나이티드의 감독직을 수행했다.
°° 론 앳킨슨 감독의 별명
°°° 리버풀 출신의 원로 코미디언이자 가수, 배우, 쇼 진행자

정점을 누리던 앳킨슨 감독은 에이전트 '피니 자하비'의 초청으로 이스라엘 소도시 에일라트의 호텔 개장 파티에 참석했다. 당시 리버풀은 리그에서 우승했을 뿐 아니라 리그컵 결승전에서 맨유를 꺾고 라이벌의 시즌 더블 희망을 짓밟은 상태였다. 앳킨슨 감독의 회상이다.

"텔아비브에 도착했는데 그곳에 리버풀 선수단이 있더군요. 리버풀 선수단은 텔아비브에서 5대5 친선 토너먼트전을 소화한 후, 에일라트에서 열흘짜리 휴가를 보내는 일정이었어요. 그런데 이스라엘 주최 측이 나에게 리버풀 감독을 맡아달라고 요청했어요. 세상에나, 맨유 감독한테 말입니다. 하지만 다들 좋은 친구들이어서 흔쾌히 수락했어요. 어차피 아무도 모를 거라고 생각했습니다." 그가 잠시 쉬었다 말한다.

"나는 리버풀 선수단 중에서 잉글랜드 출신으로 한 팀을 만들고 아일랜드, 스코틀랜드, 웨일스 출신으로 또 한 팀을 만들 계획이었어요. 준결승전에서 두 팀이 각각 이스라엘 팀과 맞붙고 결승전에서 만난다는 시나리오였죠. 모든 선수들에게 돋보일 기회를 주자는 생각이었습니다. 그런데 뜻대로 되지 않았어요. 리버풀 선수들로 만든 두 팀 모두 준결승전에서 나가떨어졌기 때문입니다."

앳킨슨 감독이 낄낄거리며 말을 이어갔다. "사실 알콜 문제도 있었어요. 아, 기억나는 일이 하나 있어요. 준결승 도중 이언 러시가 5대5 코트의 벽에 몰렸어요. 상대 선수들이 그를 마구 걷어찼죠. 벤치에 있던 누군가가 감독 역할을 하던 내게 '젠장, 이건 아니지!'라고 소리쳤어요. 나는 '뭐, 별거 아니잖아'라고 응수했죠."

맨유 감독이 리버풀 선수들로 꾸린 팀을 지도한다는 게 지금 생각하면 말도 안 되지만, 그때 당사자들은 별문제라고 생각하지 않았다고 한다. 리버풀 선수들이 앳킨슨 감독의 말을 순순히 따랐다는 사실도 놀랍다. 그가 맨유의 사령탑이었던 기간 내내 두 팀의 맞대결은 폭력으로 얼룩지기 일쑤였기 때문이다.

이스라엘 휴가지에서 만나기 석 달 전, 두 팀은 리그컵 결승전에서 맞붙었었다. 너그러움이 존재할 틈이 없었던 그 결승전에서 서로를 걷어차고 주먹을 날리면서, 죄다 어딘가 찢어지거나 부어오른 얼굴들이었다. 경기를 시작하자마자 벌어진 일이다.

난타전은 리그컵 결승전에서 끝나지 않았다. 아일랜드 출신 풀백 '짐 베글린'은 이스라엘 휴가 직후 샴록로버스에서 리버풀로 이적했다. 80년대 둘의 맞대결에 관해서라면 그도 할 말이 많다고 한다. 베글린은 영상 통화에서 "내게 묻는다면 '서로 물어뜯는 야수들의 축구'라고 하고 싶군요"라면서 말을 시작한다.

"정말 거칠었어요. 얼마 전에 당시 경기 영상을 돌려봤는데, 이건 뭐 축구에 대한 모욕이라는 생각이 들 정도였습니다. 재능이 뛰어난 선수들이 경기장 안에서 마구 망가졌어요. 곳곳에 악의가 서려 있었죠. 전쟁터, 딱 그런 기분이었습니다. 실제 전쟁이 아니더라도 전쟁 일보 직전까지 간 꼴이었어요. 모든 태클이 정말 거칠었죠. 몸싸움만 하는 축구, 살벌한 플레이…, 선수들 표정부터 무서웠습니다."

우스터셔 저택의 잘 정돈된 잔디를 바라보던 앳킨슨 감독은 베글린의 축구 전쟁론을 듣더니 미소를 지었다. "선수들 사이에서 한두 번 투닥거리는 일은 있었죠. 나도 몸싸움에서 절대 지지 말라고 주문했어요. 하지만 앙금이 오래 가진 않았습니다. 경기가 끝나면 바에서 함께 술을 마셨으니까요."

앳킨슨이 올드트래퍼드의 감독으로 부임한 것은 1981년 8월이다. 전임자 데이브 섹스턴은 매 시즌 유럽대회 출전권 확보에 만족했다. 팬들은 섹스턴 감독의 따분하고 소극적인 태도에 등을 돌렸다. 당시는 챔피언스리그의 문호가 지금처럼 넓지 않았다. 유로파리그나 컨퍼런스리그 출범은 관심 밖이었다. 유럽으로 가는 기본 루트는 자국에서 우승하는 것이었다. 리그컵에서 우승하면 UEFA컵, FA컵에서 우승하면 컵위너스컵 대회에 출전하는 것이 기본이었다. 앳킨슨 감독은 계약을 이행하기 위해 자연스럽게 컵 대회 맞춤형 팀을 구성했다. 잉글랜드 출신 주장 브라이언 롭슨을 중심으로 한, 거칠고 공격적인 플레이스타일은 컵 대회의 넉아웃knockout 방식에 썩 잘 어울렸다.

1977년 토미 도허티 감독 체제에서 FA컵 우승을 맛본 아서 알비스턴은 1985년 앳킨슨 감독 아래에서도 중용되었다. 그는 "우리는 컵 경기에 유난히 강했습니다. 리버풀 같은 강팀을 만나면 특히 그랬어요. 반면 리그에서는 루턴타운을 상대로도 고전하는 식이었어요"라고 회상한다.

앳킨슨 감독의 맨유가 넉아웃 경기에 집중하는 방식에 대해 베글린은 이렇게 설명한다. "소위 '몸빵 축구'였습니다. 케빈 모런, 폴 맥그라스, 레미 모제스, 브라이언 롭슨을 떠올려보세요. 최전방에는 마크 휴즈와 노먼 화이트사이드가 있었죠. 다들 키가 크고 근육질인 데다 투쟁심이 강하고 플레이스타일이 거칠었습니다. 예전에 브라이언 롭슨과 태클로 맞부딪힌 적이 있었는데 끔찍했어요. 그 이후로 생각이 바뀌었죠. 태클 들어가기 전에 기다리자고."

북아일랜드 벨파스트 출신으로 축구 신동으로 유명했던 노먼 화이트사이드는 조숙한 10대였다. 그는 앳킨슨 감독의 트럼프 카드 같은 존재였다. 1982년 4월 24일 브라이턴 원정에서, 화이트사이드는 던컨 에드워즈° 이후 맨유에서 가장 어린 나이에 데뷔전을 치렀다. 당시 그는 열일곱 번째 생일을 2주 앞두고 있었다.

맨유에서 달랑 두 경기만 뛰고도, 화이트사이드는 그해 여름 열리는 월드컵의 북아일랜드 국가대표팀으로 선발되었다. 사라고사에서 열린 유고슬라비아전에서는 17세 41일에 국가대표 데뷔를 기록했다. 이는 펠레가 보유했던 월드컵 최연소 출전 기록을 경신한 것이다.

앳킨슨 감독은 매 시즌 큰돈을 확보할 수 있는 유럽대회에 진출하기 위해서는 트로피가 필요하다는 사실을 잘 알고 있었다. 트로피를 딸 방법은 오직 하나, 리버풀을 꺾어야 했다. 당시 리버풀은 봅 페이즐리 감독의 지도 아래에서 잉글랜드에서 가장 화려한 트로피 역사를 쓰는 중이었다. 1983년 페이즐리 감독이 물러난 뒤에도 부트룸의 트로피 수집 시스템은 후임 감독들에 의해 완벽하게 작동되었다. 1977년부터 1986년까지 9년 동안 리버풀은 잉글랜드 리그에서 7회, 유러피언컵에서 4회, 리그컵에서 4회 우승을 달성했다. 어떤 대회든 우승하기 위해서는 리버풀을 꺾어야 했던 것이다.

앳킨슨 감독이 지휘봉을 잡으면서 맨유와 리버풀은 타이틀을 놓고 맞붙기 시작했다. 1977년 FA컵 결승전은 수십 년 만에 처음으로 두 클럽이 정상에서 격돌했던 이벤트였다.

° 일명 '버스비의 아이들' 중 한 명. 1958년 뮌헨공항 사고로 21세의 나이에 요절했다.

섹스턴 감독이 지휘봉을 잡은 1979년 FA컵 준결승전 이후, 양쪽의 빅게임 충돌은 훨씬 잦아졌다.

경기에 직접 출전했던 선수들도 팽팽한 분위기를 생생히 기억한다. 브라이턴에서 뛰던 마크 로렌스는 앳킨슨 감독의 영입 제안을 거절한 뒤에 1981년 리버풀로 이적했다. 그는 옛 추억을 떠올리며 작게 한숨을 쉬었다. "두 팀이 만날 때마다 정신이 없었어요. '나는 누구, 여긴 어디'라는 느낌이었죠. 경기 시작 후 20분 동안 정신없이 맞붙었더니 주심이 우리를 향해 '좋아, 이제 축구 한판 할까?'라고 말했어요."

그라운드 위에서 맨유와 리버풀의 맞대결이 전투로 변하는 동안 테라스석과 거리, 경기장 근처 공터에서도 양쪽의 기 싸움이 확산되었다. 다행히, 패션이란 방향으로.

리버풀 시내 볼드가Bold Street는 예술 감각이 넘치는 커피전문점과 레스토랑으로 유명하다. 이곳에 위치한 '트랜살피노'는 영국 최고의 아디다스 전문 매장을 자처한다. 희귀 운동화, 독점 티셔츠, 데이비드 보위부터 리버풀FC에 이르기까지 특별한 테마의 제품들이 가득하다. 이곳 대표는 브렌던 와이어트다. 그는 얼마 전에 파산한 매장을 인수했다고 하는데, 80년대부터 축구를 좋아했던 팬들에게는 의미심장한 일이었다. 와이어트는 자신의 매장 건너편에 있는 펍에서 맥주를 마시며 이렇게 말한다.

"80년대 머틀가Myrtle Street에 있던 학생 전용 여행사 본점 이름이 '트랜살피노'였어요. 거기서 대륙으로 가는 기차표를 팔았죠. 리버풀에서 벨기에 오스텐더까지 가는 기차표가 11파운드 50펜스였습니다. 그런데 잉크

지우개나 브레이크오일을 이용해 행선지를 고치거나 경유지를 끼워 넣을 수 있었어요. 취리히를 경유해 코펜하겐까지 갈 수도 있었고 뮌헨을 거쳐 바르셀로나까지 갈 수도 있었던 거죠. 11파운드 50펜스만 내면 유럽 어디든 갈 수 있다는 의미였어요. 우리는 가짜 기차표로 유럽 전역을 돌아다니며 현지의 옷을 구해 돌아왔습니다. '트랜살피노'는 대륙 패션의 허브였어요."

당시 와이어트는 지역신문의 통신원으로 일했고, 리버풀에서 가장 큰 훌리건 조직의 멤버로도 활동했다. 리버풀이 유러피언컵 원정을 떠날 때마다 그는 가짜 기차표를 이용해 어디든 따라갔다. 와이어트는 가는 곳마다 운동복을 훔쳤다. 잉글랜드에서 구할 수 없는 제품을 훔쳐서 팔 목적이었다. 이런 불법 행각으로 리버풀 원정 응원 비용을 충당했다. 그의 말이다. "리버풀을 따라 전 세계를 돌아다녔어요. 돈이 떨어지면 기차에 무임승차하고 유럽 각지의 기차역에서 잤습니다. 고생스러웠지만 재미있었어요."

여행을 다니면서 와이어트는 사업 기회를 발견했다. 그는 "잉글랜드의 불경기 탓에 독일 회사들은 우리에게 물건을 공급하지 않았어요. 운동화 한 켤레를 23파운드에 살 소비자가 있을까요?"라고 말한다. 그는 원정을 갈 때마다 경비가 허술한 매장을 골라 12켤레까지 운동화를 훔쳐봤다고 한다. 소문이 퍼져 찾는 사람이 많아지자 더 이상은 수요를 충당할 수 없었다. 하지만 다른 이가 돈 냄새를 맡았다고 한다.

"시내의 스파 브랜드에서 일하던 로버트 웨이드 스미스라는 작자가 있었어요. 매장에 온 꼬마들이 들어본 적 없는 제품을 찾자 그는 운동화들이 어떤 경로로 유통되는지를 조사했어요. 스미스는 밴을 끌고 유럽으로 건너갔어요. 도매상에서 운동화를 대량으로 구입한 다음, 이 근처에 '웨이드 스미스'라는 가게를 차리고 장사를 시작했습니다. 운동화는 날개 돋친 듯 팔렸어요. 이를 지켜본 아디다스는 신이 나서 스미스가 원하는 모든 제품을 공급해주었죠. 3주 만에 '웨이드 스미스'는 유럽에서 아디다스 운동화를 가장 많이 파는 매장이 되었어요."

이런 유행 뒤에는 당시 사회상이 배경이 되었다는 게 와이어트의 생각이다. 80년대 리버풀은 경기 침체 속에서 허덕였다. 젊은 세대가 찾은 돌파구는 잠시나마 고된 일상을 잊을 수 있는 '패션'이었다. 취업률이 낮아지는 와중에도 리버풀 젊은이들은 백만장자 플레이보이처럼 입고 싶어 했다. 와이어트는 "우리를 나락으로 떨어뜨린 정부를 향해 가운뎃손가락을 들어 보이는 심리였죠. '우리를 봐. 가진 건 없지만 여전히 멋지다고!'라는 저항이었어요"라고 말한다.

이스트랭크스로드East Lancs Road의 끝자락에서는 맨유팬들이 마치 모나코 테니스클럽에 가는 듯이 차려입었다. '라코스테', '세르지오 타키니', 아디다스의 '스탠스미스'가 애착 브랜드였다. 토니 그레이엄은 맨유팬진에 '스타일 본가'라는 패션 칼럼을 기고했는데, 맨유팬들이 트랜살피노의 기차표를 들고 유럽 전역을 돌아다녔다고 말한다.

"젊은이들은 영국에서는 비싸서 살 엄두를 내지 못하는 제품을 찾아 떠났어요. 1983년 켄덜°에서는 휠라 재킷이 무려 150파운드였습니다. 그런데 대륙에 가면 그걸 훔칠 수 있었어요. 스카우저들은 물건을 훔치는 데 귀재였죠. 올드트래퍼드 경기

° 맨체스터 시내의 백화점. 2005년에 House of Fraser로 이름이 바뀌었다.

장에 오는 리버풀 녀석들을 보면 알 수 있었어요. 나는 경기장에 있는 시간의 절반을 리버풀팬들의 옷차림을 구경하는 데에 썼습니다. '내 옷이 더 멋있어. 그런데 네 운동화는 좀 마음에 든다'라는 식이었어요. 내게는 리버풀팬들의 운동화가 일종의 카탈로그였어요."

패션 경쟁은 금세 폭력적으로 변했다. 와이어트의 말이다. "리버풀에서 대륙풍의 제품들이 눈에 띄기 시작했어요. 맨체스터 녀석들 패션도 나쁘지 않았어요. 그들은 '웨이드 스미스'로 몰려와서 장물을 사서 그 자리에서 바로 신고 라임스트리트°로 돌아갔어요. 우리는 그것을 과세라고 불렀죠."

경기장에서도 패션을 과시하는 풍토가 나타났다. 그레이엄은 "내가 아는 녀석 하나는 열네 살이었는데, 안필드 원정에 갈 때면 자기가 갖고 있는 것 중에서 제일 좋은 옷, 제일 신상을 차려입었어요"라고 말을 시작한다. "그 녀석은 스탠리파크에 내리자마자 리버풀팬들에게 둘러싸여 옷을 빼앗겼어요. 울면서 공중전화로 달려가 엄마에게 전화하려는데, 갑자기 공중전화 부스의 문이 벌컥 열렸어요. 스카우저들은 '당장 신발 벗어!'라고 소리쳤어요. 결국 그 녀석은 양말만 신은 채 맨첸스터로 돌아왔어요."

'앤디 버넘' 맨체스터 시장과 '스티브 로더럼' 리버풀 시장에게도 80년대 패션 전쟁은 강렬한 기억으로 남아 있다. 80년대엔 두 사람 모두 10대였다. 당시 잉글랜드 북서부의 산업은 사양길에 접어들고 있었다. 마거릿 대처 수상은 냉정한 어조로 이런 현상을 '관리된 하락'이라고 규정했다.

축구와 패션, 음악은 팽배한 우울감으로부터 벗어나는 탈출구였다. 로더럼 시장의 말이다. "해외여행을 가는 사람도 없던 시절이었습니다. 멀리

° 리버풀을 대표하는 기차역이 위치한 중심가를 말한다.

가봤자 웨일스 북부의 탈라크레[◦]였으니까. 그러니 우리 리버풀팬들이 대륙에서 가져온 물건들이 눈에 띌 수밖에 없었어요. 다른 문화의 대리 경험이었고, 우리의 정체성을 확립하는 도구였던 겁니다."

버넘 시장은 태어난 지 얼마 안 되어 리버풀에서 레이Leigh로 이사했다. 머지사이드와 맨체스터의 중간 지점이었다. 그도 패션을 통한 간접적인 유럽 여행으로부터 큰 영향을 받았다. 버넘 시장은 자신의 패션 감각이 그 시절에 만들어졌다고 주장한다. 코로나19 팬데믹 중에 버넘 시장은 대중 연설을 자주 했는데, 정책뿐만 아니라 세련된 패션 감각이 화제가 되었다. 그는 10대 시절 에버턴을 따라다니면서 얻은 감각이라고 말한다. "나는 모든 일에 접근하는 방식을 축구로부터 배웠습니다. 패션 감각은 맨체스터의 안데일과 애플렉스팰리스[◦◦]에서 많이 배웠죠. 단, 축구에서의 패션은 약간 다릅니다. 운동화 패션도 좀 달랐고요. 맨체스터 친구들은 아디다스의 '가젤' 라인을, 리버풀은 '포레스트힐스'[◦◦◦]를 좋아했습니다."

경기 불황에 대한 두 도시 축구팬들의 저항 심리가 옷장에서만 드러난 것은 아니다. 80년대 중반은 머지사이드에서 정치 개혁을 원하는 목소리가 컸던 시절이다. 그런데 리버풀에서 정치 얘기가 나올 때면 언제나 등장하는 단어가 있다. 바로 '밀리턴트'다.

1983년 6월 9일, 대처 수상이 이끄는 보수당은 포클랜드 전쟁[◦◦◦◦]의 승리를 등에 업고 총선에서 압승을 거뒀다. 하지만 리버풀 시의회 선거에

◦ 웨일스 북부의 해변 휴양지

◦◦ 안데일, 애플렉스팰리스 모두 맨체스터 시내의 백화점 이름이다.

◦◦◦ 가젤과 포레스트 힐스 모두 아디다스의 운동화 라인이다.

◦◦◦◦ 영국과 아르헨티나가 포클랜드섬(아르헨티나명은 말비나스) 영유권을 두고 무력 충돌한 사건

서는 노동당이 승리했다. 자칭 '밀리턴트 텐던시Militant Tendency'라는 좌파 시민단체의 힘이었다.

80년대 초 시의회에서 청년 직원으로 일했던 피터 후턴은 "당시 밀리턴트는 손쉽게 리버풀 노동당을 접수했어요"라고 회상한다. 시의회 의장대행이자 리버풀 노동당의 간판 역할을 했던 '데렉 해튼'은 세련된 옷차림과 깔끔한 헤어스타일, 특유의 위트 감각으로 언론 쪽에서도 인기가 좋았다. 그는 중앙정부에 대한 리버풀의 저항을 대변하는 존재였다.

'덱시(데렉 해튼의 별명)'와 밀리턴트 동료들은 전국구로 나아가기 위해 리버풀을 도약대로 활용코자 했다. 중앙과 지방 간의 치열한 권력 다툼 속에서, 대처 총리는 리버풀을 콕 집어 혼내줌으로써 시범 케이스로 삼으려고 했다. 반대하면 끝까지 고립시키겠다는 것이 당시 정부의 비공식 정책이었다. 후턴의 말이다.

"시의회가 똘똘 뭉쳐 중앙정부의 지방예산 삭감에 저항했고 시의원 다수가 서명운동에 동참했습니다. 맨체스터, 셰필드, 램버스도 합류했죠. 하지만 시간이 흐르면서 하나씩 발을 빼기 시작했어요. 결국 리버풀만 남더군요."

리버풀은 연대 투쟁에 소극적인 맨체스터를 못 믿을 녀석들이라고 생각했다. 맨체스터 시의회가 리버풀의 정치적 고립에서 반사이익을 보려 한다는 합리적 의심이었다.

버넘 시장은 맨체스터가 충돌보다는 협력을 선호했고, 실리주의 노선을 탔음을 인정한다. 버넘과 끈끈한 관계를 맺고 있는 로더럼 시장도 그 의견에 공감한다. "맨체스터는 중앙정부로부터 더 많은 예산을 받았습니다. 중앙정부가 리버풀을 흔들기 위해 더 많은 당근을 주었을지도 모르죠. 기본적으로 리버풀은 '우리가 좀 더 세잖아? 그래서 우린 끝까지 맞서 싸우기로 했어!'라는 식이었습니다."

그러나 안필드 관중석의 팬들은 세상 돌아가는 분위기를 알지 못했다. 후턴은 "세상 모두가 우리의 적이었어요. 스카우즈는 잉글랜드인이 아니고 리버풀 독립국의 국민이었어요"라고 말을 시작한다. "안필드 관중석에서 '보수당 꺼져!'라는 구호가 나오면 다들 따라 외쳤어요. 우리는 맨체스터 녀석들을 보수당이라 생각했어요. 그게 아니더라도 최소한 보수당만큼 나쁜 놈들이거나 기본적으로 부역자란 인식이 있었어요."

리버풀팬들의 '보수당 꺼져!'라는 구호에 맨유팬들을 그다지 신경 쓰지 않았다. 진짜 불씨는 따로 있었다. 리버풀과 맨유 간의 적대감에 불을 질렀던 바로 그 응원곡 말이다.

해당 응원곡을 처음 불렀던 사람이 누구인지를 정확히 아는 사람은 없다. 존 윌리엄스 교수에 따르면, 60년대나 70년대 초반에 이 응원곡을 들은 사람은 없다고 한다. 1977년 FA컵 결승전을 관전한 팬들도 마찬가지다. 그로부터 2년 후 열린 FA컵 준결승전, 리버풀팬들이 모여 있던 테라스석에서 문제의 그 응원곡이 처음 등장했다. 기존의 인기 응원곡에서 가사만 바꾼 것이었다.

> 활주로에서 죽어가는 게 누구지?
> 눈 속에서 죽어가는 게 누구냐고?

맷 버스비와 꼬맹이들이 징징거리고 있네.

집에 돌아올 비행기를 놓쳤다고 말이야.

맨유 역사에서 가장 비극적 사건인 뮌헨공항 참사를 조롱하는 내용이다. 1958년 2월 유러피언컵 원정 경기를 치른 맨유 선수단이 탑승했던 비행기가 이륙 과정에서 추락해 총 23명이 목숨을 잃었다. 뮌헨공항 참사는 비극인 동시에, 1968년 맨유의 유러피언컵 우승을 통해 잿더미에서 부활한 불사조라는 이미지를 얻게 해준 사건이었다. 후턴의 말이다.

"70~80년대 리버풀팬들은 항상 억울한 느낌이었어요. 우리는 1968년 맨유의 명성을 누리지 못했습니다. 언론도 뮌헨 사건만 조명할 뿐 리버풀의 성공에는 눈을 감았죠. 리버풀팬 사이에서는 분명히 그런 생각이 존재했어요. 그것이 응원곡으로 불붙었던 거예요. 맨유의 신화를 뒤집어엎고 싶었던 겁니다."

후턴은 80년대 초가 되면서 두 클럽이 만날 때마다 이 응원곡이 들렸다고 한다. "나는 그 노래가 싫었어요. 맷 버스비는 리버풀의 위대한 주장이기도 하니까요. 시내에 있는 주점에서 우리의 팬진 〈디엔드〉를 팔고 있노라면, 으레 그 노래를 부르는 무리들을 만나게 되었어요. 그럴 때마다 우린 왜 그 노래가 부적절한지 설명했어요. 하지만 사람들은 '그냥 웃자고 하는 거야', '넌 우리만큼 맨유를 싫어하지 않는구나'라는 식으로 맞받았어요."

'뮌헨 58'이라고 쓴 걸개와 함께 울려 퍼진 응원가의 목적이 맨유팬들을 화나게 하는 것이었다면, 효과는 확실했다. 리버풀팬들이 다친 팔을 흉내

내면서 노래를 부를 때마다 맨유팬들은 분통을 터트렸다. 불행한 죽음에 대한 조롱은 분명한 도발이었다. 선을 넘는 적대감은 이내 다른 곳으로도 퍼졌다.

80년대 맨유의 '붉은 군대'로 활동했던 이언 크레인은 "에버턴 녀석들도 그 노래를 불렀고 맨시티와 리즈 녀석들도 따라 했습니다"라고 회상한다. "모든 클럽이 그 노래를 불렀지만 스카우저들이 최악이었어요. 양심이라곤 아예 없는 놈들이에요. 그 노래가 라이벌 의식을 극한으로 몰아갔다고 생각합니다."

1981년 빌 생클리가 심장마비로 세상을 떠났다. 맨유팬들은 뮌헨 노래를 개사해 되돌려주었다. 가사는 '카펫에서 죽어가는 게 누구지? 생클리, 생클리 1981년, 생클리 1981년'이었다. 뮌헨 노래가 나오면 맨유팬들은 으레 이렇게 대응했다. 가끔은 선제적으로 부르기도 했다. 크레인의 말이다.

"당연히 후회하죠. 생클리와 버스비 감독이 얼마나 가까웠는지, 생클리가 얼마나 훌륭한 사회주의자였는지를 알고 나니 그 노래를 불렀던 내가 싫어졌습니다. 하지만 그때는 우리가 도덕적으로 우위에 있다고 생각했어요. 택도 없는 얘기지만요. 변명의 여지가 없어요. 뮌헨의 상처가 그랬듯이, 우리의 '생클리 1981년'도 리버풀팬들에게 큰 상처를 줬을 겁니다."

한 번 시작되자 증오의 노래들이 계속 만들어졌다. 1979년 영화 〈브라이언의 삶〉에 수록된 노래 〈늘 삶의 밝은 쪽만 보라〉는 리버풀팬들에 의해 '늘 빙판 활주로를 점검하라'로 개사되었다. 맨유팬들은 〈그 사람들도 크리스마스인지 알까요〉란 노래의 후렴구를 '스카우저에게 양식을'로 바꿔 불렀다. 이 노래는 지금도 올드트래퍼드에 울려 퍼진다.

이렇게 상대를 화나게 하는 노래와 구호는 80년대 중반까지 양산되었다. 맞대결은 점점 적대감으로 물들었고, 대형 패싸움이 발생하기도 했다. 영국에서 가장 많은 팬을 보유한 두 팀이 격돌할 때마다 폭력이 빈번해졌다. 브렌던 와이어트의 말이다.

"1983년 리그컵 결승전에서 우린 흠씬 두들겨 맞았어요. 경기장 밖에서요. 그라운드 위에서는 우리가 이겼습니다. 스카우저들은 맨크에게 폭력을 휘두른 적이 없다고 할 테죠. 맨체스터 사람들도 스카우저에게 얻어맞았다고 말하지 않아요. 하지만 그날 우리는 아주 제대로 맞았어요. 몇 달 뒤, 채리티실드에서는 우리가 복수를 했습니다. 우리는 항상 숫자에서 앞섰어요. 1985년 준결승전이 있기 전까지 모든 팬들이 칼을 갈았어요. 그야말로 '결정전'이었습니다."

1985년 리버풀이 FA컵 준결승전에 진출하는 과정은 압도적이었다. 네 경기에서 15골을 넣는 동안 한 골도 내주지 않았다. 리버풀은 유럽에서도 승승장구하면서 다시 트레블의 기회를 잡았다. 당시 리그에서 리버풀의 주적은 맨유가 아니라 연고지 라이벌인 에버턴이었다. 한편 맨유는 본머스, 코번트리, 블랙번, 웨스트햄을 제치고 비교적 쉽게 준결승전에 도달했다. 혹시 준결승전에서 리그 챔피언과 만나더라도 행운이 멈추진 않을 것이라 여겼다. 리버풀의 강세에도 불구하고 맨유 감독과 선수들은 해볼 만하다는 분위기였다. 앳킨슨 감독의 말이다.

"리버풀 경기에 나서면서 주눅 든 적은 한 번도 없었습니다. 객관적 전력 차이는 신경 쓰지 않았어요. 늘 '앞으로 돌격!'이었습니다. 선수들에게 따로 동기 부여할 필요도 없었어요. 선수들은 이미 준비된 상태였으니까. 그런데 상대는 우리를 불편해하는 것 같았습니다. 리버풀은 맨유와의 경기를 좋아하지 않았어요."

맞는 말일지도 모른다. 리버풀의 수비수 마크 로렌슨은 현역 시절 맨유전에서 부상당한 경험을 떠올렸다. 주로 정강이 쪽이었다고 한다. "맨유는 몸싸움이 거칠었어요. 마크 휴즈는 실력도 실력이지만 힘이 정말 장사였습니다. 한센과 나는 수비하면서 상대를 걷어차는 타입이 아니었지만, 마크 휴즈는 어쩌다 우리한테 채여도 꿈쩍하지 않았어요. 그리곤 얼마 뒤에 꼭 복수를 했습니다."

클라이브 타일즐리는 머지사이드 독립 방송국의 중계진이자 리버풀의 거의 모든 경기를 관전하는 광팬이다. 타일즐리는 유럽 최정상급 팀과 만나도 흔들리지 않는 리버풀의 센터백 조합이 맨유를 상대할 때마다 긴장하던 모습이 생생하다고 말한다. "조키 한센은 맨유 공격수들 앞에서 흔들렸어요. 한센은 믹 하퍼드° 같은 공격수도 어렵지 않게 막았지만, 휴즈처럼 덩치와 기술을 겸비한 선수에겐 불안감을 느꼈던 것 같습니다."

덩치를 앞세워 달려드는 선수는 휴즈만이 아니었다. 미드필드 전사 브라이언 롭슨이 휴즈를 지원했다. 엄청난 운동 능력을 지닌 아일랜드 출신 센터백 폴 맥그라스도 있었다. 1983년 리그컵 결승전에서 환상적인 골을 터트렸던 열일곱 살의 노먼 화이트사이드도 빼놓을 수 없다. 그는 리버풀 같은 강팀 앞에서 전혀 주눅들지 않았다. 트로피 수집 기계인 리버풀을 상대하는 것이 동네 골목에서 하는 축구와 다를 바 없었던 것이다.

° 80년대 버밍엄시티, 루턴 등에서 활약했던 191cm의 장신 공격수

마크 로렌슨도 이런 의견에 동의한다. "노먼은 어렸지만 눈에 띄게 덩치가 컸어요. 리그컵 결승전에서는 우리를 상대로 멋진 골도 넣었어요. 앳킨슨 감독은 선발 명단에 꼭 노먼을 넣었죠. 노먼이 있는 맨유는 몸싸움에서 절대 밀리지 않는다는 사실을 잘 알았기 때문입니다."

앳킨슨 감독은 노먼이 빈집에서도 혼자 폭동을 일으킬 수 있다고 말한다. "모든 경기에서 노먼은 활활 불타올랐습니다. 특히 리버풀전에서는 양쪽 귀에서 뜨거운 김이 나왔죠. 나는 항상 노먼에게 몸싸움을 자제하라고 주문했습니다. 45미터 전방에서 달려오는 노먼의 모습을 보면 나도 움찔할 정도였어요. 나는 노먼에게 '상대가 앞에 있을 때 달려야지. 45미터 앞에서부터 내달리진 마라. 네가 달려들면 금세 눈에 띄니까'라고 당부하곤 했어요."

앳킨슨 감독은 살살 하라고 주문하면서도 노먼의 비상한 능력을 인정했다. "노먼의 최대 자산은 그의 축구 지능입니다. 몸이 느린 대신 시야가 누구보다 넓었어요. 그는 그라운드 위에서 누가 어디에 있는지를 꿰뚫고 있었습니다."

물론 노먼이 맨유팬들에게 축구 지능으로 어필한 것은 아니다. 팬들은 힘으로 상대를 제압하는 노먼의 플레이를 사랑했다. 상대가 머지사이드 클럽이면 더 좋았다. 1984년 영화 〈고스트버스터즈Ghostbusters〉°가 공개되자 맨체스터 상인들은 재빨리 움직였다. 영화의 로고를 '스카우즈버스터즈'로 바꾼 티셔츠를 만들어 팔기 시작한 것이다.

맨유팬들 사이에서 노먼은 '머지사이드를 박멸하는 자'라는 이미지를 얻었다. 선수 본인도 '스카우즈

° 미국 할리우드 영화. '유령 출입금지'를 뜻하는 로고가 유명하다.

버스터즈'라는 별명에서 힘을 얻었다고 한다. "우리 팬들은 최선을 다하는 나의 태도를 사랑했습니다. 리버풀을 상대하는 경기에서는 내가 맨유팬들의 대표자로 인식되었던 거죠. 그래서 경기에 나가면 터프한 태클을 날렸어요. 물론 볼을 따내기 위해서였지만요."

1985년 4월 13일 토요일 오후는 찬바람이 불어 을씨년스러웠다. 구디슨파크에서 FA컵 준결승전을 준비하는 리버풀 선수들은 조금 불편한 팀을 대적해야 한다는 사실을 직감했다. 하지만 두 팀 모두 어떤 일이 벌어질지 예상하지 못했다. 이날 점점 커지던 라이벌 의식이 제대로 터지고 말았다.

1985년 당시 열아홉 살이었던 이언 크레인은 베리에 살았다. 그는 맨유 홈경기는 물론 원정 경기도 대부분 따라다니면서 아드레날린을 폭발시켰다. 그는 언제든 폭력 사태가 벌어질 수 있다는 사실을 잘 알고 있었다. 노리치나 코번트리를 상대하는 홈경기는 훌리건이 활동하기에 적합하지 않았다. 하지만 머지사이드 원정이라면 얘기가 달라진다. 당시 잉글랜드 프로축구에서 가장 골치 아픈 대상이 바로 훌리건이었다.

크레인은 적지 원정의 위험을 감수하는 일이 충분히 가치 있다고 믿었다. 전장으로 향하는 흥분에는 중독성이 있었다. 라디오를 통해 FA컵 준결승 대진 추첨 결과를 들었을 때, 그는 희열을 맛봤다고 고백한다.

"에버턴, 루턴타운, 맨유, 리버풀이 대회 4강에 올랐어요. 우리가 리버풀과 만나는 대진이 확정되었을 때의 희열을 지금도 기억합니다. 리버풀은 최고의 팀이었어요. 우리의 타이틀 가도를 가로막을 가능성이 가장 큰 상대였지만, 그런 사실은 상관없었죠. 스카우저 녀석들과 맞붙는다는 사실이 제일 중요했어요. 심지어 경기 장소가 구디슨파크였습니다. 이성적으로 생각하면, 리버풀 시내에서 준결승 맞대결이 벌어진다는 건 정말 미친 짓이었어요. 양쪽 팬 2만 명 대 2만 명이 맞붙는다는 뜻이기 때문이에요. 요즘 같으면 상상도 못 할 일이지만 그때는 그런 생각조차 없었어요. '정말 끝내주는 하루가 되겠군'이라는 설렘뿐이었습니다."

경기 당일, 크레인은 친구 여섯 명과 함께 맨체스터의 빅토리아역으로 갔다고 회상한다. "당시 나는 맨유 훌리건 핵심 그룹이었어요. 갱스터처럼 옷도 맞춰 입었죠. 우리는 기차를 타고 리버풀의 라임스트리트역으로 갈 계획이었어요. 빅토리아역에 갔더니 훌리건들이 운집해 있었어요. 그렇게 많이 모인 건 처음 보았어요. 무리를 보면서 '젠장, 오늘은 정말 대단하겠어'라는 생각이 들었어요."

크레인은 그날 해프닝이 있었다고 말을 이어간다. "기차는 만석이었어요. 우리는 리버풀 외곽에 있는 엣지힐역에서 내린다고 하더군요. 그곳에서 대규모 경찰 병력이 우리를 구디슨까지 호위할 예정이었어요. 하지만 기차는 역을 지나쳤고 우리는 환호성을 질렀어요. 하지만 누군가 긴급 버튼을 누르는 바람에 기차는 엣지힐역을 조금 지나쳐서 섰습니다."

맨유팬들은 기차가 제 위치로 후진하는 것을 기다리지 않고 하차하기 시작했다. 크레인의 설명이다. "절반 정도가 철로 위에 내렸습니다. 나머지 절반은 엣지힐역까지 후진하는 기차 안에서 대기하다가 경찰 호위를 받으며 구디슨까지 갔고요. 철로에 내린 무리는 라임스트리트로 향하는 터널로 행진하기 시작했어요. 정말 미친 짓이었지만 아무도 신경 쓰지 않았어요. 그저 철로의 기름에 새 운동화가 더럽혀질 일이 걱정이었어요. 터널 안이 어두워 구멍에 빠지는 녀석도 있었죠."

크레인은 라임스트리트에 도착하자 어디선가 "전쟁이다!"라는 구호가 터져 나왔다고 한다. "경찰들이 우리를 기다리고 있었어요. 경찰은 우리를 플랫폼으로 올라오게 한 뒤에 무슨 연유에서인지 50명 정도씩 그룹을 나눴어요. 역에는 또 다른 준결승전이 열리는 빌라파크로 가는 기차가 지연되는 바람에 에버턴팬들이 우글거렸어요. 에버턴팬들이 우리를 불편한 눈으로 쳐다봤어요. 그때 리버풀 훌리건들이 우리의 위치를 눈치채곤 달려들기 시작했습니다. 역과 주변 길거리에서 패싸움이 벌어졌어요. 솔직히 무서웠습니다. 여기저기서 몸싸움과 추격전이 벌어졌어요. 우리는 일단의 리버풀 무리를 추격했고 그 뒤로 경찰들이 쫓아왔어요. 코너를 돌자 골목 끝에 경찰이 대기하고 있었어요. 골목 양쪽에서 경찰들이 우리를 두들겨 패기 시작했어요. 그러고 나서 경찰은 우리를 구디슨까지 호송했습니다."

크레인과 친구들은 가까스로 에버턴의 홈경기장에 도착했다고 한다. 하지만 그곳 상황은 역보다 훨씬 나빴다. "구디슨 주변은 완전히 무법천지였어요. 각자도생이었습니다. 사방에서 주먹이 날아왔어요. 나는 티켓이 없어서 사람들에게 혹시 남는 표가 없는지 수소문했어요. 킥오프 30분 전, 나는 스카우저들에게 얻어맞았어요. 티켓을 구하느라 맨유 무리에서 떨어졌던 게 실수였죠. 리버풀팬들은 나를 신나게 두들겨 팼어요. 그중 한 녀석이 칼을 꺼내서 진짜 찌를 것처럼 위협했습니다. 다른 맨유팬들이 와서 가까스로 구해주었어요."

브렌던 와이어트는 전장의 반대편에 있었다. 그는 맨큐니언 침입자들로부터 집을 지켜야 했다고 말한다. 맨유팬 2만 명이 리버풀 시내로 들어왔고, 와이어트가 '집'이라고 부르는 곳 구석구석을 헤집고 다니는 상황이었다. 이번에야말로 본때를 보여줘 교훈을 남기겠다는 각오가 폭발했다.

"그날 나도 싸우러 나갔습니다. 인원이 비슷해 수적으로 상대를 제압하기 어려웠어요. 두들겨 팰 사냥감을 찾아서 온 시내를 뛰어다녔어요. 힘들고 위험한 짓이었죠. 상대가 누구인지 알 수 없었기 때문이에요. 헤어스타일, 귀걸이, 운동화 같은 것으로 구별해야 했죠. 다른 방법이 하나 있긴 했어요. 맨크 무리에는 항상 흑인이 섞여 있었거든요. 당시 리버풀에는 흑인이 거의 없었어요. 이유는 모르겠지만 당시 톡스테스Toxteth° 친구들은 우리와 어울리지 않았어요."

와이어트는 황당한 일도 겪었다고 한다. "나는 트위드재킷에 끈으로 된 액세서리, 아디다스 운동화를 신고 있던 친구에게 다가가, 우리끼리 다시 뭉쳐야 한다고 말했어요. 그러나 그는 맨크였고 나를 두들겨 팼어요."

이날 FA컵 준결승전을 보러왔던 팬들은 온갖 끔찍한 응원 구호를 듣는 두려운 경험을 했다. '리버풀4'라고 명명된 구디슨파크의 입석 스탠드에는 리버풀팬들이 빽빽이 모여 폭동을 준비했다.

윌리엄스 교수는 기나긴 축구팬 인생을 통틀어 이날처럼 추한 장면이 많았던 경기는 없었다고 회상한다. "아무도 경기에 신경 쓰지 않았습니다. 양쪽 팬들은 오직 싸울 생각만 했어요. 정말 무서웠습니다. 경기장 바깥은 대혼돈이었어요. 경찰은 이미 통제 불능 상태였고, 사람들은 서로를 추격하면서 마구 싸웠습니다. 잉글랜드에서 이렇게 심했던 사례는 브래드퍼드 경기장 화재 당일에 있었던 리즈와 버밍엄의 경기뿐이었요.°° 정말 끔찍했어요."

° 리버풀의 흑인 밀집 지역

°° 1985년 5월 11일 브래드퍼드시티 구장 화재로 56명이 사망하고 265명이 부상당했다. 공교롭게도 같은 날, 세인트앤드루스 구장에서 벌어진 경기에서도 훌리건의 난동으로 부상자 500명이 발생하고 어린 소년이 사망했다.

경기장 밖에서 아수라장이 벌어지는 동안 안쪽 상황도 별반 다르지 않았다. 킥오프 한 시간 전부터 관중석 여러 곳에서 주먹다짐이 발생했다. 양쪽 팬들은 뮌헨 참사와 생클리의 죽음을 조롱하는 구호를 서로 외쳐댔다. 맨유 쪽에는 '생클리 81'이라고 쓴 걸개가, 리버풀 쪽에는 '뮌헨 58' 걸개가 등장했다.

덴마크 출신 미드필더 얀 몰비가 아약스에서 리버풀로 이적한 것은 1984년 여름이었다. 이날 그는 출전 명단에 들지 못했다. 메인스탠드에서 경기를 보는 동안, 몰비는 단테의 신곡 중 '분노지옥'에 들어선 기분이었다고 한다. 덴마크에서 자란 몰비는 두 클럽의 라이벌 관계에 대해 들어서 대충은 알고 있는 상태였다.

몰비는 "코앞에서 서로 걷어차는 난리가 벌어졌어요"라고 회상한다. "좀 이상했어요. 머지사이드에 도착하자마자 그런 분위기를 강요받는 느낌이랄까. 처음에는 적응하느라 애를 먹었지만, 리버풀에서 지내는 시간이 길어질수록 자연스럽게 팀 분위기에 젖어 들었습니다."

아일랜드에서 이적한 짐 베글린에게는 생애 첫 FA컵이자 첫 리버풀-맨유 경기 출전이었다. 그는 머지사이드로부터 450킬로미터나 떨어진 워터퍼드에서 태어나고 자랐지만, 리버풀 유니폼을 입는 순간 맨유팬들에겐 그저 스카우저일 뿐이었다. 1985년 준결승전에서 베글린은 두 도시의 대결 구도를 격렬하게 체감했다.

"경기가 시작되고 얼마 되지 않았을 때, 맨유팬들이 있던 '불린즈로드 스탠드' 앞으로 볼이 나갔습니다. 당시 경기장에는 철제 펜스가 설치되어 있었고, 테라스석의 앞 열은 그라운드보다 낮았어요. 팬들의 머리 높이가 그라운드에 선 선수들보다 낮았던 거죠. 내가 볼을 줍느라 허리를 굽히자, 맨유팬들이 내 얼굴에 침을 뱉었어요. 한두 명이 아니었어요. 나는 속으로 '세상에나, 이런 거야? 와, 정말 대단하구먼!'이라고 생각했어요."

베글린은 당장 달려가서 주먹을 날리고 싶은 마음을 꾹꾹 눌렀다고 한다. "나는 긴팔 유니폼을 입을걸, 하며 후회했어요. 반팔 유니폼으로는 얼굴에 묻은 침을 닦을 수 없었기 때문이에요. 그 상태로 스로인을 했죠. 그때 내가 누구를 상대하고 있는지를 실감했습니다. 맨유와 리버풀의 세상에 데뷔하는 순간이었죠. 대단한 신고식 아닌가요?"

모든 신경전, 관중석에서 날아드는 가래침, 치열한 영역 다툼이 이날 맞대결을 떠받친 배경이라는 사실이 역설적이다. 이날 현장은 FA컵 역사상 가장 뜨거웠던 것 중 하나로 기억된다. 등골이 오싹해지는 소음과 함성, 어마어마한 야유와 열정은 선수들에게 엄청난 자극이 되었으리라.

아서 알비스턴은 이렇게 회상한다. "감정이 그대로 전해졌어요. 모든 이가 진심으로 이기고 싶어 했죠. 서포터즈는 물론 일반 팬도 마찬가지였습니다. 함성만으로 이날 경기의 의미를 알 수 있었어요. 양쪽 선수들이 한 치도 양보할 생각이 없다는 것이 고스란히 전해졌습니다."

베글린 역시 맨유팬들 앞에서 화끈한 신고식을 치른 뒤, 본능적으로 경기다운 경기를 뛰고 있다는 만족감이 발동했다. "몸싸움이 정말 거칠었어요. 선수들의 표정도 남달랐죠. 그 경기가 팬들에게 어떤 의미인지를 알기에 절대 져서는 안 된다는 생각이었어요. 리버풀은 힘든 시기를 보내고 있었죠. 시민들은 경제적으로 어려웠고요. 그들에겐 자기가 응원하는 축구

팀이 자부심의 원천이었어요. 팬들을 기쁘게 해주기 위해 모든 것을 내던져야 했어요. 아니, 그 이상을 해야 했습니다. 그날 분위기는 정말이지 잊을 수가 없네요."

극도로 뜨거워진 분위기 속에서 양 팀은 치고받기를 반복했다. 앳킨슨 감독의 정열적인 작전 지시에 따라 롭슨은 선제골을 터트리는 활약을 펼쳤다. 리버풀의 로니 휠런이 멋진 동점골로 맞받아쳤다. 열기가 관중석 전체로 퍼지면서 경기는 연장전으로 돌입했다. 프랭크 스테이플턴의 추가골이 터지자 맨유팬들의 함성은 M62 고속도로를 타고 56킬로미터 떨어진 맨체스터까지 내달렸다. 맨유팬들은 결승골이라고 확신했다.

연장전 종료가 다가오자 맨유팬들은 승리의 찬가를 부르기 시작했다. 그때 이언 러시의 헤더가 게리 베일리의 선방에 막혀 흘렀고, 폴 월시가 극적인 동점골을 터트렸다. 〈ITV〉 중계자 브라이언 무어는 "정말 엄청난 준결승전입니다!"라고 소리쳤다. 맞는 말이었다. 거대한 의미를 지닌, 모두의 삶이 담긴 경기였다.

승부는 재경기로 넘어갔다. 그런데 정작 마크 로렌슨은 리버풀이 재경기를 치를 자격이 없다고 느꼈다. "우리는 엉망진창이었어요. 최악의 경기력이었죠. 패스를 2개 이상 연결하지 못했어요. 마지막 순간에 폴 월시가 골을 넣자 나는 하느님께 감사드렸습니다. 우리를 살린 골이었어요. 재경기를 치를 수 있었지만, 우리가 그럴 만한 자격이 있었는지는 잘 모르겠습니다."

앳킨슨 감독은 승리를 날린 기분이었다고 한다. "선수들이 라커룸으로 돌아오자, 나는 '괜찮아, 괜찮아. 수요일 재경기에서 다시 해치우면 돼!'라고 격려했습니다. 그렇게 말하긴 했지만, 한편으로는 '우리가 밥상을 엎은 것 아닌가?'라는 걱정도 되었어요."

이제 팬들은 집으로 돌아가야 했다. 폭력이 난무하는 경기장 밖으로 나가야 한다는 뜻이었다. 집으로 가는 길도 결코 쉽지 않았다.

4월 15일 월요일, 일간지 〈리버풀에코〉의 1면에는 골프공 2개의 사진이 실렸다. 평범한 골프공은 아니었다. 공의 표면에는 못이 10개 넘게 박혀 있었다. 경기 당일 구디슨파크의 테라스석에서 경찰이 확보한 물건이다. 누가 반입했는지, 심지어 리버풀과 맨유 중 어느 쪽 팬의 소행인지도 알 길이 없었다. 칼, 쇠파이프, 곤봉에 이은 새로운 무기의 등장이었다. 누군가 상대에게 심각한 상처를 입히도록 정성껏 제작했다는 사실만은 분명했다. 폭력성의 악화를 알리는 신호였다. '축구 광기가 만든 사악한 무기'라는 1면 제목 아래의 기사는 35년이 지난 지금에도 오싹하다.

> 경찰 당국은 지난 토요일 경기장에서 발견된 끔찍한 무기를 공개했다. 유리 조각 덩어리, 대리석 덩어리부터 못이 박힌 골프공까지 다양하다. 조지 웨어링 경찰서장은 못이 박힌 골프공에 대해서 가장 큰 우려를 표시했다. 그는 이렇게 위험한 흉기는 처음 본다고 밝혔다. "내가 아는 한, 축구 경기장에서 이런 흉기가 발견된 적은 없습니다. 골프공 2개의 모습이 다르다는 점이 가장 우려스럽습니다."

두 클럽의 라이벌 의식이 새로운 국면으로 접어들었다는 사실은 의심의 여지가 없었다. 재경기에서 또 어떤 폭력이 나타날지 우려가 커졌다. 토요일 첫 맞대결에서 못 박힌 골프공이 등장했다면, 수요일 맨체스터시티의 홈구장 메인로드°에서 열릴 재경기에서는 어떤 무기가 등장할까?

° FA컵 준결승전과 결승전은 전통적으로 양 팀 연고지가 아닌 중립지역에서 열린다.

다행히 이런 소란이 축구 경기 자체를 망치진 못했다. 북서부 경찰 인력의 절반이 동원되었기 때문이고, 리버풀 훌리건들이 맨체스터를 전면 타격할 방법이 없다는 사실을 깨달았기 때문이다. 리버풀팬들은 수적으로 불리했다.

윌리엄스 교수의 분석이다. "훌리거니즘에 있어서 흔한 패턴입니다. '빅 매치에서 크게 한 판 붙는다. 그리고 끝', 다음 경기에서는 경찰이 적극적으로 대비한다는 사실을 알기 때문에 다들 폭력을 멈추는 겁니다. 까딱 잘못했다간 체포되기 때문이죠."

재경기가 열리는 메인로드는 맨유팬들이 대거 차지했다. 리버풀은 맥그라스의 자책골로 한 골 앞서갔지만, 롭슨이 통렬한 동점 중거리포를 터트렸다. 롭슨은 "내가 가장 좋아하는 골입니다. 27미터 거리에서 때려 톱코너에 꽂아 넣었죠. 운도 좋았고요"라고 말한다. 후반 들어 휴즈가 터트린 2-1 역전골이 결국 승패를 갈랐다. 앳킨슨 감독은 리버풀이 자멸했다고 믿었는데, 이유가 있었다.

"아시겠지만 메인로드의 관계자석은 돌출되어 있어요. 선수 통로와 벤치의 머리 위쪽에 위치하죠. 리버풀의 조 파간 감독은 이 관계자석 맨 앞줄에 앉아 경기를 관전했고, 코치진은 벤치에 앉아 있었어요. 2-1 상황에서 종료 10분을 남기자 파간 감독이 벤치를 향해 '케빈을 빼!'라고 크게 지시하는 소리가 들렸어요. 케빈 맥도널드를 빼라는 말이었지만 경기장은 매우 시끄러웠어요. 벤치의 리버풀 코치들은 서로 쳐다보며 '케니를 빼라고?'라며 어리둥절해했죠. 케니 달글리시를 빼라는 소리로 오해한 겁니다. 동점골이 필요한 상황에서 팀의 에이스를 빼라니 말이 되지 않았죠. 내 옆에 앉아 있던 믹 브라운 수석코치가 일어나더니 리버풀 코치들에게 '아니 그게 아니고…'라며 알려주려고 했어요. 나는 그를 잡아끌어서 주저앉혔어요. 리버풀은 정말 케니 달글리시를 빼더군요. 솔직히 나는 그 교체 덕분에 우리가 이겼다고 생각합니다."

이후 논란이 되자, 파간 감독은 그 교체가 의도한 것이었다고 주장했다. 공중볼 공격을 강화하려고 달글리시 대신 키가 큰 게리 질레스피를 넣었다는 것이다. 그러나 설득력이 떨어진다. 한 골 뒤진 경기 종료 15분 전에 최고 선수를 빼는 교체는 있을 수 없다. 심지어 당시 리버풀에서는 이언 러시가 부상으로 결장한 상태였다. 진실이 어떻든, 브라이언 롭슨은 맨유팬들의 무등을 타고 영웅이 되어 메인로드를 떠났다. 웸블리 결승전의 주인공은 맨유였다.

결승전에서 맨유는 화이트사이드의 중거리포를 앞세워 시즌 더블을 노리던 에버턴을 꺾고 통산 여섯 번째 FA컵 우승을 차지했다. 앳킨슨 감독의 재계약 조건이 충족되었다. 맨유를 유럽 무대로 복귀시킨다는 임무를 완수했다. 11일 후 브뤼셀의 헤이젤스타디움에서 리버풀은 유벤투스를 상대로 유러피언컵 결승전에 나섰다. 모든 것을 바꾼 사건이 벌어진 그 결승전 말이다.

RED ON RED 02

MATCH	STADIUM	DATE
FA컵 준결승전	구디슨파크	1985년 4월 13일

SCORE

맨체스터 유나이티드 2 : 2 리버풀

MANCHESTER UNITED / **LIVERPOOL**

MANCHESTER UNITED		LIVERPOOL	
브라이언 롭슨	**69'**	로니 휠런	**87'**
프랭크 스테이플턴	**98'**	폴 월시	**119'**

맨체스터 유나이티드 출전명단 (4-4-2)

감독 **론 앳킨슨**

게리 베일리; 존 기드먼, 그레이엄 호그, 폴 맥그라스, 아서 알비스턴; 고든 스트라칸, 노먼 화이트사이드, 브라이언 롭슨, 예스퍼 올센; 마크 휴즈, 프랭크 스테이플턴

리버풀 출전명단 (4-4-2)

감독 **조 파간**

브루스 그로블라르; 필 닐, 앨런 한센, 마크 로렌슨, 짐 베글린; 새미 리, 존 워크(폴 월시 59'), 케빈 맥도널드, 로니 휠런; 케니 달글리시, 이언 러시

주심 G. 코트니

관중 51,690명

RED ON RED 02

MATCH	STADIUM	DATE
FA컵 준결승전 재경기	**메인로드**	**1985년 4월 17일**

SCORE

리버풀 **1 : 2** **맨체스터 유나이티드**
LIVERPOOL **MANCHESTER UNITED**

폴 맥그라스(OG) **39'**

브라이언 롭슨 **46'**
마크 휴즈 **58'**

맨체스터 유나이티드 출전명단 (4-4-2)

감독 론 앳킨슨

게리 베일리; 존 기드먼, 그레이엄 호그, 폴 맥그라스, 아서 알비스턴; 고든 스트라칸, 노먼 화이트사이드, 브라이언 롭슨, 예스퍼 올센; 마크 휴즈, 프랭크 스테이플턴

리버풀 출전명단 (4-4-2)

감독 조 파간

브루스 그로블라르; 필 닐, 앨런 한센, 마크 로렌슨, 짐 베글린; 스티브 니콜, 존 워크, 케빈 맥도널드, 로니 휠런; 케니 달글리시(게리 질레스피 77'), 폴 월시

주심 K. 해킷

관중 45,775명

CHAPTER 03

이건 베트남 전쟁이야!

IT'S LIKE VIETNAM OUT THERE

1부 리그

리버풀 1 vs. 맨체스터 유나이티드 1

안필드

1986년 2월 9일

1985년 5월 29일, 헤이젤 참사를 목격한 경험은 지금도 브렌던 와이어트를 괴롭힌다. 그날 이후 그의 인생은 완전히 바뀌었다. 평생 자신이 저질렀던 악행을 되돌아보는 계기가 되었기 때문이다. 헤이젤스타디움에서 열린 유러피언컵 결승전에서 리버풀은 유벤투스를 상대했다. 19세 청년 와이어트도 현장에 있었다. 옷을 훔쳐서 돈을 벌고 술에 취해 난동을 부리던 시절이었다.

전년도 결승전에서 리버풀은 로마를 꺾고 유럽 챔피언에 등극했다. 리그컵과 1부 리그 우승도 거머쥐었다. 1984–85시즌 리버풀은 최근 9년간 다섯 번째 유러피언컵 우승에 도전하는 중이었다. 막강한 지배력은 물론이고 뛰어난 지도자들과 팀 구성, 환상적인 선수 영입이 이어지던 시절이다. 그러나 화려했던 전성기는 끔찍한 종말을 앞두고 있었다.

킥오프를 한 시간쯤 앞두고 리버풀 서포터즈들이 유벤투스팬들을 관중석 구석으로 몰아붙였다. 양쪽 팬들은 이미 술에 취해 브뤼셀의 뒷골목에서 주먹다짐을 벌인 후였다. 당시 경기장에서는 이런 패싸움이 흔했다. 정례화된 일에 가까웠다. 그런데 브뤼셀에서는 평상시와 전혀 다른 결과가 나왔다.

리버풀팬들이 달려들면서 양쪽 서포터즈를 분리해놓은 펜스가 무너졌다. 리버풀팬들은 유벤투스팬들이 모여 있던 중립 구역에 침입했다. 목적은 단순했다. 마구 날뛰면서 아드레날린을 폭발시키는 터프가이가 되고 싶었던 것이다. 당시 훌리거니즘의 목적은 대부분 자신의 야성을 드러내기 위함이었다.

중립 구역에 있던 이탈리아 팬들은 단순히 관전을 즐기는 부류였다. 그들은 폭력성을 분출하는 무리를 피해 관중석의 한쪽 구석으로 몰렸다. 난동이 격해질수록 이탈리아 팬들은 점점 더 구석으로 쏠렸고 하중을 견디지 못한 관중석이 무너지고 말았다. 현장에서 39명이 목숨을 잃었고 600명 이상이 다쳤다. 그 광경을 직접 목격한 와이어트는 속이 울렁거리고 정신이 아득해졌다고 한다.

"얼마든지 예측할 수 있는 일이었어요. 경기장은 용도에 맞지 않는 데다 너무 낡았어요. 그렇게 중요한 경기를 부실한 경기장에서 치르기로 한 결정이 한탄스러울 뿐입니다. 물론 훌리거니즘 탓이란 것도 엄연한 사실입니다. 우리가 상대 영역을 침범했기 때문에 벌어진 일이니까요. 그런 결말을 원한 사람은 없었지만 일은 이미 벌어진 후였어요. 리버풀이든 맨유든 에버턴이든 축구 경기장에서 싸움을 벌이는 모든 사람의 잘못이었어요. 우리 모두의 책임이자 필연적 결말이었습니다."

그날 와이어트는 훌리건 짓을 다시는 하지 않기로 마음먹었다. "그 후 경기장에서 주먹을 휘두른 적이 한 번도 없습니다. 그 사건 덕분에 겨우 깨달았죠. '젠장, 내가 여기서 뭘 하고 있는 거지?'라고 말입니다."

현장에서 수습된 시신들은 신원 확인을 위해 경기장 내 체력단련장으로 옮겨졌다. 임시 영안실이 된 것이다. 참사에도 아랑곳하지 않고 결승전은 약간의 킥오프 지연을 거쳐 강행되었다. 벨기에 당국이 결승전 취소의 후폭풍을 두려워한 나머지 강행을 선택했다는 소리가 들렸다. 39명이 목숨을 잃었다는 사실보다 사후 징계가 더 문제라고 생각하는 분위기였다. 공포 분위기 속에서 펼쳐진 결승전에서 리버풀은 패했다.

리버풀의 조 페이건Joe Fagan 감독은 결승전 전부터 은퇴를 선언한 상태였다. 유종의 미를 거두겠다는 그의 바람은 악몽으로 끝났다. 다음날 리버풀 스피크공항으로 돌아온 페이건 감독은 완전히 무너진 상태였다. 그는 절친이자 동료인 로이 에반스 코치의 부축을 받으며 겨우 발걸음을 옮겼다. 그는 흐느끼고 있었다. 만약 리버풀이 우승했다고 해도, 후임 감독 케니 달글리시와 선수들은 다음 시즌 유러피언컵 결승전에 나갈 수 없었다. 리그 2위에 주어지는 UEFA컵 출전권도 박탈되었기 때문이다.

잉글랜드 훌리건들이 일으킨 헤이젤스타디움 참사가 전 세계로 보도되면서 국제적 공분의 대상이 되었다. 마거릿 대처 정부는 잉글랜드축구협회에 영국 클럽들의 유럽대회 출전 자격을 즉각 반납하라고 요구했다. 뭐 사실 그럴 필요도 없었다. 유럽축구연맹이 잉글랜드의 모든 축구 클럽에 대해 유럽대회 무기한 출전 금지 처분을 내렸기 때문이다. 이 징계는 5년이 지나서야 풀렸고, 리버풀에 대한 징계는 2년이 더 지나서야 해제되었다.

결과적으로 맨유는 FA컵에서 우승하고도 유럽대회에 출전할 수 없었다. 맨유팬들이 이런 상황을 순순히 받아들일 리가 없었다. 맨유팬인 데비 호스필드의 말이다. “리버풀 때문에 우리 모두가 유럽대회에 출전하지 못하게 되다니 정말 화가 치밀었어요. 그때부터 리버풀은 내가 정말 싫어하는 팀이 되었습니다.”

이 사건은 맨유팬들이 도덕적 우월감을 느끼는 계기가 되었다. 리버풀팬들이 유러피언컵(챔피언스리그) 통산 6회 우승을 자랑하는 응원가를 부르면, 맨유팬들은 “우리는 세 번 우승했어, 아무도 죽이지 않으면서, 세 번 우승했어”라는 가사로 맞불을 놓는 식이다.

헤이젤 참사는 리버풀팬들의 자긍심에 큰 상처를 냈다. 80년대 중반은 머지사이드에서 암흑기로 통한다. 당시 정부가 강행했던 구조조정 조치에 가장 타격을 입은 지역도 머지사이드였다. 리버풀 시내엔 먼지가 쌓였다. 영광스러운 건축물들은 빠르게 낡아갔고, 조지아 양식으로 장식되었던 거리는 펜스에 가려져 황폐해져 갔다. 변두리 지역은 더 빠른 속도로 무너졌다. 리버풀 남쪽의 톡스테스 지역에는 1981년 폭동°의 흔적이 여전했다. 중공업에서 서비스 산업까지, 경기 침체는 전면적이었다.

〈그라나다리포트〉의 머지사이드 담당 기자였던 버너드 클라크의 말이다. "리버풀과 맨체스터 사이에 거대한 틈이 벌어졌어요. 경제란 측면에서 볼 때, 리버풀은 모든 비즈니스가 그냥 통과하는 곳이었어요. 반면 맨체스터는 돈 버는 요령을 알고 있었습니다."

사실 맨체스터도 상황이 좋은 것은 아니었다. 60년대부터 70년대 초반까지 볼 수 있었던 특유의 자신감과 우쭐대는 태도는 보기 힘들어졌다. 빅토리아 양식의 창고들은 폐허가 되었고 사람들이 떠난 시내는 썰렁했다. 권위주의의 표상인 경찰청장 제임스 앤더턴은 한 시절 유명했던 밤거리에 홀로 남겨진 십자군처럼 보였다.

다행히 지역사회에 활기를 불어넣을 계획이 준비되어 있었다. 맨체스터 시의회와 재계는 힘을 모아 도시를 부활시킬 방법을 고민했다. 1986년까지 맨체스터의 시내 철도를 트램으로 교체하는 사업도 진행되었다.

앤디 번험의 말이다. "맨체스터는 늘 상호 협력를 중요시했습니다. IRA°°폭탄 테러 사건 이후 협력 분

° 흑인 청년 체포를 단초로 방화와 약탈 등 폭력 사태가 발생했다.

°° 아일랜드 공화국군 임시파. 1947년 조직된 아일랜드 무장 테러 단체이다.

위기는 더욱 공고해졌죠. 그 덕분인지 올림픽 유치 신청과 커먼웰스게임의 유치가 이어졌습니다. 리버풀과의 차이라면, 맨체스터는 당면과제를 정치적으로 풀어나가는 요령을 갖고 있었다는 거예요. 마거릿 대처 집권기에 특히 그랬습니다."

○ 마거릿 대처 정부의 사회경제 정책 전반을 일컫는 말이다.

대처주의Thatcherism○는 결과와 상관없이 강행되었다. 리버풀의 지역경제는 무너졌고 중앙정부 의존성이 눈에 띄게 심화되었다. 부두는 시들었고 무역 거래는 피폐해졌으며 산업은 경직되었다. 헤이젤 참사 이후 리버풀 축구클럽은 국가적 따돌림의 대상이 되었다. 대처 정부를 상대하는 리버풀 시의회의 투쟁은 정점을 향했다.

1985년 여름, 데렉 해턴 리버풀 시의회 의장과 시의원들은 당초 한도를 3천만 파운드나 초과하는 추경 예산안을 통과시켰다. 중앙정부의 정책을 무시하고 필요한 만큼 예산을 지출하기로 한 것이다. 중앙정부가 삭감한 예산을 되돌리겠다는 의지였다. 런던에서 긴급대책회의가 열리고 데렉 해턴 의장이 소환되었지만, 그는 자신의 뜻을 굽히지 않았다.

중앙과 지자체 간의 전쟁에서 승자는 늘 정해져 있다. 재정경제부는 리버풀 지방의회에 대한 모든 자금 지원을 끊었다. 쓰레기는 수거되지 않았고 거리 청소도 멈췄다. 시의회 소속 공무원들은 해고되었다. 중앙정부는 불법적 추경 예산안 통과의 책임을 물어 58인의 시의원직을 박탈했다. 시의원들은 대규모 법적 소송을 제기하면서 징계 처분에 맞섰다.

리버풀 시의회를 이끄는 데렉 해턴은 노동당 소속인데, 문제는 노동당 내에도 리버풀 시의회를 지지하는 세력이 없다는 것이었다. 리버풀은 외톨이였다. 다행히 완벽한 외톨이는 아니었던 듯하다.

1986년 2월 8일, 〈그라나다리포트〉의 토니 윌슨이 리버풀의 로열코트 극장을 방문했다. 사면초가에 빠진 리버풀 시의회를 돕기 위한 콘서트가 열렸는데 그 주최자가 바로 윌슨이었다. 그날 입장료 수입은 전액 보직 해임된 시의원들의 소송비로 충당될 예정이었다. 맨유의 연간회원권 소지자이자 골수팬인 윌슨은 당일의 행사명을 '사랑을 담아 맨체스터로부터'로 정했다. 훗날 토니가 세상을 떠났을 때(2007년) 많은 리버풀 사람들이 그를 추모했다. 장례식에는 '사랑을 담아 리버풀로부터'라는 문구가 적힌 조화가 전달되었다.

소설가 케빈 샘슨도 증언을 보탠다. "리버풀팬들이 보낸 조화의 문구는 두 도시의 멋진 노동자 계층을 하나로 묶어주는 연결고리처럼 빛나 보였습니다. 물론 여전히 나는 맨유를 증오하지만 말입니다."

윌슨이 기획한 리버풀 시의원 돕기 콘서트는 만원을 기록했다. 청중은 맨체스터 출신 밴드의 열정적 연주에 환호했다. 그런데 불미스러운 일이 발생했다. '더 스미스'란 밴드가 일부 열혈 팬들의 앙코르 요청을 거부했기 때문이다. 화가 난 팬들이 무대를 향해 맥주병 2개를 던졌다. 리버풀 일간지 〈리버풀에코〉는 다음날 무질서를 질타하는 기사를 게재했다.

신문 1면의 제목은 '시의원 돕기 록 콘서트에서 맥주병 투척'이었다. 그 아래에 '무대로 날아든 맥주병에 맞아 젊은 뮤지션이 다치는 등 행사는 혼돈 속에서 종료되었다'라는 기사가 실렸다. 병에 맞았다고 알려진 사람은 '더 스미스' 뒤에 공연을 한 '로이드 컬렉션' 밴드의 기타리스트였다고 한다.

하지만 후턴의 말은 다르다. 이 사고가 진짜 있었는지 의심된다는 것이다. 그는 오직 리버풀과 맨체스터의 연대감으로 가득했던 저녁으로만 기억한다. 그의 말이다.

“나는 〈리버풀에코〉의 오보였다고 생각합니다. 심지어 ‘로이드 컬렉션’이라는 밴드도 기억나지 않아요. 〈리버풀에코〉는 노동조합에 대해 부정적이었어요. 이 콘서트가 노동조합의 지원으로 기획되었기 때문에, 맨체스터 출신 밴드들이 리버풀 편에 서서 대화합의 공연을 펼쳤음에도 불구하고 ‘어떻게 하면 부정적 관점으로 처리할 수 있을까?’에만 관심을 기울였던 것 같습니다.”

확실한 것은 하나였다. 음악을 사랑하는 팬과 리버풀 시의원들이 맨유팬인 윌슨의 노력에 무한한 감사를 보냈고, 두 도시는 전례 없는 단결심을 선보였다는 것이다. 하지만 다음날 안필드에서 열린 리버풀과 맨유의 맞대결에서 그런 훈훈함은 찾아볼 수 없었다. 이 경기에서 두 클럽의 라이벌 의식은 아무도 예상하지 못했던 방향으로 번졌다. 헤이젤 참사가 준 교훈은 깨끗이 잊은 듯했다.

맨유는 지난 시즌 FA컵 우승의 여세를 몰아 리그 개막 후 10연승을 질주했다. 초반 열다섯 경기까지 13승 2무의 무패 행진이 계속되었다. 론 앳킨슨 감독의 맨유는 ‘컵 대회 전용’이라는 이미지를 벗고 19년째 이어진 리그 무관의 사슬을 끊어낼 것이 확실시되었다. 하지만 실제로 티켓을 사서 경기장을 찾은 팬들 외에는 맨유의 초반 질주에 주목하는 사람이 많지 않았다. 아니, 그 사실 자체를 알지 못했다.

그때만 해도 TV 중계가 축구산업의 중요한 부분이 아니었다. 리그가 시작돼도 초반 몇 주간은 TV 중계를 할 수 없었다. TV 중계 카메라의 경기장 내 반입도 금지되었다. 당연히 하이라이트 방송도 없었다. 중계가 없는 동안은 세상에 축구가 존재하지 않는 느낌이었다. 이는 방송국과 축구클럽들의 협상 교착 상태가 빚어낸 희생양이었다. 당시엔 축구 생중계가 당연한 일이 아니었다.

〈ITV〉와 〈BBC〉는 시즌당 19경기를 생중계하는 조건으로 리그 측에 1900만 파운드의 중계권료를 제안했다. 당시 〈ITV〉 스포츠국장 존 브롬리는 "녹화중계는 죽은 오리나 마찬가집니다. 일요일 오후나 토요일 저녁에 녹화중계를 내보내서 시청자를 잡아둘 수 있던 시대는 끝났어요. 시청자들은 생중계를 원합니다"라며 통찰력을 발휘했다.

그러나 구단주들의 생각은 달랐다. 클럽들의 주 수입이 티켓 판매였으므로 생중계가 늘어나면 경기장을 찾는 팬이 줄어들 것을 우려한 것이다.

사실, 80년대 중반 벌어진 관중 감소에는 다른 이유가 있었다. 경기장 자체가 안전하지 않았기 때문이다. 헤이젤스타디움에서 확인했듯이 위험한 구석이 너무 많았다. 경기장 시설에 대한 투자 미흡은 1985년 5월 브래드퍼드 화재 사고에서 비극의 정점을 찍었다. 경기 도중 목재 관중석에 불이 붙어 56명이 목숨을 잃은 대형 참사였다.

구단주들은 경기장 시설 개선이라는 근본적 해결책을 외면하고, 관중 수 감소의 원인을 TV 중계로 돌렸다. 새로운 중계권 계약 협상에서 그들은 시즌당 생중계를 13개 경기로 제한해야 한다고 고집했다. 양측의 첨예한 대립이 이어졌다. 협상이 겨우 타결되어 TV 카메라가 경기장에 들어갔을 때, 맨유의 리그 우승 희망은 이미 꺼진 상태였다.

맨유의 초반 강세를 이끈 원동력은 마크 휴즈의 득점력과 브라이언 롭슨의 끈질긴 미드필드 플레이였다. 롭슨이 장기 부상으로 무너지자 휴즈의 득점도 씨가 말랐다. 크리스마스 시즌이 되었을 때, 맨유의 우승은 물 건너간 상태였다.

게다가 시즌 도중 휴즈의 바르셀로나 이적이 결정되었다. 이적 합의 사실은 철저히 비밀에 부쳐졌다. 당시 라리가에서는 팀당 외국인을 3명까지만 보유할 수 있었다. 바르셀로나는 휴즈를 영입하기로 확정했지만, 누구를 내보내야 할지가 결정되지 않았다. 따라서 맨유와 휴즈 측에 기밀 유지를 요청했다. 리그 우승에 도전하는 와중에 팀의 주포를 파는 결정이었으니 맨유도 함구하는 편이 유리했다. 혹시라도 리버풀팬들이 알게 된다면 어떤 일이 일어날지 뻔했기 때문이다.

브라이언 롭슨은 당시 맨유의 기세가 꺾였던 이유를 이렇게 설명한다.

"리버풀과 달리 우리 팀 스쿼드는 두텁지 않았어요. 매 경기 체력을 소진해야 했죠. 1985년 우리는 폭발적 출발로 리그 우승에 도전할 수 있을 것처럼 보였어요. 하지만 입스위치전에서 존 기드먼의 다리가 부러졌어요. 올센과 알비스턴도 다쳤고요. 그리고 잉글랜드 국가대표팀으로 나간 터키전에서 내 햄스트링이 찢어졌죠. 당시 영상을 보면 한숨이 나옵니다. 내가 어리석었어요. 우리가 5-0으로 앞선 상황에서 머리 위로 넘어간 볼을 쫓다가 다쳤기 때문입니다. 햄스트링 파열로 8주 동안 경기에 나갈 수 없었어요. 당시 스쿼드로는 회생 불가능이었습니다."

롭슨은 1986년 2월 9일 안필드 원정에 맞춰 부상에서 복귀했다. 맨유는 이미 머지사이드의 거대한 두 클럽에 추월당한 상태였다. 맨큐니언의 리그 우승 꿈은 다음 시즌으로 이월되었다. 하지만 론 앳킨슨 감독은 큰 기대감을 품고 안필드로 향했다. 아무리 나쁜 상황에서도 맨유는 리버풀을 상대로 반등할 수 있다는 자신감이 있었다.

"안필드 원정은 잉글랜드 축구 최고의 라이벌 매치이자 흥미진진한 구경거리이기도 합니다. 안필드에서 당당하게 싸우지 못할 바엔 차라리 경기를 포기하는 편이 낫죠. 그야말로 진짜배기 맞대결이고, 우리에겐 정말 필요하고 기대되는 경기였어요. 리버풀전이 알약이라면 나는 매일 삼키고 싶은 심정이었습니다."

앳킨슨 감독은 경기장을 향하는 버스 안 분위기가 유쾌했다고 회상한다. "선수단은 헤이독파크 경마장 근처에 있는 호텔에서 하룻밤을 묵었습니다. 호텔 주인에게 경기장 입장권을 주면서 선수단 버스를 타고 함께 가자고 제안했어요. 버스는 늘 스탠리 공원 쪽으로 우회전해서 구디슨파크를 지나쳐 안필드로 갔습니다. 그런데 앞서가던 호위대가 직진하는 게 아닌가요. '어, 우리를 어디로 끌고 가는 거지?'라고 걱정이 되었어요."

잠시 뜸을 들이다 앳킨슨 감독이 말을 이어간다. "선수단 버스는 경기장으로 향하는 리버풀팬들로 꽉 찬 도로 한가운데로 들어갔어요. 그들은 우리를 발견하자마자 공격하기 시작했습니다. 버스는 인파를 뚫고 천천히 움직였고 어디선가 쿵쿵대는 소리가 들렸어요. 날아온 벽돌이 마크 휴즈가 앉은 자리의 창문 바로 아래를 강타했어요. 누군가 웃으며 '전원 바닥에 엎드려!'라고 소리쳤습니다. 함께 탔던 호텔 주인은 바닥에 엎드려 덜덜 떨었어요. 꽤 아찔한 상황이었죠."

부상에서 막 복귀한 아서 알비스턴은 앳킨슨 감독이 처음에는 웃다가 경기장에 가까이 갈수록 경찰 호위가 약해지자 화를 냈다고 회상한다. "아주 난리도 아니었어요. 벽돌이 날아왔고, 어디서 두세 명이 널찍한 콘크리트판을 들고 와서 버스 안으로 구겨 넣었어요. 우리 모두 바닥에 엎드린 상태였기에 다치진 않았지만, 앳킨슨 감독은 완전히 뚜껑이 열렸죠. 감독은 경찰들에게 삿대질을 하면서 '젠장, 저 자식들을 빨리 체포하라고!'라며 소리쳤어요."

버스가 경기장에 거의 도착했을 때 분위기는 훨씬 폭력적으로 치달았다. 앳킨슨 감독은 "생클리게이트를 통과하려고 할 때였어요"라면서 당시를 회상한다. "예전엔 버스가 문에 바짝 붙어 주차했어요. 버스에서 내리면서 '다들 지갑 챙겨' 하는 식이었죠. 그런데 리버풀이 구조를 바꾸면서 지난 원정부터는 하차 위치가 바뀌었습니다. 버스 높이 때문에 우리는 문에서 18미터 정도 떨어진 곳에서 내려야 했어요. 팬들로 가득 찬 지점 말입니다. 솔직히 리버풀팬을 뚫고 입구까지 가다가 칼침이라도 맞으면 큰일이겠다 싶었습니다."

다행히 앳킨슨 감독이 걱정하는 일을 일어나지 않았다. 맨유 선수단이 버스에서 내려 입구 쪽으로 걷자 리버풀팬들이 다가왔다. 기념사진을 찍으려는 것이었다. 선수단을 공격하려는 팬은 없었다. 하지만 누군가 다가오는 팬들을 향해 최루가스를 분사했다.

앳킨슨 감독은 "갑자기 두 눈이 따가웠다"라고 말한다. "경기장 안 복도에 최루가스가 가득 차서 정말 기절하는 줄 알았어요. 나는 내 앞에 있던 두 사람을 복도 한쪽으로 밀쳤습니다. 나중에 보니 한센과 달글리시였어요. 다시 앞으로 가다가 길을 막고 있던 다른 사람 하나도 밀쳤어요."

앳킨슨 감독이 마지막으로 밀친 사람은 덴마크 출신 풀백 욘 시베박이었다. 지난달 감독이 덴마크 챔피언 바일레볼트클룹에서 직접 영입한 선수였다. 시베박의 말이다. "감독은 나인 줄 몰랐던 것 같아요. 그는 선수들을 보호하려고 했습니다. 우리를 라커룸 안으로 밀어 넣으면서 '빨리 움직여! 빨리 들어가!"라고 소리쳤어요. 감독은 크게 화난 상태였어요. 내게는 충격적 사건이었습니다."

당시 앳킨슨 감독은 자기가 누굴 밀쳤는지 몰랐다고 한다. "나중에 믹 브라운 코치가 말해줘서 알았어요. '그날이 시베박의 데뷔전이었는데, 영어도 할 줄 모르고 다른 포지션에 기용된 데다 감독한테 그런 꼴을 당했으니, 정말 대단한 환영식이네요!'라고 하더군요."

그러나 데뷔전을 영국에서 가장 치열한 라이벌 매치로 치르게 된 시베박에겐 더 많은 일들이 기다리고 있었다. 최루가스 소동이 벌어진 직후였다. 복도는 아수라장이 되었고, 밖에서 벌어진 패싸움에서 도망친 리버풀팬 몇 명이 간신히 경기장 안으로 대피했다. 그들은 정신없이 제일 가까운 방으로 뛰어들었는데, 하필이면 그곳이 원정팀 라커룸이었다.

지난여름 애스턴빌라에서 맨유로 이적한 콜린 깁슨의 회상이다.

"최루가스를 피해 리버풀팬들이 우리 라커룸으로 피신했어요. 브라이언 롭슨이 그들을 도왔습니다. 라이벌이고 뭐고 간에 우선 사람들을 도와야 했어요. 리버풀 경찰이 자기네 팬들을 공격한 거예요. 사람들은 눈을 비비며 괴로워했어요. 리버풀 주치의가 커다란 물통을 가져다줬어요. 나는 세면대에서 팬들 얼굴에 물을 부어주었어요. 정말 괴로워하는 친구들도 있었어요. 끔찍한 광경이었습니다."

○ 데이비드 데이비스는 훗날 영국축구협회 이사가 된다.

맨유 주장이 리버풀팬들을 씻겨주는 모습은 기이한 광경이었다. 〈BBC〉의 데이비드 데이비스°는 중계팀에게 이 모습을 촬영하라고 요청했다. 중계권 협상이 극적으로 타결된 덕분에 데이비스가 이날 현장에 투입될 수 있었다. '피치사이드' 리포터였던 데이비스의 말이다.

"마침 그라운드에서 선수 통로 쪽으로 내려가는 중이었습니다. 앳킨슨 감독이 내 옆을 급하게 지나갔어요. 뭐라고 막 소리를 질렀는데 아마도 방송불가 단어였을 겁니다. 뭔가 나쁜 일이 벌어졌다고 생각했죠. 맨유 버스가 도착한 현장을 지키지 못한 건 기자로서 실수였어요. 나는 선수들 멘트를 따려고 복도에 있었어요. 앳킨슨 감독에게 마이크를 들이대자 '이건 베트남 전쟁이야!'라고 내뱉었어요. 하프타임에 앵커인 지미 힐로부터 마이크를 넘겨받아 이 사건을 보도했습니다. 헤이젤 참사 직후였는데 또다시 훌리건 문제가 터져서 문제가 심각했기 때문입니다."

사실 데이비스는 사태를 정확히 파악하지 못한 상태였다고 고백한다. "맨유 선수단 버스에 타고 있던 마크 휴즈 근처에 벽돌이 명중했다는 사실 정도만 알고 있었어요. 코를 찌르는 냄새가 암모니아 때문이라고 생각했는데 나중에 알고 보니 최루가스였어요. 처음부터 끝까지 상황을 아는 사람이 없었기 때문에 나는 최대한 신중히 리포팅해야 했습니다. 하지만 심상치 않은 일이 벌어졌다는 것은 직감할 수 있었어요."

앳킨슨 감독은 선수단 전원에게 소동이 정리될 때까지 그라운드에 대기하라고 지시했다. 알비스턴의 회상이다. "라커룸 안에도 최루가스 냄새가 진동했어요. 클레이턴 블랙모어는 머리와 옷에 최루가스를 뒤집어쓴 상태였죠. 우리는 터치라인 쪽에 어정쩡하게 서 있었어요. 경기장은 이미 리버풀팬들로 만석이었습니다. 우리가 얼마나 환영(?)받았는지 짐작이 갈 겁니다."

앳킨슨 감독은 그날 최대 피해자가 블랙모어였다는 사실을 떠올리며 킬킬거렸다. "일주일 전 빌라전에서 클레이턴이 멋지게 골을 넣었어요. 한 친구가 내게 '리버풀전에서 블랙모어의 득점에 돈이 얼마나 걸렸는지 알아?'라고 하더군요. 나는 속으로 웃었어요. 내가 선발명단에서 블랙모어를 제외했기 때문입니다. 친구는 '블랙모어가 골을 넣으면 50배는 벌 수 있어!'라고 했어요. 나는 '그럼 돈을 걸어야지'라고 대답했죠. 경기가 끝나고 클레이턴이 최루가스에 맞았다는 사실이 알려지자 친구는 '스카우저 놈들 때문에 내 돈을 모두 날렸어!'라고 말했어요. 나는 어차피 블랙모어가 출전하지 않았을 거라고 말할 용기가 없었습니다."

한편 리버풀 선수들은 웃을 기분이 아니었다. 마크 로렌슨은 "도대체 왜 이런 짓을 한 건데?"라며 절레절레한다. "그렇지 않아도 맨유는 상대하기 어려운 팀입니다. 그런데 경기 전에 최루가스를 쏘고는 '자, 이제 붙어보자!'라고 한 꼴이 아닌가요? 정작 우리에게 필요한 동기부여를 상대팀에게 해준 셈입니다."

깁슨도 로렌슨의 생각에 공감했다. "그 일이 우리를 끓어오르게 한 건 사실입니다. 우리는 '좋아, 나가서 본때를 보여주자!'라면서 각오를 다졌어요. 물론 리버풀의 특정 선수나 관계자를 향한 적의는 아니었어요. 아무튼 최루가스 소동은 목적과 정반대의 결과를 가져왔습니다. 우리의 집중력을 최대로 끌어 올려줬으니까요."

그날 앳킨슨 감독은 평소에 하던 경기 전 루틴을 깼다. 그의 말이다. "나는 라커룸에서 '금요일에 우리가 여기 있었다는 이유만으로 욕을 먹을 거야. 다들 알지? 우리가 잘못한 거야. 그러니까, 이제 저 자식들에게 한 번 보여주자고!'라고 외쳤습니다."

이날 욘 시베박은 맨유 데뷔전을 치렀다. 그는 자신이 어디에서 첫발을 떼는지 짐작하기 어려웠을 것이다. 맨유와 리버풀의 관계가 이 정도일 줄은 몰랐기 때문이다. 두 도시의 라이벌 의식은 곧 그에게도 영향을 끼쳤다.

시베박이 앳킨슨 감독의 선택을 받은 이유는 11월 랜스다운로드°에서 열린 아일랜드와 덴마크의 월드컵 예선전에서 보여준 활약 덕분이었다. 더블린까지 직접 날아간 앳킨슨 감독은 덴마크가 박력 넘치는 축구로 4-1 대승을 거두는 현장을 직접 확인했다. 시베박은 환상적인 칩슛으로 골을 터트렸다. 앳킨슨 감독은 그가 라이트백 존 기드먼의 훌륭한 백업이 될 것이라 확신했다.

맨유 유니폼을 입은 시베박이 안필드에 첫발을 들였다. 리버풀에는 시베박의 더블린 시절 활약을 기억하는 아일랜드 출신 선수가 두 명이나 있었다. 짐 베글린의 말이다. "그날도 우리는 전의를 불태우며 거칠게 나갔습니다. 최루가스 소동 때문은 아니었어요. 선수들은 각자 맡은 바 임무를 해야 하고, 내 목표물은 욘 시베박이었어요. 그를 계속 쫓아다니면서 제대로 밟아주겠다고 마음먹었어요. 다른 생각은 없었어요."

° 아일랜드 더블린에 위치한 축구 경기장. 2006년 철거 전까지, 세계에서 가장 오래된 축구장이었다.

사실, 맨유와 리버풀의 라이벌전이라는 것 외에 다른 이유가 있긴 했다. 베글린은 "사람들은 아일랜드전에서 시베박의 골이 패키 보너의 키를 넘겼다고 말합니다"라며 억울해한다. "사실이 아닙니다. 그의 슛이 내 무릎에 맞아 톱스핀이 걸린 덕분에 패키의 머리 위로 넘어갈 수 있었던 거예요. 정말 운이 좋은 골이었어요. 시베박이 맨유로 이적해서 우리와 맞붙는다는 소식을 들었을 때 오기가 발동했죠. 나는 대표팀 동료인 로니 휠런에게 '저 자식에게 매운맛을 보여주자. 늪에다 냅다 꽂아버리자고!'라고 말했어요. 그리고 우리는 확실히 해냈습니다."

시베박은 운이 나빴다. 경기장에 도착하자마자 최루가스를 맞았고, 자기 팀 감독에게 작은 폭행(?)을 당한 데다 상대팀 두 명에게 막혀 완전히 나가떨어졌다. 리버풀에서 뛰는 덴마크 국가대표팀 동료 얀 몰비도 시베박을 막아섰다. 얀 몰비의 말이다.

"나는 이미 리버풀-맨유 경기에 몇 번 출전한 경험이 있었지만, 욘은 데뷔전이었습니다. 그날 경기는 최루가스 소동이 크게 영향을 끼쳤던 것 같아요. 축구 관점에서는 좋은 경기가 아니었어요. 처음부터 끝까지 거칠기만 했죠. 경기에 처음 나온 욘은 가엾게도 타깃이 되었어요. '맛 좀 보여주자고. 제대로 된 환영 인사를 해야지'라는 식이었어요."

이런 분위기 속에서는 아무리 잘 훈련된 선수라도 움츠러들기 마련이다. 시베박은 "예스퍼 올센이 미리 분위기를 알려주었어요"라고 말문을 열었다. "선수들은 물론이고 팬들끼리도 서로 좋아하지 않는다고 했어요. 들어서 익히 알고는 있었지만, 사람들이 그런 짓까지 할 수 있다는 사실에 충격을 받았어요."

그렇다면 베글린은 왜 시베박을 먹잇감으로 삼았을까? 진짜 아일랜드전의 숏이 억울했기 때문일까? 시베박의 말을 들어보자. "골이 들어가는 장면만 보면 그렇게 생각할 수도 있겠죠. 하지만 나는 숏 지점까지 50미터를 뛰었어요. 숏을 때린 왼발은 주발이 아니었으니까 운이 따랐다는 베글린의 말도 일리가 있습니다. 하지만 그를 다시 만난다면, 어쨌든 골은 골이고 심지어 매우 근사하게 들어간 골이었다고 말해주고 싶어요."

시베박은 그날 오후에 맞닥뜨린 모든 것에 놀랐다고 한다. 그라운드 안으로 들어가는 맨유 선수들에게 날아든 야유는 차라리 애교였다. "피치 위에 서자마자 두 클럽의 경쟁의식이 팬들에게 어떤 의미인지 느껴졌습니다. 안필드는 끝내주는 경기장이에요. 원정팀조차 가슴이 뛰는 곳입니다. 덴마크에선 그런 분위기를 경험한 적이 없어요. 관중이 기껏해야 5천 명, 1만 명 수준이었으니까요. 잉글랜드는 5만 관중입니다. 관중수가 무얼 의미하는지, 승패가 무얼 의미하는지 알 수 있었어요."

경기장의 열기는 잔디로 스며들었다. 경기가 시작되는 순간, 시베박은 자신의 몸이 세탁기 안으로 빨려 들어가는 기분을 느꼈다. 모든 플레이가 빛의 속도로 이루어졌다. 시베박은 "당시 축구는 킥앤러시에 가까웠어요. 온 힘을 다해 위아래로 뛰어다녔지만, 볼을 너댓 번밖에 만지지 못했어요. 경기 분위기에 정말 놀랐습니다"라고 회상한다.

베글린뿐 아니라 몰비도 시베박을 따라다니며 계속 견제했다. 몰비의 말이다. "경기 내내 나는 '욘, 이게 바로 사나이의 축구야!'라며 도발했어요. 그 친구가 어떻게 반응했는지는 기억나지 않습니다. 전반전 내내 충격을 받은 듯했어요. '젠장 오늘 여기서 끝나는 건가?'라는 표정이었거든요."

시베박 본인도 어느 정도 인정하는 바다. "스스로가 측은했습니다. 내 경기력은 물론 플레이스타일까지 불만스러웠어요. 그때까지 나는 그라운드 위에서 볼을 주고받는 스타일에 익숙했습니다. 하지만 이곳에서는 볼이 항상 공중에 떠 있었어요. 무엇보다 싸움을 해야 하는 힘든 경기였습니다."

경기가 끝난 뒤, 몰비는 맨유에서 뛰는 국가대표팀 동료 예스퍼 올센과 시베박을 안필드의 선수 라운지로 초대했다. 원래 이곳은 양쪽 팀이 맥주로 목을 축이면서 경기 중 있었던 모든 일을 잊는 장소였다. 하지만 이번은 달랐다. 시베박은 계속 걷어차였고, 밟혔고, 폭언 세례를 받았다.

몰비는 "욘은 완전히 무너진 상태였다"라고 회상한다. "그날 충격이 심했던 것 같습니다. 좋은 실력을 갖추고도 욘은 이곳에서 오래 버티지 못했어요. 선수라면 경기 자체는 물론 경기 전후에 벌어지는 일까지 적응해야 하죠. 평소 욘은 술을 마시지 않았지만, 그날만큼은 독주가 필요했을 겁니다."

몰비의 말대로 시베박은 잉글랜드에서 오래 버티지 못했다. 맨유에서 그의 출장 기록은 30여 경기에 그쳤다. 그날 경기는 딱히 더비 역사에 남을 만한 내용도 아니었다. 맨유의 깁슨이 골을 터트렸고, 리버풀의 존 워크가 동점을 만들었다. 골과 상관없이 이날 맞대결은 정말 형편없는 경기로 남을 것이다.

로렌슨은 "솔직히 그날 경기에 관해선 하나도 기억나지 않습니다"라고 말한다. "이미 쓰레기 경기가 될 것으로 예상했어요. 당시 맨유-리버풀 경기는 늘 그런 식이었죠. 먹을 것 없는 소문난 잔치였습니다. 우리는 서로 걷어차기에만 급급했어요."

로렌스은 경기장 밖에서 벌어진 일 중에서 한 가지는 확실히 기억난다고 말한다. "그땐 어딜 가든지 정치 문구가 적힌 팻말이 보였습니다. 그중 '맨체스터는 핵폭탄 금지구역'이란 팻말이 있었어요. 리버풀팬들은 야심한 밤을 틈타 맨체스터 시내를 돌아다니며 '핵폭탄'을 지우고 '트로피'로 바꿔 놓았어요. '맨체스터는 트로피 금지구역'이란 문구는 정말 웃겼죠."

앳킨슨 감독이 '베트남 전쟁'이라고 묘사했던 그날 경기가 그에게는 마지막 안필드 원정 경기가 되었다. 다음 시즌, 초반 부진을 면치 못하자 맨유는 11월에 앳킨스 감독을 해임했다. 앳킨슨 감독의 말이다.

"시즌이 끝났을 때 이미 사표를 냈지만, 클럽에선 남아 달라면서 수리하지 않았어요. 감독 사임 자체는 놀랄 일이 아니었어요. 단, 여름 이적시장에서 클럽이 후임 감독을 물색했다는 사실이 놀랍긴 하네요. 멕시코월드컵 기간 중에 바비 찰턴°과 그 감독이 대화를 나누는 모습을 보긴 했어요. 뭐, 인생이 그렇죠. 다음 단계로 넘어가야 할 때가 있는 법입니다."

앳킨슨 감독이 떠난 자리를 채운 주인공은 모두의 예상을 깨고 애버딘을 유럽대회 우승으로 이끌었던 지도자, 알렉스 채프먼 퍼거슨이었다. 맨유와 리버풀의 경쟁의식이 드디어 최고조로 치닫기 시작하는 순간이었다.

° '버스비의 아이들' 출신의 맨유 레전드. 은퇴 후인 1984년부터 맨유의 기술이사직을 맡고 있다.

RED ON RED 03

MATCH	STADIUM	DATE
리그 1부	안필드	1986년 2월 9일

SCORE

리버풀 LIVERPOOL	1 : 1	맨체스터 유나이티드 MANCHESTER UNITED
존 워크 **40'**		콜린 깁슨 **19'**

리버풀 출전명단 (4-4-2)

감독 케니 달글리시

브루스 그로블라르; 게리 질레스피, 마크 로렌슨, 앨런 한센, 짐 베글린; 로니 휠런, 얀 몰비, 새미 리, 크레이그 존스턴; 폴 월시(존 워크 31'), 이언 러시

맨체스터 유나이티드 출전명단 (4-4-2)

감독 론 앳킨슨

크리스 터너; 존 기드먼, 폴 맥그라스, 케빈 모런, 아서 알비스턴; 욘 시베박, 노먼 화이트사이드, 콜린 깁슨, 예스퍼 올센(프랭크 스테이플턴 75'); 마크 휴즈, 테리 깁슨

주심 N. 애슐리

관중 35,004명

CHAPTER 04

왕좌에서 끌어내리기

OFF THEIR PERCH

1부 리그

리버풀 3 vs. 맨체스터 유나이티드 3

안필드

1988년 4월 4일

"내게 주어진 최대 도전은
리버풀을 망할 놈의 왕좌에서 끌어내리는 것이다.
이 말 그대로 기사로 써도 된다."
– 알렉스 퍼거슨 –

알렉스 퍼거슨 감독의 이 선언은 그가 맨유에서 남긴 어록 중 가장 유명하다. 어록 20선 중에는 '똥줄 타는 시간대', '시끄러운 이웃', '축구, 우라질 것' 등도 널리 알려졌지만, '리버풀을 망할 놈의 왕좌에서 끌어내린다'라는 말은 그가 리버풀과의 경쟁의식에 대해 어떻게 생각하는지 가장 정확하게 보여준다고 할 수 있다.

지도자 생활을 하는 동안, 퍼거슨 감독은 언제나 적의 존재를 설정했다. 애버딘 역사를 새로 쓴 스코틀랜드 시절에는 셀틱과 레인저스가 적이었다. 그는 애버딘이 기득권에 순응하는 언론의 희생양이라는 이미지를 만들어 선수들을 독려했다. 동기부여는 효과를 발휘했다. 돈스Dons°는 1부 우승 3회, 스코티시컵 우승 4회, 리그컵 우승 1회를 기록했다. 최고의 업적은 1983년 예테보리에서 레알마드리드를 2–1로 꺾고 유러피언컵위너스컵을 차지한 것이다.

피토드리°°에서 퍼거슨 감독이 이룬 성과는 세상의 이목을 끌기에 충분했다. 론 앳킨슨 감독 체제가 5년 만에 막을 내리자, 올드트래퍼드는 퍼거슨과 접촉했다. 당시엔 휴대전화가 없었다. 맨유의 마이크 에델슨 이사는 애버딘FC의 대표번호로 전화를 걸었고, 알아듣기 어

° 애버딘FC의 별칭. 애버딘 지방을 흐르는 돈강 때문에 붙여진 이름이라고 한다.
°° 1903년부터 현재까지 애버딘 홈경기장으로 사용되는 피토드리스타디움을 말한다.

려운 스코틀랜드 사투리 안내를 뚫고 간신히 퍼거슨 감독과의 통화에 성공했다.

퍼거슨 감독과 연결되자마자 에델슨 이사는 마틴 에드워즈 회장에게 수화기를 넘겼다. 대화엔 긴 시간이 필요치 않았다. 맨유의 새 감독으로 내정된 퍼거슨은 글래스고°의 양대 산맥, 즉 셀틱과 레인저스를 대체할 새로운 적을 만들었다. 리버풀이었다.

1986년 11월 6일 퍼거슨 감독이 맨유의 허름한 클리프°° 훈련장 경첩을 떼어낸 후, 카메라 렌즈를 향해 그 말을 뱉었다는 풍문은 사실과 다르다. 그의 맨유 입성은 폭풍우가 아닌 산들바람이었다. 브라이언 롭슨의 말이다.

"퍼거슨 감독의 애버딘에서 뛰다가 맨유로 이적한 고든 스트라칸이 우리에게 겁을 주더군요. '불을 뿜는 광인'이 온다고요. 그런데 새로 온 감독은 매우 차분했어요. 최소한 처음 몇 경기에서는 그랬습니다."

퍼거슨 어록은 2002년 9월 일간지 〈가디언〉과의 인터뷰 중에 나왔다. 감독이 과거를 회상하는 과정에서 나온 발언이라고 한다. 아무튼 안필드 제국에 불씨를 당기기엔 충분했다.

그해 가을 올드트래퍼드는 리빌딩이 한창이었다. 퍼거슨 감독은 2001-02시즌이 끝나는 대로 은퇴하겠다고 선언했다가 실수였다면서 자신의 말을 취소했다. 그 시즌에 맨유는 아르센 벵거 감독이 이끄는 아스널에 승점 10점이 뒤진 3위에 그쳤다. 한껏 높아진 눈높이에서 보자면, 힘든 시기였다고 할 수 있다.

° 스코틀랜드 최대의 항구도시. 셀틱과 레인저스의 연고지이기도 하다.

°° 맨유의 예전 훈련장. 퍼거슨 시절에 맨유 공식 훈련장을 지금의 캐링턴으로 이전했다.

2002-03시즌에도 맨유는 개막 7경기에서 8위에 머무는 부진을 겪었다. 리버풀 주장 출신인 앨런 한센은 일간지 〈데일리텔레그래프〉에 기고한 칼럼에서 '퍼거슨 감독의 지도자 경력이 최대 도전에 부딪혔다'라고 평했다. 이 논평에 대해 퍼거슨 감독이 맞받아쳤던 말이 바로 '내 인생 최대의 도전은 리버풀을 망할 놈의 왕좌에서 끌어내리는 것'이었다.

퍼거슨 감독의 반反 리버풀 정서가 갑작스러운 일은 아니었다. 1986년 박싱데이Boxing Day°에 있었던 첫 안필드 원정에서 그는 1-0으로 승리해 기분 좋게 출발했다. 감독에 부임한 지 49일밖에 되지 않은 시점이었지만, 당시 리버풀 원정은 두 클럽의 관계가 얼마나 뒤틀렸는지를 새 감독에게 정확히 알려주었다.

2월의 최루가스 사건 이후, 리버풀은 클럽 레전드인 봅 페이즐리°°를 인간 방패로 활용한다는 신박한 계획을 세웠다. 맨유 선수단 버스가 리버풀 경계로 진입하는 지점에서 페이즐리가 동승했다. 그는 전략적으로 퍼거슨 감독, 브라이언 롭슨과 나란히 앉았다. 벽돌과 최루가스를 방지할 목적이었다. 안필드 방문은 비교적 평화롭게 진행되었고, 퍼거슨 감독은 경기 종료 12분을 남기고 터진 노먼 화이트사이드의 결승골에 힘입어 승리라는 보너스까지 챙겼다.

1988년 부활절 월요일, 맨유가 안필드 정문을 통과할 때까지만 해도 리버풀의 아성은 견고했다. 하지만 이날 리버풀을 향한 퍼거슨 감독의 야심이 겉으로 드러나기 시작했다. 지금부터 콥의 악당, 자존심 강한 스코틀랜드인 2명, 생후 6주 된 아기, 그리고 곪을 대로 곪은 라이

° 크리스마스 다음날인 12월 26일. 영연방 국가에서는 공휴일로 지정되어 있다.

°° 리버풀의 전설적인 감독. 유러피언컵(현 챔피언스리그)에서 3회 우승했다.

벌 관계가 얽히고설킨 이야기를 시작하려고 한다.

이날 안필드 원정은 퍼거슨에게 중요한 계기가 되었다. 그는 맨유의 앞길을 가로막는 상대가 누구인지 잘 알고 있었다. 맨유팬들이 리버풀의 조롱과 패권주의에 진저리를 친다는 것도 금세 눈치챘다. 이런 분위기는 맨유의 적이 누구인지 규정할 비장의 카드였다. 퍼거슨 감독은 맨유를 이끄는 내내 그 카드를 주저 없이 사용했다.

리버풀과 맨유의 충돌을 앞두고 양쪽 팬들의 분위기는 비교적 평온했다. 맨유팬인 토니 그레이엄은 1980년대 후반, 애시드하우스Acid House° 음악이 모든 걸 바꿨다고 말을 시작한다.

"매주 목요일 맨체스터의 '하시엔다' 클럽에서는 '핫Hot'이라 불리는 파티가 열렸어요. 다들 마약에 취해 있었죠. 마치 사회적 실험 같았어요. 새벽 2시에 영업이 끝나지만 아무도 집에 갈 생각이 없었어요. 불을 끄고 밤새도록 디스코를 즐겼죠. 맨유가 막판 짜릿한 결승골을 넣은 듯한 분위기였어요. 이렇게 분위기에 취해 녹초가 된 상태인데, 포츠머스 원정 응원에서 사고를 치겠다고 아침 일찍 기차를 탈 축구 팬은 없었어요. 그렇지 않은가요?"

리버풀팬인 피터 후턴은 머지사이드에서도 상황이 변하고 있었다고 한다. "블랙번 같은 곳도 축구 열기가 굉장했어요. 리버풀팬과 맨유팬 모두 블랙번에 다녀와서는 '그쪽은 다들 맨크던데?'라고 했어요. 과격파 훌리건들은 그런 분위기가 못마땅했지만 어쩔 수 없었어요. 얼마 안 있어 리버풀팬들은 맨유에 맞설 만큼 많

° 1980년대 시카고 출신 DJ들에 의해 개발된 빠른 비트의 하우스 음악

은 패거리를 모을 수 없다는 현실을 직시했어요. 상황이 바뀌었어요."

변치 않은 사실도 있었다. 리버풀은 17번째 리그 우승을 앞두고 있었다. 두 경기를 덜 치러서 여덟 경기가 남은 상태에서, 리버풀은 2위 맨유에 승점 11점을 앞서 있었다. 리버풀의 개막 29경기 연속 무패 행진도 머지사이드 더비에서의 0-1 패배로 겨우 멈춰 선 상태였다. 퍼거슨 감독은 맨유 첫 시즌을 리그 11위로 마무리했다. 나쁘지 않은 결과였다. 하지만 리버풀을 꺾기는커녕 겸상도 하기 어려운 처지였다.

1987년 리버풀의 간판 골잡이 이언 러시가 유벤투스로 이적했다. 퍼거슨 감독이 일말의 희망을 품었을지도 모르겠다. 하지만 그 희망은 케니 달글리시에 의해 물거품이 되었다. 달글리시 감독은 피아트 그룹이 소유한 유벤투스로부터 받은 돈을 영리하게 재투자해서 성공적으로 철옹성을 지켜냈다.

옥스퍼드에서 골잡이 존 앨드리지가 합류했고, 잉글랜드 국가대표인 존 반즈와 피터 비어즐리의 영입도 성사되었다. 과소평가되던 레이 휴턴까지 활약하면서 리버풀의 리빌딩이 성공적으로 진행되었다. 달글리시 감독은 새로 영입한 4명을 기존 팀에 신속하게 융화시켰다. 리버풀은 눈부신 축구를 선보이며 리그를 지배했다.

애초에 존 반즈는 아스널이나 토트넘으로 갈 것처럼 보였다. 리버풀 서포터즈클럽의 봅 길 사무총장은 〈리버풀에코〉와의 인터뷰에서 이렇게 발언했다. "이적에 너무 오랜 시간이 걸렸어요. 생클리 시절이었다면 3개월은커녕 하루면 충분했을 일입니다. 다행히 이적시장에 반즈를 원하는 클럽이 나타나지 않아 우리가 데려올 수 있었어요."

이적 협상이 지지부진하자 인내심이 바닥난 리버풀은 기존에 제시했던 90만 파운드 조건을 철회한다는 공문을 반즈 소속팀에 보냈다. 작전이 먹혔던지, 얼마 안 있어 달글리시 감독은 미소를 지으며 반즈와 나란히 입단 기념사진을 찍을 수 있었다. 반즈는 "잉글랜드에서 뛰고 싶은 클럽은 오직 하나, 리버풀뿐이었습니다"라고 소감을 밝혔다.

이 계약은 반즈와 달글리시 모두에게 좋은 선택이었다. 봅 길을 비롯한 많은 리버풀팬들이 갖고 있던 의구심은 새로운 10번 공격수 반즈가 경기에 뛰면서 말끔히 사라졌다. 리버풀 데뷔전부터 맹활약을 펼친 반즈는 리버풀팬들의 절대적 지지를 끌어냈다. 반즈의 인기는 옆 동네 맨체스터까지 퍼졌다.

'아그 키드'라는 이름으로 활동한 가수 데이비드 스콧은 "열여덟 살 때 톡스테스 지역의 도로공사 현장에서 1년 정도 일했어요"라고 회상한다. "평생 맨체스터 밖으로 나가본 적이 없었지만 무조건 리버풀을 싫어했어요. 리버풀은 악마였으니까요. 그런데 아이로니컬하게도 맨체스터에서 함께 자란 친구들이 리버풀팬이 되었어요. 반즈 때문이에요. 특히 흑인 친구들이 그랬어요. 도무지 이해가 되지 않았죠. 나는 리버풀이 헤이젤 참사를 일으킨 살인자라고 배웠기 때문이에요." 그가 이어서 말한다.

"정체성이 가장 중요한 것 같아요. 맨큐니언이든 스카우즈든 연고지 클럽을 정체성 강화의 도구로 삼았어요. 이런 점에서 내 흑인 친구들은 흥미로웠어요. 흑인이란 정체성이 맨큐니언이란 정체성보다 강력했던 거예요. 흑인 친구들은 리버풀에서 뛰는 반즈와 자신을 동일시했습니다."

리버풀의 우아한 수비수 게리 질레스피는 한때 앨런 한센에 비견될 정도로 호평받았다. 30년이 지난 지금에도, 그는 반즈가 남긴 강렬한 인상을 기억하고 있다.

"반즈는 정말 대단했습니다. 그때는 지금처럼 언론이 다양하지 않았기 때문에 그를 다른 선수와 비교하는 것은 무의미해요. 반즈는 유럽 최고 수준에 근접했다고 해도 좋을 만큼 실력이 뛰어났어요. 그는 뭐든지 해냈어요. 발이 빨랐고 힘도 좋았죠. 양발로 슛을 때렸고, 공중볼 능력도 좋아 골이 많이 났어요. 전율이 느껴질 정도였습니다. 처음 왓퍼드에서 왔을 때는 꾸준하지 못하다는 지적이 있었어요. 하지만 시간이 갈수록 반즈는 우리에게 큰 힘이 되었습니다."

질레스피의 리버풀 동료 나이절 스팩맨은 달글리시 감독의 부름을 받아 첼시에서 리버풀로 이적했다. 반즈에 대한 그의 평가는 더 대단하다. "반즈가 다치기 전 두세 시즌 동안, 그가 세계 최고였다고 생각합니다. 우리가 유럽대회에 출전하지 못하는 바람에 반즈가 과소평가되었을지도 몰라요. 그의 몸값은 겨우 90만 파운드였어요. 지금 생각해도 정말 말이 안 되는 금액이었어요."

디펜딩챔피언이었던 에버턴 역시 이언 러시가 유벤투스로 가면 리버풀이 약화될 것이라 믿었다고 한다. 스팩맨의 말이다. "우리는 일단 부딪혀 보자고 생각했습니다. 그렇게 위대한 선수의 득점과 마무리 능력을 잃는다면, 어떤 팀이라도 쉽지 않을 테니까요. 팀이 압박을 시작할 때 맨 앞에서 가장 먼저 압박했던 선수가 바로 러시였어요. 요즘 축구에서 전방 압박과 로우블록Low Block°이란 말이 자주 나오는데, 그때 우리 팀에서는 러시가 그런 플레이의 선봉이었어

° 팀 수비 라인을 전체적으로 후방에서 형성하는 전술을 말한다.

요. 그는 무심한 척 움직이다가 갑자기 수비수들에게 달려들곤 했습니다." 스펙맨의 이어지는 말이다.

"메이저 타이틀을 싫어할 사람이 있을까요? 맨유도 '와우! 러시가 떠났다!'라고 반겼을 팀 중 하나였습니다. '이제 리버풀과 격차를 줄일 수 있다. 우승을 노릴 기회야!'라고 생각했을 겁니다. 거센 도전이 있었지만, 달글리시 감독은 우리에게 필요한 답을 정확히 제시했어요. 그는 본인의 목표를 알고 있었고 돈도 현명하게 사용했습니다. 머리를 맞대고 고민한 끝에 달글리시 감독은 최적의 선수들을 데려왔고 그 결과는 훌륭했습니다."

질레스피도 이에 동의한다. "러시가 떠난 뒤로 리버풀은 대대적 리빌딩을 단행했습니다. 지금껏 했던 방식과는 약간 달랐어요. 원래대로라면 리버풀은 뛰어난 선수를 한 명 영입할 때 반드시 미래를 위한 어린 선수도 함께 선택했을 거예요. 하지만 그때 새로 영입했던 네 명은 곧바로 1군에 합류했어요. 신입생 모두가 그렇게 빨리 팀에 녹아드는 모습은 정말 놀라웠죠. 뛰는 사람도 보는 사람도 즐거웠습니다."

젤레스피 본인도 리버풀에서 최고의 시즌을 보냈다고 한다. "나 자신도 부상이 없었고 팀도 좋은 축구를 선보였기에 정말 최고였어요. 당시 리버풀 축구는 빠르고 공격적이었어요. 우리가 전방 쪽으로 볼을 내주면 동료 공격수들이 알아서 해결했습니다. 당시 알도, 피터, 반즈는 요즘으로 치면 모하메드 살라, 사디오 마네, 호베르투 피르미누 같았어요. 개인 능력도 좋았지만 하나의 팀이 되어 함께 뛰었다는 게 중요해요."

레이 휴턴의 활기찬 플레이스타일은 상황을 파악하는 능력과 창의력을 겸비한 것이었다고 평가된다. 휴턴은 성적이 부진했던 옥스퍼드유나이티드에서 안필드의 불타는 분위기로 단숨에 이동했던 추억을 말하며 웃음을 터뜨렸다.

"강등되지 않으려 사투를 벌이던 내가 갑자기 전혀 다른 세상으로 순간 이동한 것 같았어요. 리버풀에서의 세 시즌을 돌이켜보면, 좀 건방지게 들리겠지만, 우리는 승리가 아니라 경기에서 몇 골 차이로 이길지를 고민하는 분위기였어요. 선수 생활을 통틀어 한 번도 해본 적 없는 경험입니다. 리버풀을 떠나서도 마찬가지였어요. 이적 첫 시즌의 리버풀은 정말 마법 같았어요."

달글리시 감독이 안필드에서 리빌딩에 매진하는 동안, 올드트래퍼드에서는 퍼거슨 감독이 신구 조화를 이루는 작업에 한창이었다. 뛰어난 개인 능력에도 불구하고 폴 맥그라스와 노먼 화이트사이드의 음주 습관과 부상 이력은 규율을 중시하는 퍼거슨 감독의 철학과 어울리지 않았다.

신임 감독 아래서 두 선수의 시대는 저물어갔다. 첫 안필드 원정에서 출전 기회를 얻은 것은 노련한 잉글랜드 국가대표 수비수 비브 앤더슨, 노팅엄포레스트에서 유러피언컵을 두 차례나 들어 올린 미래의 주장 스티브 브루스, 영리한 공격수 브라이언 맥클레어였다.

퍼거슨 감독이 리버풀전에 집중하게 된 배경에는 일종의 실망감도 작용했다. 부임 첫 시즌을 마친 퍼거슨 감독은 마틴 에드워즈 회장에게 새로운 선수가 8~9명 더 필요하다고 요청했다. 그중에는 리버풀의 새로운 피가 된 선수 2인도 있었다. 1995년 TV 인터뷰에서 퍼거슨 감독은 뉴캐슬의 피터 비어즐리를 영입하려고 했었다고 밝혔다. 앳킨슨 감독 시절, 잠시 올드트래퍼드 선수단에 이름을 올린 적이 있었던 인물이다. 퍼거슨의 말이다.

"그때 뉴캐슬은 3백만 파운드를 요구했습니다. 윌리 맥폴 감독은 내게 '안 됩니다. 나는 반드시 3백만 파운드를 받아야겠소'라고 말했어요. 하지만 3주 뒤에 뉴캐슬은 비어즐리를 190만 파운드에 팔았어요. 리버풀에 말입니다. 정말 화가 났어요. 그때 왓퍼드의 그레이엄 테일러 감독이 내게 존 반즈를 제안했습니다. 하지만 나는 예스퍼 올센과 장기 재계약에 합의한 상태였죠. 내 실수였다고 해도 할 말이 없습니다."

사실 퍼거슨 감독은 반즈를 꼭 영입하고 싶어 했다. 반즈 영입 실패 후, 맨유의 스카우트 책임자였던 토니 콜린스를 해고했을 정도였다. 리버풀을 향한 퍼거슨 감독의 심리는 개인적 경험까지 겹쳐 매우 복잡했다. 젊은 지도자 시절, 퍼거슨 감독은 섕클리와 페이즐리 감독이 만들어내는 유러피언컵의 찬란한 밤을 느끼기 위해 안필드를 방문한곤 했다. 1977년 세인트미렌 감독 시절에는 유러피언컵 8강전에서 리버풀이 생테티엔을 꺾는 현장을 직접 참관했다.

퍼거슨 감독은 첫 자서전에서 '경기가 끝난 뒤에도 흥분이 가라앉지 않아 자리를 뜰 수 없었다. 마치 각성제 주사라도 맞은 듯했다. 나는 인생 최고의 흥미진진한 분위기에 완전히 사로잡혔다'라고 고백했다. 세인트미렌의 '퍼거슨 부당 해고 건'을 심리한 중재위원회에서 이런 사실이 밝혀지기도 했다. 1978년 퍼거슨 감독이 클럽의 승인 없이 웸블리에서 열린 리버풀과 브뤼허의 유러피언컵 결승전에 무단 참석했다고 이사회 측이 밝혔기 때문이다.

리버풀을 향한 퍼거슨 감독의 동경은 1980년 맞대결을 계기로 완전히 바뀌었다. 유러피언컵 2차 라운드에서 퍼거슨이 이끄는 스코틀랜드 챔피언 애버딘은 리버풀을 상대했다. 퍼거슨 감독은 드디어 최고의 축구팀과 맞붙게 되었다고 생각했지만, 결과는 참담했다. 홈앤어웨이 두 경기에서 애버딘은 합산 0–5 대패를 당했다. 원정 경기는 굴욕 그 자체였다. 그는 자괴감에 빠졌다.

80년대 머지사이드의 라디오 채널 〈라디오시티〉에서 일했던 클라이브 타일즐리는 그 상황을 이렇게 정리한다.

"안필드 원정에서 퍼거슨 감독은 완전히 자포자기했습니다. 홈에서 1차전에 패한 후, 퍼거슨 감독은 안필드 2차전에 나섰습니다. 그날 리버풀은 환상적이었어요. 퍼거슨 감독도 어쩌지 못할 정도로 리버풀은 완벽했습니다. 그날의 기억은 지금도 퍼거슨 감독의 가슴속에서 부글부글 끓고 있을 겁니다."

안필드와의 적대적 분위기 속에서 맨유를 이끌었던 브라이언 롭슨은 퍼거슨 감독이 맨체스터에 도착한 순간부터 리버풀에 얼마나 집착했는지에 대해 설명한다.

"퍼거슨 감독은 처음부터 리그 우승을 목표로 했어요. 그는 늘 자신의 뜻을 분명히 했지만 리버풀전은 더 특별했습니다. 그날 안필드 원정에서 감독은 선수들을 향해 '이 자리에서 나는 호통을 치거나 악을 쓸 생각이 없다. 오늘 같은 경기에서 맞서지 못한다면 너희는 그 어떤 경기에서도 마찬가지일 것이다'라고 말했습니다. 다른 경기와는 전혀 다른 심리전이었어요. 리버풀을 상대할 때마다 퍼거슨 감독은 '오늘 이 경기가 우리 팬들에게 어떤 의미인지를 모른다면 모든 게 시간 낭비일 것이다'라며 선수들을 부추겼어요. 그날도 다르지 않았습니다."

퍼거슨 감독의 머릿속에는 늘 리버풀이 있었다.

〈가디언〉의 마이클 워커 기자는 퍼거슨 감독의 프리미어리그 400번째 경기를 기념하는 인터뷰를 하러 캐링턴 훈련장에 갔다. 그런데 인터뷰는 30분 만에 중단되었고, 퍼거슨 감독은 할 말이 남았으니 다시 시간을 잡자고 요청했다.

워커는 당시 상황에 대해 이렇게 설명한다. "맨유는 시즌 초반부터 두 경기 이상 패하면서 부진했습니다. 앨런 한센이 일간지 〈데일리텔레그래프〉에 '지금이 퍼거슨의 감독 경력에서 최대 도전'이라는 취지의 칼럼을 기고한 바로 그때입니다." 워커의 이어지는 말이다.

"잉글랜드 국가대표팀의 스벤-예란 에릭손 감독이 퍼거슨 후임으로 예정되어 있었는데, 퍼거슨 감독이 은퇴를 미뤘어요. 퍼거슨의 전성기가 끝났다는 얘기가 많이 돌았습니다. 사실 더 심한 얘기도 있었죠. 세바스티안 베론과 디에고 포를란의 영입을 두고도 비판이 일었고요. 신입생들이 감독의 기대에 못 미치자 맨유팬들까지도 '퍼거슨 감독이여, 좋은 추억을 만들어줘서 고맙다. 이제 떠나야 할 때다'라고 말할 정도였으니까요."

워커는 2주 뒤에 다시 훈련장에 갔다고 한다. 퍼거슨 최고의 어록이 나온 상황은 다음과 같았다.

"우리는 캐링턴 클럽하우스에 마주 앉았습니다. 나는 베론과 포를란이 기대 이하라고 운을 뗐어요. 그러자 감독은, 공격적인 태도라는 표현은 쓰고 싶지 않지만, 내 질문에 발끈하는 눈치였어요. 내가 앨런 한센의 칼럼

얘기를 꺼내자 그가 바로 반응했습니다. 그냥 툭 나와버린 느낌이었어요. 퍼거슨 감독은 '나에게 최대 도전은 망할 놈을 왕좌에서 끌어내리는 일이다. 이 말 그대로 기사로 써도 된다'라고 쏘아붙였습니다." 워커는 꽤 충격적인 발언이어서 그 상황을 생생하게 기억하고 있다고 말한다.

"당시 앨런 한센이 축구 여론에 얼마나 큰 영향을 끼치던 때였는지를 기억해야 합니다. 그는 TV에 나오는 최고의 축구 전문가였어요. 물론 앤디 그레이°도 있었지만, 그는 〈스카이스포츠〉 유료 가입자들 사이에서만 유명했죠. 한센이 출연하는 〈매치오브더데이Match of the Day〉°°는 전 국민이 시청하는 프로그램이었어요. 퍼거슨 감독이 그 말을 내뱉는 순간, 나는 속으로 '와우!'라고 외쳤어요."

워커는 지금처럼 소셜미디어가 있었다면, 그 말은 엄청난 파장을 일으켰을 것이라고 말한다. "예상외로 퍼거슨의 발언은 주목받지 못했어요. 그때 사람들은 '라이더컵'°°°에 정신을 빼앗겨 있었죠. 퍼거슨의 말은 〈가디언〉의 스포츠면 헤드라인으로도 뽑히지 않았어요. 하지만 동료 기자들의 반응은 뜨거웠어요. 특히 스코틀랜드 동료들은 '이 말 그대로 기사로 써도 된다'라는 부분에 주목했어요. 알다시피 그 발언의 파문은 시간이 흐를수록 커졌어요."

1988년 부활절 월요일, 안필드에서 리버풀과 맨유가 격돌했다. 브라이언 롭슨이 경기 시작 3분 만에 피터 데븐포트의 패스를 골로 연결해 리버풀에 충격을 안겼다. 리버풀의 게리 질레스피와 한센이 평소

° 에버턴 레전드. 은퇴 후 프리미어리그 독점 중계권자인 〈스카이스포츠〉 해설위원으로 활약했다.
°° BBC의 프로축구 리그 하이라이트 프로그램 이름이다.
°°° 미국과 유럽 간의 골프 대항전. 순금 트로피를 기증한 종묘상 새뮤얼 라이더의 이름에서 따왔다.

답지 않은 실수를 한 탓이다. 그러나 리버풀은 거침없이 몰아붙여 전반전에 스코어를 뒤집었다.

비어즐리가 휴턴의 크로스를 받아 맨유 골키퍼 크리스 터너를 무너뜨렸다. 선제 실점의 빌미를 제공했던 질레스피가 반즈의 크로스를 머리로 받아 넣어 자신의 실수를 만회했다. 콥스탠드는 열광했다. 후반전 시작 2분 만에 리버풀의 스티브 맥마혼이 팀의 세 번째 골을 터트렸다. 모든 문제가 해결된 것처럼 보였다.

그리고 얼마 안 있어 반전이 발생했다. 노먼 화이트사이드가 등장했다는 표현이 정확할지도 모른다. 안필드는 붉은 연기에 휩싸이기 직전이었다. 54분 퍼거슨 감독이 마이크 덕스베리와 클레이턴 블랙모어를 빼고, 화이트사이드와 예스퍼 올센을 투입했다. 등번호 12번을 단 화이트사이드가 들어가자 리버풀 홈팬들은 "꺼져, 화이트사이드!"라는 구호를 외치며 야유를 퍼부었다.

화이트사이드가 들어오기 전부터 롭슨은 주도적 활약을 펼치고 있었다. 맨유의 옛 훈련장인 클리프에서 캡틴 마블(브라이언 롭슨의 별명)은 그림을 그려가며 그날의 상황을 우리에게 설명해주었다.

"화이트사이드는 거칠긴 해도 정말 뛰어난 친구였어요. 단지 운이 없었습니다. 다치지만 않았다면 에릭 칸토나나 조지 베스트 수준의 명성을 얻었을 거예요. 그가 열여섯 살에 브라이턴전에 데뷔했을 때 나도 경기장에 있었어요. 그 친구를 보면서 '상남자'라고 생각했죠. 몇몇 득점 장면과 플레이는 환상적이었어요. 그렇게 키가 크면서도 발기술이 좋았어요. 시야는 넓었고 플레이는 전투적이었습니다. 느린 발 빼곤 모든 것을 갖춘 선수였어요."

이날 안필드 원정에서는 화이트사이드의 파괴력이 단연 돋보였다. 롭슨은 "그가 태클에 들어가면 나도 모르게 움찔했어요"라고 말하며 웃음을 터뜨린다. "태클 기술이 뛰어나다기보다 팔꿈치나 무릎을 사용해 과감하게 밀고 들어가는 스타일이었어요. 그는 온 힘을 다해 상대를 들이받았어요. 노먼이 곁에 있으면 겁날 것이 없었습니다."

설상가상으로 당시 화이트사이드는 화가 나 있었다. 안필드 원정 직전에 그는 이적 요청서를 제출한 상태였다. 그로부터 24시간 뒤에 퍼거슨 감독은 2백만 파운드라는 조건을 달아 이적 요청을 승인했다.

리버풀 수비수 질레스피의 말이다. "화가 잔뜩 난 노먼 화이트사이드보다 무서운 건 없었어요. 그는 상대 선수와 팬들을 괴롭히는 악당 역할을 즐겼습니다. 리버풀팬들의 야유는 아무 소용이 없었죠. 그는 우리를 마구 헤집고 싶은 사람처럼 보였어요. 리버풀팬들이 화이트사이드를 좋아할 리 없었어요. 맨유에서 에버턴으로 이적했으니 더 그랬어요. 그는 엄청나게 공격적이었고 몸싸움을 마다하지 않았습니다."

화이트사이드의 교체 투입으로 리버풀팬들의 혈압이 한껏 치솟았다. 선수 본인도 그런 사실을 즐겼다. 화이트사이드의 말이다. "리버풀팬들은 나를 정말 싫어했고, 나는 그런 부분을 이용했습니다. 우리는 리버풀을 상대로 거친 몸싸움을 해야 했죠. 그런 분위기에서 나설 사람은 나뿐이었어요. 감독도 내 마음을 알았는지 딱히 작전 지시 같은 건 하지 않았어요."

화이트사이드는 어둠의 마법을 부렸다. 첫 희생양은 콜린 깁슨이었다. 깁슨은 몸싸움이 아니라 경고 누적으로 경기를 망쳤다. 그는 주심이 반칙을 선언한 뒤에 볼을 찼고 스티브 니콜을 태클로 쓰러뜨렸다. 라이벌전의 열기를 생각하면 평범한 축에 속하는 플레이들이었다.

깁슨의 말이다. "그날 받은 레드카드는 약간 억울했습니다. 반칙 선언 후에 볼을 차서 받은 경고 때문에 화가 났어요. 이미 이성을 잃은 상태였죠. 그러다가 볼을 빼앗겼고 급한 마음에 니콜을 쓰러뜨렸어요. 내게 그런 상황은 익숙한 것이지만, 첫 번째 경고가 어리석었어요. 변명의 여지가 없었죠."

화이트사이드는 뜨거워진 열기를 최대치까지 끌어올렸다. 사실 첫 번째 공격 대상은 반즈였지만, 화이트사이드의 팔이 살짝 빗나갔다. 하지만 반즈도 두 번째 공격은 피하지 못했다.

반즈는 가슴을 움켜쥔 채 쓰러졌고 반칙이 선언되었다. 그러나 화이트사이드의 거친 플레이는 멈추지 않았다. 거친 태클에 걸린 맥마혼은 그라운드에 쓰러져 치료를 받았다. 옐로카드가 나왔지만, 화이트사이드는 다시 거칠게 팔을 휘둘러 반즈를 가격했다. 리버풀 스태프인 로이 에반스가 의료 가방을 들고 허겁지겁 뛰어 들어갔다.

나중에 에반스가 던진 스펀지가 화이트사이드의 얼굴에 맞았다는 얘기가 떠돌았다. 에반스는 "그때 선수가 다치면 내가 물리치료사 역할을 했어요. 자격증도 없었기에 솔직히 이상한 상황이었어요. 내가 얼마나 쓸모가 있었는지도 잘 모르겠어요"라고 말한다. 그의 이어지는 말이다.

"스펀지를 화이트사이드의 얼굴에 던진 기억은 없어요. 아마 던졌다고 해도 정확히 맞히진 못했을 거예요. 사람들은 맨유전을 전쟁이라 생각했어요. 퍼거슨 감독을 존경하지만, 일단 경기가 시작되면 그런 마음은 사라졌어요. 적과 맞서 싸울 뿐이죠. 분위기가 격렬해지면 걸레나 스펀지 같은 걸 던지기도 했어요."

그날 화이트사이드와 강 대 강으로 맞붙었던 건 스팩맨이었다. 하지만 주도권은 이미 화이트사이드 쪽으로 넘어간 뒤였다. 맨유팬들은 '생클리 18'이라는 악의적 구호를 외치며 기세를 올렸다. 롭슨의 슛이 질레스피를 맞고 굴절되어 골네트를 흔들었다. 추격의 발판을 만든 맨유는 경기 종료 12분 전 데븐포트의 패스에 이어진 스트라칸의 동점골로 격전을 마무리했다. 스트라칸은 3-3 동점골을 터뜨린 후, 콥스탠드 앞에서 시가를 피우는 셀러브레이션을 펼쳤다. 화이트사이드는 그 옆에서 두 팔을 번쩍 들이 환호했다.

퇴장을 당해 그라운드에서 쫓겨난 깁슨은 그날 경기에서 화이트사이드 효과가 있었음을 인정한다. 깁슨은 "노먼은 임무를 완벽하게 수행했습니다. 정말 겁이 없는 친구였어요. 악당 역할도 개의치 않았죠. 노먼 본인이 그런 상황을 마음껏 즐겼어요"라고 회상한다. 깁슨의 이어지는 말이다.

"가끔 판을 바꿀 사람이 필요한데, 그날은 노먼이 그 일을 했습니다. 리버풀은 3-1로 앞서며 순항 중이었어요. 그러나 축구에서는 아름다운 플레이만으로 승리할 수 없는 경우가 많습니다. 그날 리버풀은 잘했어요. 상황 대응 능력도 좋았고요. 하지만 노먼이 리버풀의 발목을 잡고 늘어졌습니다. 물론 나도 준비되어 있었어요. 노먼이 달려들어도 피할 생각이 없었죠. 아무리 상대의 기술이 우월해도 5만 관중이 들어찬 안필드에서는 그런 부분이 크게 작용하지 않습니다."

터치라인에서 교체를 준비하는 화이트사이드를 본 순간, 스팩맨은 눈치를 챘다고 한다. "우리가 3-1로 앞선 상황이었어요. 맨유가 덩치 큰 노먼과 예스퍼를 투입한다면 무슨 일이 벌어질지는 뻔했죠. 노먼은 몸싸움뿐 아니라 왼발 패스도 뛰어난 선수예요. '아, 이제부터 더 거친 경기가 되겠구나'라고 생각했어요. 이미 충분히 거칠었지만 말입니다. 퍼거슨 감독이 모든 카드를 던진다는 것은 우리가 그만큼 경기를 잘 운영하고 있다는 의미였죠." 스펙맨이 이어서 말한다.

"모든 리버풀 홈 관중이 노먼을 저주했어요. 안필드의 온도가 뜨거워지는 것을 느낄 수 있었죠. 그는 덩치가 크면서도 실력이 좋았어요. 또한 맨유 전체에 힘을 불어넣고 있었어요. 그가 출전 기회를 얻지 못한다면 단순히 퍼거슨 감독과의 관계가 나빴기 때문이었을 거예요. 교체로 들어갈 때마다 노먼은 자신을 증명해야 했을 테고요. 경기 영상을 보면 그는 곰처럼 으르렁거리며 경기에 들어갔어요. 반즈를 몇 차례 공격한 뒤엔 스티브 맥마혼까지 쓰러뜨렸죠. 노먼의 플레이는 우리의 집중력을 흐트러뜨렸어요. 맨유의 시나리오가 적중한 셈입니다."

리버풀의 레이 휴턴도 화이트사이드가 리버풀의 평정심을 흔들었다는 관점에 동의한다.

"어쩌면 경기에 임하는 우리 태도에 문제가 있었을지도 모르겠어요. 맨유는 정말 몸을 내던졌어요. 몸을 던지며 거친 태클을 하는 노만의 모습이 동료들을 자극한 것 같아요. 갑자기 뭔 일이 벌어질 것 같은 분위기가 되었죠. 원정 팬들이 흥분하기 시작했고 우리도 흔들렸어요. 리버풀 홈팬들은 '이게 무슨 일이야?'라면서 어리둥절해했어요. 우리가 볼을 소유하는 상황에서 실수가 나오면서 너무 쉽게 볼을 빼앗겼어요. 선수들마다 생각은 다르겠지만, 3–1로 앞선 상황에서 우리가 안이했던 것 같아요. 결국 우리는 따라 잡히고 말았어요." 이어지는 휴턴의 말이다.

"노먼은 승부욕이 강한 정상급 선수였어요. 그는 자신의 역할을 정확히 해냈습니다. 벤치로 밀린 상황이 불만스러웠고, 경기 직전에 이적을 요청한 상태였기 때문에 그는 감독과 팬들 앞에서 자신의 가치를 증명하고 싶었을 거예요. 그날 경기에서 노먼은 맨유의 '믿을맨'으로서 팀을 완패 직전에서 구했습니다. 만약 시간이 더 있었다면 무승부가 아니라 맨유가 이겼을지도 모릅니다."

휴턴은 맨유의 막판 무승부가 퍼거슨 감독에게 너무나 절실했던 심리적 승리였다고 말한다. "그렇게 뒤진 경기를 따라잡은 경험은 심리상태뿐 아니라 자기 신념, 선수단 통솔에 이르기까지 매우 중요했을 겁니다. 퍼거슨 감독은 맨유에 오기 전부터 자신에게 주어진 도전의 크기를 알고 있었어요. 스코틀랜드 시절의 지인이나 그의 지도를 받았던 선수들로부터 많은 이야기를 들었기 때문입니다. 그는 맨유를 우승 후보로 이끌 수 있는 승리 공식을 찾고 있었습니다." 휴턴이 자신의 경험을 덧붙인다.

"퍼거슨 감독의 맨유 데뷔전은 마너그라운드Manor Ground◦에서 열렸는데, 그 경기에서 나는 옥스퍼드유나이티드 선수로 출전했습니다. 그날 우리가 2–0으로 이겼어요. 당시엔 리버풀이 절대 강자였고, 라이벌은 에버턴 정도였어요. 퍼거슨 감독에게는 확실한 과업이 주어졌습니다. 처음에는 고전했지만, 퍼거슨 감독은 포지션마다 적합한 선수들을 영입하면서 결국 엄청난 성공을 일궈냈어요."

◦ 1925년부터 2001년까지 옥스퍼드 유나이티드의 홈 경기장. 현재는 캇삼스타디움이다.

타일즐리는 막판 무승부로 끝난 안필드 원정 결과에 매료되었다. "정말 많은 것이 담긴 경기였습니다. 퍼거슨 감독이 리버풀을 왕좌에서 끌어내리겠다고 한 발언은 그로부터 시간이 꽤 흐른 뒤에 나왔지만, 그런 목표가 머리에 박힌 계기가 되었던 경기라고 생각합니다. 덕아웃에 앉은 그는 자신의 팀이 부서질 것 같은 분위기, 그리고 리버풀의 위대한 작품을 지켜보면서 '어떻게 하면 저걸 막을 수 있을까?' 하고 골몰히 생각하는 표정이었어요. 그리고 '아, 알았다! 노먼을 집어넣어 상황을 헝클어버리겠어!'라는 식이었어요." 타일즐리가 이어서 말한다.

"교체로 들어간 노먼이 날린 3개의 태클은 실로 엄청났습니다. 그는 교체 2분 뒤에 나이젤 스팩맨과 맞붙었어요. 그리곤 맨유가 한 골을 만회했습니다. 뭐, 행운의 골이라고 해도 좋아요. 어쨌든 리버풀이 그리고 있던 작품에 뭔가 문제가 생겼으니까요." 그는 당시 상황을 보다 자세하게 묘사한다.

"리버풀의 근사한 그림이 거의 형태를 갖춰갈 즈음에 노먼이 튀어나와 물감을 뿌리고 화가의 팔을 비틀어 모든 걸 망친 꼴이었어요. 함께 중계했던 이언 세인트존은 화이트사이드에 관해서만 계속 떠들었죠. 얼마 뒤 고든 스트라칸이 콥스탠드 앞에서 시가 셀러브레이션을 펼쳤어요. 스트라칸다운 모습이었어요. 요즘 그런 셀러브레이션을 하면 큰일이 날 테지만 그때는 괜찮았어요. 골을 넣은 선수가 80분 내내 자신을 짐승 취급했던 팬들 앞에서 손 좀 흔들었다고 퇴장당해야 하는 요즘 판정을 나는 이해할 수 없어요."

극적인 드라마는 끝났지만 희비는 교차되지 않았다. 그 뒤로 맨유는 리빌딩을 이어갔고, 리버풀은 리그 우승을 차지했다. 하지만 긴장은 멈추지 않았다. 당시는 경기 후 공식 기자회견을 의무화해서 양 팀 감독을 광고판 앞에 세우기 이전이었다. 그 대신 감독들은 복도에서 많은 라디오 취재진에 둘러싸이곤 했다.

〈라디오 피카딜리〉에서 40년 가까이 일했던 톰 티렐 기자가 마이크를 들이대자 퍼거슨 감독은 거리낌 없이 말을 뱉었다. 그는 맨유가 안필드에 올 때마다 홈팀 관계자들로부터 얼마나 부당한 대접을 받았는지를 말하며 분통을 터트렸다. 시간이 흐르면서 더 명확해진 사실은 퍼거슨 감독이야말로 '언론 플레이'의 대가라는 점이었다. 톰 티렐 기자에게 한 퍼거슨의 말이다.

"안필드에서 원정팀들이 편파 판정을 당하면서도 할 말을 못 하는 이유를 이제야 알 것 같군요. 다들 구토를 참아가며 진실에 함구하는 이유 말입니다. 오늘 우리가 비겼으니까 내가 진실을 말하겠습니다. 이제 선수들의 심정을 이해할 수 있어요. 이곳에서 이기려면 기적이 필요하다는 것도요. 특정 심판을 비난할 생각은 추호도 없습니다. 위협적인 분위기와 리버풀이 오랫동안 쥐어온 독점 상태가 이런 결과를 초래했습니다. 이런 상황에서 안필드에서 이기기란 하늘의 별 따기와 같습니다."

당시 클라이브 타일즐리도 현장에 있었다고 한다. 그는 케니 달글리시 감독을 인터뷰하는 중이었다.

"아, 정말 그날은 대단했습니다. 내가 복도로 내려왔을 때 톰이 인터뷰를 하고 있었어요. 부트룸 바로 바깥이었죠. 톰과 나는 녹음한 내용을 공유했고, 덕분에 퍼거슨 감독의 발언을 고스란히 녹취할 수 있었어요. 퍼거슨 감독은 폭발적인 발언 수위에 비해 상당히 절제된 톤을 유지했습니다. 언성을 높여 화를 내는 방식이 아니어서 더 불길한 느낌이 들었죠. 그는 단어를 신중히 골랐습니다. 확실한 메시지를 전달하는 퍼거슨 감독만의 방식이었어요."

타일즐리는 메인로드에서 맨유가 맨시티에 완패당했을 때도 퍼거슨 감독을 인터뷰한 적이 있다고 말한다.

"퍼거슨 감독은 '팬들을 라커룸으로 부르고 싶다. 오늘 팬들이 받은 상처가 얼마나 큰 것인지, 팬들이 선수들에게 직접 말하도록 해주고 싶은 심정이다'라고 말했습니다. 내가 '에콰도르의 수도가 어디냐?'라고 질문했어도 퍼거슨 감독은 아마 똑같은 대답을 했을 것 같아요. 마치 '자, 내 얘기 들었지? 이제 가서 이걸 주요 기삿감으로 뽑으면 돼!'라고 지시하는 것 같았어요." 타일즐리의 이어지는 말이다.

"퍼거슨 감독은 자기가 무슨 말을 하는지 정확히 알았어요. 항상 절제된 답변이 돌아왔으니까요. 그날은 발언 수위가 너무 세서 달글리시 감독에게 전해줘야겠다고 생각했어요. 오랜 골프 친구에게 그 정도의 서비스는 해줘야 한다고 생각했죠. 달글리시 감독은 그로부터 15초쯤 뒤에 나타났습니다. 그는 6주 전에 태어난 딸을 안고 있었지만, 안필드의 명예를 훼손하는 적장의 발언을 그냥 지나칠 수는 없었어요. 달글리시 감독은 '차라리 내 딸과 인터뷰하는 게 나을 겁니다'라고 말하며 설화가 벌어진 전쟁터를 지나갔어요."

타일즐리는 감독들의 말싸움에 본인이 필요 이상 개입했다고 후회한다. "그때 나는 영리했다고 자부했지만, 이제 와서 보니 내가 쓸데없는 말싸움을 부추겼다는 생각이 들어요. 나는 그 말을 해주는 것이 우정이라고 여겼지만, 달글리시 감독은 경고 따위가 필요한 사람이 아니었어요. 퍼거슨 감독과는 일면식도 없던 사이였어요." 그의 말이 이어진다.

"달글리시 감독은 고집스러울 정도로 리버풀을 보호했어요. 고집은 그를 상징하는 단어였습니다. 글래스고 출신의 두 거인이 맨유와 리버풀로 갈라져 정면충돌하는 꼴이었죠. 두 감독을 동시에 취재했던 당시는 정말 흥미진진했습니다. 달글리시 감독이 심판 판정을 칭찬할 때, 퍼거슨 감독은 '달글리시 감독이 끼어든 것만 빼고는 전반적으로 나쁘지 않은 경기였다. 젊은 감독이 자기주장을 펼칠 수 있는 판이 깔려 있으니, 대충 이해는 한다'라면서 최후의 일격을 날렸습니다."

한껏 독을 품은 퍼거슨의 발언과 심리전에 대해 일간지 〈가디언〉은 다소 냉소적 논평을 냈다.

> '구토'라는 단어에 지나치게 주목할 필요는 없다. 축구선수와 감독들은 자주 숨이 막히는 일을 겪는다. '구토'라는 말이 대부분의 사람들에게 불쾌감을 주지만 일종의 과장이라고 이해될 수 있다. 안필드에서 벌어진 설화를 너무 진지하게 받아들일 필요는 없다는 뜻이다. 두 감독은 큰 압박을 받고 있다. 다음날 신문 기사가 나오기 전까지, 현장에 있었던 누구라도 경기에 관한 질문을 받는다면 '박진감 넘치는 경기였다'라고 평할 것이다.

과거 인터뷰에서 에반스 전 리버풀 감독은 이렇게 말한 적이 있다. "경기 후, 우리는 퍼거슨 감독을 부트룸으로 초대했습니다. 그는 늘 초대에 응했고 우리와 많은 대화를 나눴어요. 그날 경기 후에도 퍼거슨과 달글리시 감독은 서로 술잔을 부딪치며 즐겁게 대화를 나눴어요. 부트룸에는 언제나 존중이란 개념이 살아 있었습니다."

그러나 잉글랜드축구협회는 본 사안을 심각하게 받아들여 조사에 착수했다. 퍼거슨 감독과 동향인 아치 녹스° 코치는 즉각 선처를 호소했다. 녹스의 말이다.

"안필드에 들어서는 순간부터 마음이 불편하죠. 리버풀의 역사와 전통은 원정팀에 큰 부담으로 작용합니다. 선수와 스태프 모두 마찬가지일 겁니다. 퍼거슨 감독도 그런 점을 느꼈을 거고요. 본인이 진실이라고 믿는 말을 했다는 이유로 징계를 받아서는 안 된다고 생각합니다."

퍼거슨 감독은 그날의 불행한 퇴장자인 깁슨에 대해 징계 조치를 내리면서도 '경기 내내 스티브 맥마흔이 깁슨에게 똑같은 반칙을 반복적으로 저질렀다'라며 판정의 불공평함을 강조했다. 다음은 깁슨의 회상이다.

"퇴장당한 뒤에 혼자 라커룸에 있었습니다. 경기가 끝나고 동료들이 돌아오자 '내가 동기부여를 해줬다'라고 농담을 건넸어요. 그런데 동료들은 내가 벌금 징계를 받을지도 모른다고 하더군요. 다음날 감독이 진짜 징계를 내렸어요. 나는 감독에게 '왜 내가 벌금을 내야 하죠? 나 덕분에 승점 1점을 건졌잖아요?'라고 대꾸했어요. 하지만 감독은 내 농담을 받을 기분이 아니었어요."

깁슨은 퍼거슨 감독을 존경한다고 말한다. "정말

° 맨유의 코치이자 퍼거슨 감독의 오른팔로, 에버딘 시절부터 함께 일했다.

대단한 감독입니다. 그는 맨유에 온 첫날부터 진지했습니다. 맨유가 리버풀을 배워야 하고, 언젠가는 반드시 넘어서야 한다는 사실도 알고 있었고요. 퍼거슨은 무슨 일을 해야 하는지를 정확히 설정하는 사람이에요. 그래서 리버풀만 만나면 의도적으로 열을 낸 거예요. 성공하겠다는 퍼거슨 감독의 열정이 느껴졌어요."

선수들은 퍼거슨과 달글리시 두 감독의 충돌을 직접 목격하지 못했다. 다음날 〈데일리미러〉는 1면에 '전쟁 발발'이라는 헤드라인을 뽑았다. 깁슨의 설명이다.

"두 감독의 싸움에 대해 나중에 전해 들었습니다. 달글리시 감독은 셀틱과 리버풀에서 뛰었고, 두 클럽에 애틋한 감정을 갖고 있어요. 그는 자신의 클럽을 보호하기 위해 무슨 일이라도 하는 사람이에요. 반대편에 있는 퍼거슨 감독도 마찬가지고요. 절대 물러서는 법이 없죠. 그런 두 사람이 그라운드에서 맞붙었어요. 평화롭게 끝날 리가 없지 않나요?"

리버풀의 질레스피도 퍼거슨 감독이 리버풀의 일거수일투족을 관찰했다는 사실에 동의한다.

"퍼거슨 감독은 리버풀을 지향점으로 삼아야 한다고 믿었어요. 리버풀보다 높은 순위로 리그를 마친다면 리그를 제패할 확률이 높아질 테니까요. 그는 늘 우리를 지켜봤어요. 물론 과업의 달성까지는 시간이 필요했죠. 리그 우승까지 6년이 걸렸고, 각종 위업을 쌓는 데도 지난한 과정이 필요했습니다. 요즘 같으면 정상급 클럽에서 리그 우승을 하지 못한 채 6년씩이나 버틸 수 없어요. 퍼거슨 감독 같은 사례가 재현되기 어렵다는 말입니다."

사태는 곧 진정되었다. 퍼거슨 감독은 열전을 겪은 지 24시간 만에 화이트사이드의 이적을 승인했다. 맨유팬 사이에서 인기가 좋았던 선수였기에 팬심을 건드릴 소지가 다분했지만, 퍼거슨 감독의 직감은 정확했다. 화이트사이드의 전성기는 이미 끝난 상태였다. 다음 시즌, 그는 부상 탓에 6경기 출전에 그쳤다. 1989년 7월 29일, 화이트사이드는 75만 파운드에 에버턴으로 이적했다. 열정은 남아 있었지만 그의 몸은 취약해진 상태였다.

에버턴에서 그는 선발 35경기, 교체 2경기, 13골을 기록해 준수한 활약상을 선보였다. 그러나 1990년 11월 훈련 중에 무릎이 망가졌고, 1991년 6월 28일 현역 은퇴를 선언했다. 그의 나이 겨우 26세였다. 은퇴 후 화이트사이드는 물리치료사로 변신했다. 팬들은 그가 선수로 뛰면서 망가뜨렸던 선수들을 고쳐주려는 거라며 농담거리로 삼았다. 불같았던 현역 시절과 극렬히 대비되는 웃픈 경력이 아닐 수 없다.

맨유와 비긴 리버풀은 19일 뒤, 토트넘홋스퍼를 1–0으로 제압해 리그 우승을 확정했다. FA컵 결승전에서는 아쉽게도 '미친 갱'° 윔블던에 0–1로 덜미를 잡혀 시즌 더블의 꿈은 이루지 못했다. 위대한 축구클럽 리버풀은 퍼거슨 감독의 심리전, 화이트사이드의 무자비한 태클, 비니 존스°°의 기행 정도만 걱정하면 되는 시절을 보내고 있었다. 그러나 그 시절은 갑작스럽고도 끔찍한 종말을 맞게 된다.

° BBC 해설자 존 모트슨은 윔블던이 리버풀에 승리하자 '미친 갱이 문화클럽을 이겼다'라고 평했다.

°° 윔블던의 미드필더로 폭력적 매너로 악명이 높았다. 은퇴 후엔 할리우드 영화배우로 활약했다.

RED ON RED 04

MATCH	STADIUM	DATE
리그 1부	안필드	1988년 4월 4일

SCORE

리버풀 3 : 3 맨체스터 유나이티드

LIVERPOOL / **MANCHESTER UNITED**

LIVERPOOL	MANCHESTER UNITED
피터 비어즐리 **38'**	브라이언 롭슨 **3', 66'**
게리 질레스피 **41'**	고든 스트라칸 **77'**
스티브 맥마혼 **46'**	

리버풀 출전명단 (4-3-3)

감독 **케니 달글리시**

브루스 그로블라르; 게리 애블렛, 게리 질레스피, 마크 로렌슨, 앨런 한센, 스티브 니콜; 레이 휴턴, 스티브 맥마혼, 나이절 스팩맨; 존 알드리지(크레이그 존스턴 78'), 피터 비어즐리, 존 반즈

맨체스터 유나이티드 출전명단 (4-4-2)

감독 **알렉스 퍼거슨**

크리스 터너; 비브 앤더슨, 스티브 브루스, 폴 맥그라스, 클레이턴 블랙모어(예스퍼 올센 54'); 고든 스트라칸, 브라이언 롭슨, 마이크 둑스베리(노먼 화이트사이드 54'), 콜린 깁슨; 피터 데븐포드, 브라이언 맥클레어

레드카드 콜린 깁슨 **60'**

주심 J. 키

관중 43,497명

CHAPTER 05

아직도 18 대 7

IT'S STILL 18-7

1부 리그

리버풀 2 vs. 맨체스터 유나이티드 0

안필드

1992년 4월 26일

2021년 7월, 앤드류 드바인이 머지사이드 자택에서 숨을 거뒀다. 리버풀과 노팅엄포레스트의 FA컵 준결승전을 보러 갔던 힐스브러스타디움에서 심각한 뇌 손상을 입고 투병 생활을 한 지 32년 만의 일이다. 그는 1989년 4월 15일 사고로 억울하게 목숨을 잃은 97번째 희생자로 이름을 올렸다. 그날은 리버풀FC와 리버풀시의 역사에서 영원히 지워지지 않을 것이다.

그날 힐스브러의 레핑레인Lepping Lane 테라스에 세워진 철제 펜스에 갇혀 팬들이 죽어가는 모습이 TV와 라디오를 통해 생중계되었다. 탈출구가 없는 상황에서 그들의 생명은 서서히 꺼져갔다.

처음에는 축구 경기를 보러 갔던 97명이 왜 집으로 돌아오지 못했는지, 도대체 무슨 일이 벌어졌는지 제대로 아는 사람이 없었다. 4일 후, 타블로이드지 〈더선〉은 1면에 '진실'이라는 헤드라인의 기사를 올렸다. 사우스요크셔 경찰이 흘린 정보를 바탕으로 한 것이었다. 경찰 당국은 자신들의 대처에 문제가 있었음을 은폐하려고 했다. 〈더선〉은 술에 취한 리버풀팬들이 티켓 없이 무단으로 경기장 진입을 시도한 것을 압사 사고의 원인으로 지목했다.

희생자 유족들은 은폐된 진실을 파헤치기 위해 27년에 걸쳐 끈질기게 노력했다. 2016년 4월 26일, 진상규명위원회는 당시 희생자들이 무고한 죽음을 당했다는 사실을 공식적으로 발표했다. 참사의 주범은 참담한 수준의 안전 시스템과 낡은 건축물, 무엇보다 경찰 당국의 끔찍한 현장 관리였다. 팬들의 안전과 복지를 최우선으로 고려하지 않았던 당시 축구계의 관행이 수많은 희생자를 낸 최종적이고 공식적인 원인이었다.

리버풀의 케니 달글리시 감독은 아내 마리나와 함께 슬픔에 잠긴 유족들과 심각한 트라우마에 시달리는 사람들을 돕기 위해 직접 나섰다. 그에게 가장 먼저 연락한 사람은 동료 지도자 알렉스 퍼거슨이었다. 이런 상황에서 맨유와 리버풀의 라이벌 의식은 별 의미가 없었다. 퍼거슨 감독은 오랜 앙숙에게 전폭적 지원을 약속했다.

달글리시 부부와 리버풀 선수들이 희생자들의 장례식에 참석해 확고한 지지를 표하자 영국 정부는 조사에 착수했다. 대법관 테일러경이 이끄는 조사위원회는 영국 축구계 전체가 변해야 한다고 결론 내렸다. 반세기가 넘은 낡은 경기장을 현대화하고 관전에 적합한 환경으로 개보수해야 한다는 내용이었다. 정부도 '테일러 보고서'의 권고에 따라 최상위 리그의 모든 경기장에 입석을 없애고 전체 좌석제를 의무화했다.

하지만 이러한 조치가 참사를 직접 목격한 팬들에게 큰 위로가 되지는 못했다. 현장에 있었던 브렌던 와이어트는 광고판을 들것으로 사용해 쓰러진 사람들을 후송했다. 그날 이후 그는 축구 경기장에 가지 못했다. "오랫동안 경기장에 갈 수 없었습니다. 축구 관전 자체를 관뒀어요. 보고 싶은 마음이 생기지 않았습니다. 수많은 사람들이 목숨을 잃은 곳이니까요."

힐스브러 참사로 인해 일상이 바뀐 사람은 와이어트뿐이 아니다. 경기장에 가는 팬들의 행동에도 변화가 생겼다. 리버풀이 맨유를 상대하는 경기에서 단골로 나왔던 '뮌헨 참사' 조롱 구호가 사라진 것이다. 리버풀팬인 피터 후턴의 말이다.

"그 구호를 외쳤던 사람들은 '저 녀석들이 먼저 시작했고 우리는 되갚았을 뿐'이라고 말했어요. 그 이상의 논리는 없었죠. 힐스브러 참사가 벌어진 뒤에 그 구호는 자취를 감췄습니다."

맨유의 강성 서포터즈 그룹이었던 이언 크레인은 "힐스브러 참사 이후, 올드트래퍼드에 온 리버풀팬들에게서 뮌헨에 관한 구호나 플래카드가 싹 사라졌습니다"라고 말을 꺼낸다.

"경기가 끝날 즈음, 맨유 서포터즈석에서 '그 유명한 뮌헨 조롱가는 어디 갔냐?'라는 구호가 나왔어요. 리버풀팬들은 그게 어떤 의미인지 잘 알고 있었죠. 수년 동안 맨유의 아픈 상처에 그렇게 소금을 뿌려댔는데, 이제 자신들이 참사의 희생자가 되었기 때문입니다. 리버풀팬들도 그제서야 그런 조롱이 상대에게 얼마나 큰 상처를 주는지 깨달은 것 같았어요. 그래서 우리도 생클리 조롱가를 멈췄죠. 가끔 극소수의 멍청이들이 그 노래를 부르기도 하지만, 대부분 그때 끝났어요. 정말 다행이었죠."

이언 크레인이 순진했던 걸까? 최근 '비극적인 구호'라고 불리는 것들이 급증하고 있다. 2023년 3월, 경기를 앞둔 양 구단의 감독들이 이를 중지해 달라는 내용의 탄원서를 발표하기도 했다.

그라운드 위의 상황도 별반 달라지지 않았다. 달글리시 감독은 팬들을 위해 계속 승리해야 한다고 믿었다. 그리고 리버풀은 임무를 완수했다. 놀랍게도 힐스브러 참사 1주기에서 며칠 지난 1990년 4월 28일, 리버풀은 트라우마를 극복하고 통산 18번째 리그 우승을 차지했다.

그날, 안필드에 있었던 누군가가 '앞으로 이런 일이 일어나는 것을 보려면 30년을 더 기다려야 할 것'이라고 했다면 아마도 미친 사람 취급을 받았을 것이다. 그때만 해도 올드트래퍼드와 안필드의 격차는 하늘과 땅 수준이었다.

리버풀에서 뛰었던 얀 몰비는 "우리는 퍼거슨 감독 아래에서 맨유의 발전상과 리버풀이 리그에서 다시 우승하기까지 30년이 걸렸다는 사실을 잘 압니다. 30년이라니, 놀랍지 않나요? 그때는 상상도 못 했습니다"라면서 고개를 가로저었다.

결국 힐스브러 참사는 달글리시 감독에게 치명적 타격을 입혔다. 무거운 슬픔을 직접 목격하면서 그는 피폐해졌다. 클럽과 연고지가 겪는 고통 속에서 그는 리버풀의 편에 서겠다고 다짐했지만, 그런 결심 자체가 달글리시 감독의 심신 모두를 지치게 했다.

1991년 2월 22일 금요일 아침, 리버풀 일간지 〈데일리포스트〉의 체육부장은 리버풀의 피터 로빈슨 대표이사로부터 긴급 호출을 받았다. 대표이사는 "자세히 말할 순 없지만 지금 빨리 이쪽으로 오세요. 그리고 신문 맨 뒷면을 비워두세요. 1면도요"라고 다급히 말했다.

불과 이틀 전만 해도 머지사이드를 양분하는 두 클럽은 FA컵 5라운드 재경기에서 격돌했다. 리버풀은 네 번이나 리드를 잡고도 연장전까지 가는 접전 끝에 역전패를 당했다. 그러나 이것은 리버풀을 뒤흔든 사건에 비하면 부스러기에 불과했다. 달글리시 감독이 사임을 선언한 것이다. 1974년 빌 섕클리 감독의 사임에 버금가는 대사건이었다. 리버풀 전체가 충격에 빠졌다.

달글리시 감독는 쉬운 결정이 아니었다고 말한다. "사람들은 이해하지 못하겠지만, 어쨌든 나는 결정을 내렸습니다. 내게 아무 문제가 없다고 한다면 거짓말일 겁니다. 어디까지나 나 자신을 위한 결정입니다. 이 클럽에 온 이래, 케니 달글리시라는 개인을 앞세워 내린 첫 번째 결정이기도 합니다. 이런 결론에 도달하기까지 정말 오랜 시간을 고민했습니다."

소셜미디어가 등장하기 전부터 리버풀은 온갖 소문과 음모로 가득 찼던 도시다. 달글리시 감독이 클럽 고위인사, 선배 선수, 동료 코치들과 불화를 겪었다는 소문이 나돌았지만, 모두 잘못된 정보였다.

같은 날 오후 5시 30분, 〈데일리포스트〉의 체육부장에게 달글리시 감독의 전화가 걸려 왔다. 평소와 다름없는 글래스고 억양 뒤로 TV 드라마 주제곡이 흐르고 있었다. 그는 자신이 밝힌 사임 이유가 진실이라는 점을 강조했다. 축구 경력을 통틀어 가장 슬픈 날이었지만, 달글리시 감독은 리버풀과 동료들을 맹렬히 보호하고 있었다.

'부트룸' 멤버인 로니 모런이 감독직을 대행했다. 하지만 리버풀 내부적으로는 후임 감독으로 다른 인물을 점찍은 상태였다. 바로 그레이엄 수네스 감독이다. 수네스 감독은 달글리시와 함께 리그 우승 5회, 유러피언컵 우승 3회를 일군 레전드다. 그는 글래스고 레인저스의 감독직을 수행하면서 테리 부처, 게리 스티븐스, 트레버 스티븐, 크리스 우드 등 잉글랜드 국가대표 선수들을 영입해 영국 축구계의 권력 지형을 바꾸고 있었다.

1989년에는 가톨릭 신자인 모 존스턴을 영입해 엄청난 비난을 받기도 했다. 셀틱팬들이 낭트에서 뛰던 존스턴을 다시 영입했다며 기뻐하던 때에 발표된 영입이었기에 논란은 더 컸다. 수네스 감독은 셀틱이 존스턴과 확실히 계약을 맺지 않았다는 사실을 알아챘고, 이내 그를 하이재킹하는 데에 성공했다.

리버풀의 제안을 고사하던 수네스 감독은 1991년 4월 도전에 응하기로 했다. 영국 축구가 배출한 역대 최고 미드필더 중 한 명인 그가 안필드로 돌아오자 리버풀팬들은 열렬한 환영을 보냈다. 그는 38번째 생일을 지나지 않은 약관의 감독이었다. 안필드에 입성하자마자 그는 바쁘게 움직였다. 이탈리아에서 배운 현대적 시스템을 도입해 선수단의 식단과 컨디션 조절 방식도 바꿨다.

멜우드° 훈련장의 낡은 시설도 본격적으로 업그레이드하기 시작했다. 선수 영입에도 큰돈을 썼다. 수네스 감독은 딘 선더스, 마크 라이트, 마크 월터스를 차례로 영입했다. 전임 체제에서 리그 우승 2회와 FA컵 우승을 경험했던 피터 비어즐리는 라이벌인 에버턴에 팔아버렸다.

그런데, 신임 감독이 단행한 조치들이 선수단에 효과적으로 먹혔다고 볼 순 없었다. 수네스 감독의 첫 시즌 기상도는 '흐림'이었다. 1992년 4월 5일 일요일, 2부 소속 포츠머스를 상대한 FA컵 준결승전 정도가 유일한 성과였다. 리버풀은 대런 앤더턴에게 선제 실점을 허용했다가, 연장전 막판에 로니 휠런의 천금 같은 동점골에 힘입어 패배를 면했다. 재경기의 기회를 얻은 것이다. 하지만 진짜 폭탄은 그로부터 몇 시간 뒤에 투하되었다.

수네스 감독은 심장 수술을 받아야 할 정도로 건강이 나빴다. 다음날 그는 검은색 벤츠를 타고 알렉산드라 병원으로 후송되었다. 안필드로 돌아온 데이비드 무어 회장은 기자회견에서 황망한 표정으로 이렇게 말했다. "위급 상황이 맞습니다. 그러나 수네스 감독은 강한 사나이입니다. 반드시 이겨내고 이곳으로 돌아올 것입니다."

그러나 얼마 안 있어 수네스 감독에게 보냈던 리버풀팬들의 지지는 물거품처럼 사라지게 된다. 리버

° 리버풀이 60년간 사용한 훈련장. 2020년 11월 현재의 커크비로 이전했다.

풀은 재경기에서 포츠머스를 승부차기로 꺾고 FA컵 결승 진출에 성공했다. 그러나 같은 날, 수네스 감독이 여자친구이자 미래의 아내인 캐런과 키스하는 사진이 신문 1면을 장식했던 것이다. 인터뷰 기사도 실렸다. 그 신문이 〈더선〉이었다는 게 문제였다.

힐스브러 참사의 진상을 호도했던 〈더선〉은 머지사이드 지역에서 광범위하고 조직적인 불매운동의 대상이었다. 당시 안필드에서는 '〈더선〉을 보지 맙시다'라고 쓴 배지를 흔히 볼 수 있었다. 설상가상으로 〈더선〉이 수네스 감독의 사진 위에 '러버풀Loverpool'이라는 제목을 단 기사를 낸 그날은 참사 3주기였다.

2023년 6월 18일, 수네스는 희소 질환 치료를 위한 기금을 모으기 위해 70세의 나이에 영국 해협을 헤엄쳐 건너는 모험에 도전했다. 그는 12시간 17분 만에 도전에 성공했다. 그의 시도에서 알 수 있듯이, 수네스는 강인한 겉모습 이면에 배려심과 품위를 지닌 남자였다. 〈더선〉과의 인터뷰에 희생자들을 모욕하려는 일말의 의도도 없었다. 그는 사과했고 또 사과했다. 그러나 영원히 용서받지 못했다.

한편 알렉스 퍼거슨 감독의 맨체스터 클럽 내부 청소작업은 더디게 진행되었다. 1989년 가을이 되자 홈 팬들은 그가 구세주가 되어줄 것이라는 기대를 버리기 시작했다. 크리스털팰리스전에서 패한 뒤, 피트 몰리뉴라는 이름의 팬은 올드트래퍼드 전광판 아래에 다음과 같은 문구를 내걸었다. '3년째 변명 중. 팀은 여전히 쓰레기. 꺼져! 퍼기!' 홈 서포터즈 섹션에서 자주 외치던 문구였다.

1990년 1월 7일, FA컵 3라운드에서 맨유는 노팅엄포레스트와 만났다. 사람들은 이 경기에서 패한다면 퍼거슨 감독이 해임될 것이라고 예상했다. 하지만 마크 로빈스의 득점이 퍼거슨 감독을 살렸다. 클럽 수뇌부는 그 경기에서 패하더라도 감독을 해임할 생각이 없었다고 해명했다.

진실 논쟁은 큰 의미가 없었다. 그 시즌의 FA컵 우승은 퍼거슨 감독이 들어 올릴 38개 트로피 중 첫 번째가 되었기 때문이다. 맨유는 웸블리에서 열린 결승전에서 크리스털팰리스와 3-3으로 비겼다. 며칠 뒤 열린 재경기에서 상대를 1-0으로 제압해 FA컵을 차지했다. 퍼거슨의 1호 타이틀 획득에 모두가 행복했던 것은 아니다. 퍼거슨 감독이 총애하던 선수 중 한 명에겐 맨유 커리어의 종말을 가져왔기 때문이다.

퍼거슨과 함께 애버딘 성공시대를 열었던 골키퍼 짐 레이턴은 1988년 퍼거슨의 부름을 받아 맨유에 합류했다. 불행히도 레이턴은 웸블리 결승전에서 불안한 모습을 보였다. 감독은 재경기에서 레이턴을 레스 실리로 교체했다. 이후 레이턴은 감독에게 말 한마디도 걸지 않았고, 한 경기를 더 뛴 뒤에 올드트래퍼드를 떠났다.

1991년, 맨유가 네덜란드 로테르담에서 바르셀로나를 2-1로 꺾고 컵위너스컵을 차지했을 때도 주전 골키퍼는 실리였다. 1988년 캄 노우에서 마음의 고향 올드트래퍼드로 돌아온 마크 휴즈가 두 골을 모두 책임졌다. 사실 실리가 최고의 선방을 펼쳤다고 해도 그의 운명은 바뀌지 않았을 것이다. 퍼거슨 감독이 이미 '세기의 영입'에 합의한 상태였기 때문이다. 덴마크 출신 골키퍼 피터 슈마이켈을 브뢴뷔°에서 단돈 50만 5천 파운드에 데려왔던 것이다.

° 1964년 창단한 덴마크 축구 클럽. 덴마크 수페르리가 우승 10회의 기록을 갖고 있다.

퍼거슨 감독은 뛰어난 선수들을 영입하면서 컵대회에서 성공을 맛봤지만, 맨유는 여전히 리그 우승에 다가서지 못했다. 결과적으로 그런 과정은 모든 성공의 디딤돌이었다. 1991-92시즌을 지나면서 퍼거슨 감독은 마침내 본인과 팬들이 그토록 갈망하던 리그 우승 트로피를 손에 넣을 수 있을 것처럼 보였다.

그는 새롭게 영입한 선수들과 라이언 긱스처럼 아카데미가 배출한 신예들을 모아 단단한 집을 짓고 있었다. 베테랑 주장 브라이언 롭슨은 자신의 현역 시절에 반드시 우승 메달을 목에 걸겠다는 열정을 불태웠다. 팀이 우승 암호를 풀고야 말 것이라는 믿음이 점점 커지고 있었다.

현재 맨유 홍보대사로 일하고 있는 롭슨의 말이다. "론 앳킨슨 감독 아래서도 선수들은 포기하지 않았습니다. 리그에서는 리버풀이 우승하겠지만, 컵대회에서는 우리가 그들을 꺾을 수 있다는 마음이었어요. 실제로 우리는 그렇게 했고요. 퍼거슨 감독이 들어오자 모든 게 달라졌습니다. 리그에서 우승할 수 있는 팀이 되어 간다는 느낌이 왔습니다. 감독은 리그에서 우리가 꼭 우승해야 한다고 했어요. 의심 따위는 허락되지 않았죠. 퍼거슨 감독이 클럽에 들어오는 순간부터 리그 우승은 우리의 미션이 되었습니다."

시즌 초반 호성적 속에서 맨유의 무관 세월은 곧 끝날 것처럼 보였다. 그러나 1월 1일 홈 경기에서 퀸즈파크레인저스에 1-4로 패했다. 공격수들이 득점에 애를 먹자 눈에 띄게 무승부가 늘어났다. 순위표에서 1, 2위를 유지하는 것이 그나마 다행이었다. 맨유는 6경기 연속 무패를 기록하면서 4월 일정을 시작했다.

스포츠 베팅업체들은 우승팀을 예상하는 항목을 시즌 막판에 닫아버리는 전통을 고수했다. 맨유의 우승이 코앞에 있는 느낌이었다. 맷 버스비 감독 휘하에서 데니스 로, 조지 베스트, 보비 찰턴이 찬란히 빛났던 시절이 떠올랐다.

4월 중순부터 열흘간 다섯 경기를 치르는 빡빡한 일정이 시작되었다. 맨유는 첫 경기에서 승리, 두 번째 경기에서 무승부, 그리고 세 번째와 네 번째 경기에서 내리 패했다. 리즈는 우승 경쟁에서 순순히 물러서지 않았다. 다섯 번째 리그전이 안필드에서 열린다는 사실은 불길했다. 25년간 이어진 리그 우승 실패의 역사를 돌이켜보건대, 맨유가 정말 지기 싫은 장소가 그곳이니까.

안필드는 맨유를 격하게(?) 반겼다. 리버풀 선수들은 이날 경기의 의미를 잘 알고 있었다. 맨유의 우승을 저지하는 것이야말로 지상 과제였다. 리버풀팬들은 맨유가 우승에 실패하는 광경을 자신의 안방에서 보고야 말 작정이었다.

리버풀팬들이 맨유의 경쟁자인 리즈를 응원하는 기현상이 벌어졌다. 당시 리즈는 에릭 칸토나의 역량과 하워드 윌킨슨 감독의 지도가 빛났다. 시즌 내내 리즈는 맨유의 바로 뒤에서 경쟁자가 실수하기만을 기다렸다. 인내심은 보상을 받았다. 맨유는 루턴타운 원정에서 비기고, 홈에서 노팅엄포레스트에 패한 뒤에 웨스트햄 원정에서도 무릎을 꿇었다. 이로써 맨유는 2위로 내려앉고, 리즈가 단독 선두로 올라섰다.

흥미진진한 이 드라마를 더 풍성하게 해줄 이야기가 있다. 리즈의 공격을 이끌던 주인공은 스코틀랜드 출신 고든 스트라칸이었다. 2년 전, 퍼거슨 감독은 애버딘과 맨유에서 함께했던 고향 후배를 단돈 20만 파운드를 받고 리즈에 넘겼다. 스트라칸은 리즈의 1부 승격을 견인했고, 이제 1부 우승까지 넘보고 있었다.

일요일 오후 리즈는 셰필드유나이티드를 3-2로 제압했다. 맨유가 우승 경쟁을 이어가기 위해서는 리버풀을 반드시 꺾어야 한다는 의미였다. 모든 면에서 폭탄을 끌어안은 채 적지에 뛰어드는 꼴이었다.

리버풀이 70년대 중반 최전성기만큼은 압도적이지 않다는 점이 그나마 위안거리였다. 리버풀의 입지는 조금씩 흔들리고 있었다. 1992년 4월 26일 일요일, 안필드에 들어서는 브라이언 롭슨에게는 최소한 그런 변화가 좋은 징조로 느껴졌다. "당시 우리는 분명한 목표를 갖고 있었고, 리버풀은 약간 하락세를 보이고 있었어요. 리버풀의 주축은 대부분 나이 많은 베테랑이었고요. 물론 라이벌전에 나서는 마음가짐은 그들도 마찬가지였을 겁니다."

노장들에게 나이는 숫자에 불과했다. 리버풀 선수들은 함성으로 진동하는 안필드에서 맨유에게 좋은 일을 시켜줄 생각이 추호도 없었다. 오직 발목을 걸어 맨유를 넘어뜨리겠다는 일념이었다. 수네스 감독은 여전히 집에서 건강을 회복 중이었지만, 리더의 부재에도 선수들은 흔들리지 않았다.

얀 몰비는 당시 리버풀 동료들의 표정에 모든 것이 담겨 있었다고 말한다. "마치 그 경기만 이기면 우리가 우승하는 듯한 분위기였습니다. 적어도 우리는 그런 마음가짐이었어요. 80년대 말 성공을 일궜던 멤버들이 여전히 팀에 있었습니다. 이쪽에 존 반즈, 저쪽에 이언 러시가 있고, 레이 휴턴도 있었죠. 우리는 서로의 눈을 바라보며 '다들 힘내자. 오늘 꼭 이겨야 해!'라며 전의를 불태웠습니다."

그는 라커룸에서 그라운드로 나갈 때도 '이겨야 한다'라는 생각뿐이었다고 한다. "맨유가 안필드에 왔다는 사실은 리버풀팬들의 긴장감을 키웠습니다. 홈 서포터즈도 그날 경기의 중요성을 잘 알고 있었죠. 맨유에게 안필드는 늘 어려운 곳입니다. 아마 그런 상황에서는 더 그랬을 테고요. 경기장 분위기는 정말 대단했습니다. 서로의 각오가 안필드를 꽉 채웠어요." 몰비가 이어서 말한다.

"안필드의 평소 분위기를 잘 알고 있었지만, 그날은 '와, 이게 뭐지?'라는 생각이 들 정도였어요. 물론 나도 무슨 일이 벌어지는지 잘 알았어요. 우리는 맨유의 리그 우승을 저지해야 했어요. 팬들은 맨유의 시즌을 망치고 싶어 했죠. 맨유의 우승 희망을 반드시 짓밟아야 했습니다."

수네스 감독의 투병은 리버풀의 리빌딩 작업에 좋은 소식이 아니었다. 리버풀은 오랜 클럽 전통에 새로운 방식을 접목하는 데 있어서도 어려움이 있었다. 몰비는 "우리는 리버풀이 옛 영광을 되찾을 수 있다고 믿었어요. 맨유가 앞으로 얼마나 발전할지에 대해서는 당연히 알지 못했습니다"라고 말한다.

몰비는 순위 하락이 일시적 현상이라고 믿었다고 한다. "희망적인 다음 시즌을 위해서는 우리가 강팀을 꺾을 수 있다는 사실을 입증해야 했어요. 맨유전에서 확실한 결과를 남기고, FA컵에서 우승한 뒤에 다음 시즌으로 넘어간다는 계획이었죠. 겨우 두 시즌 동안 리그를 제패하지 못했을 뿐이니까요. 반등할 기회는 얼마든지 있다고 믿었어요. 수네스 감독과 함께한 것은 1년 남짓이었어요. 클럽은 팀에 대한 투자를 늘릴 것이고, 우리는 다시 일어설 수 있다고 믿었습니다."

얀 몰비가 작은 한숨을 쉬더니 말을 이어갔다. "단기 목표는 그 시즌에서 맨유를 저지하는 일이었어요. 그것만 막으면 된다고 생각했죠. 곧 맨유가 지배하는 세상이 올 것이라고는 꿈에도 생각 못 했어요. 그게 얼마나 잘못된 생각이었는지는 나중에야 밝혀졌죠. 맨유는 맨유였어요. 리버풀이나 맨시티와는 달랐죠. 1위, 2위, 1위, 2위, 1위, 2위…, 맨유가 그렇게 될 줄은 정말 몰랐어요."

얀 몰비는 낙관론을 대변하는 쪽이었다고 한다. "리버풀은 성공적 역사 덕분에 늘 차분했어요. 감독이나 선수가 바뀐다고 당황하는 사람은 없었어요. 변화는 일상적이었고, 우리의 성공이 끝난다는 느낌은 존재하지 않았어요. 이사회가 감독을 지지하고, 이적시장에서 선수를 잘 영입하면 된다는 분위기였어요. 선수 영입은 리버풀의 전매특허였으니까요. 리버풀팬들의 생각도 비슷했어요. 오랫동안 우리가 입증해 온 것들이죠."

물론 다른 의견도 있었다. 레이 휴턴의 말이다. "솔직히 나도 리버풀이 그렇게 오랫동안 리그 우승에서 멀어지리라곤 예상치 못했습니다. 하지만 클럽 내부에 변화가 생기면서 스쿼드 수준이 올라갔다고는 하기 어려워요. 사실 전력이 약간 떨어졌다고 생각했어요. 앨런 한센이 은퇴한 것이 컸어요. 그런 선수의 공백은 정말 커서, 선수단에 금이 가기 시작하죠. 수네스 신임 감독은 처음부터 좀 조급해 보였어요."

휴턴은 한센의 존재감이 대단했다고 부연 설명한다. "우리는 역대 최고 레전드 중 한 명인 케니 달글리시를 잃었지만, 결과적으로 그는 성공적인 감독으로 돌아왔어요. 하지만 한센의 공백은 달랐어요. 오랫동안 그는 정신적 지주이자 뛰어난 수비수, 주장, 리더, 그리고 조율자였어요. 어리거나 새로 합류하는 선수들에겐 그런 존재가 필요하죠. 딘 선더스와 마크 라이트처럼 큰돈을 주고 영입한 선수들도 있었지만, 한센을 대체할 수는 없었어요." 휴턴의 이어지는 말이다.

"처음 내가 왔을 때만 해도 베테랑들 덕분에 팀의 재정비 작업이 수월했어요. 하지만 그 후 선수들이 많이 떠나고 새로운 선수들이 오면서 경기력을 유지하기가 어려워졌어요. 돈 허친슨, 제이미 레드냅, 마이크 마쉬 같은 젊은 친구들이 왔지만, 팀에는 이미 그들을 도와줄 베테랑이 없었어요."

몰비와 휴턴이 동의하는 부분도 있다. 그날 경기에서 무슨 일이 있어도 맨유를 막아야 한다는 점이다. 안필드에서 맨유가 우승을 확정했다는 역사를 용납할 수 없었기 때문이다. 사실 그날의 맨유전은 레이 휴턴이 리버풀에서 치르는 마지막 경기였다. 시즌 종료 후, 그는 이적료 75만 파운드를 받고 애스턴빌라와 계약했다.

휴턴은 특별한 마음가짐으로 그라운드로 들어갔다고 회상한다. "맨유는 25년 만에 리그 우승을 눈앞에 두고 있었어요. 지금도 그 숫자를 잊지 못합니다. 반대 상황이었다면 맨유도 그랬을 거예요. 우리 팬들은 맨유가 우승하지 못했던 햇수를 외치곤 했어요. 라이벌 관계는 원래 그래요. 질투가 아닙니다. 상대를 제압한다는 개념이에요. 유러피언컵이든 프리미어리그든 똑같아요. '우리가 더 많이 우승했어!'라는 우월감이 제일 중요했어요. 25년 만의 리그 우승을 막는 것은 당연한 미션이었죠."

휴턴이 그날 경기 전 상황에 대해 설명한다. "복도 위에 붙어 있는 '여기는 안필드'라는 문구를 쓰다듬으며 나가서, '당신은 홀로 걷지 않아' 떼창을 들었어요. 전쟁터로 떠나는 군인과 비슷했어요. '죽기 아니면 까무러치기'라는 심정이었죠. 라커룸에서도 그런 분위기가 느껴졌어요. 이런 특별한 느낌이 오는 경기가 가끔 있습니다. 오늘은 죽어도 이겨야 한다는…."

한편, 맨유의 라커룸은 약간 달랐다. 3주 동안 리그에서만 6경기를 치른 탓에 선수들의 몸은 무거웠다. 어쩌면 마음이 더 무거웠을지도 모른다. 맨유 선수들이 그라운드로 나갔을 때, 홈 서포터즈가 쏟아내는 야유도 어딘가 모르게 달랐다. 전반 11분 맨유 선수들의 불안감이 현실로 나타났다. 리버풀이 선제골을 터트린 것이다. 득점자는 의외의 인물이었다.

이언 러시는 1980년 12월 입스위치타운에서 리버풀로 이적했다. 그는 홈과 원정을 가리지 않고 골을 터트렸다. 러시의 놀라운 득점력 앞에서는 어떤 팀도 안심할 수 없었다. 단, 맨유는 예외였다. 러시의 첫 출전은 1981년 4월 14일 안필드에서 열린 맨유전이었다. 그때 리버풀은 0-1로 패했다. 이후 맨유를 상대했던 23경기에서 러시는 한 골도 넣지 못했다. 맨유 상대 무득점이 무려 11년이나 이어진 셈이다.

전 리버풀 동료인 몰비는 "우리는 러시가 맨유를 상대로 골을 넣지 못했다는 사실을 신경 쓰지 않았어요"라고 입을 뗀다.

"소셜미디어가 없던 시절이라 요즘처럼 기록에 목매지 않았던 것 같아요. 경기 시작 전에 우리는 '오늘은 골 넣을 거야? 뭐 이번에도 우리가 좀 도와줘?'라는 식의 농담을 던졌어요. 그러면 러시는 짧게 받아치곤 했어요. 뭐 신경이 쓰이긴 했겠죠. 다른 팀들을 상대로는 골을 잘 넣으면서 유독 맨유전에서만 침묵했기 때문이에요. 그렇게 대단한 선수라도 심리적으로 위축될 수 있다고 생각합니다. 득점 확률이 반반인 기회에서도 이언 러시는 골을 넣고야 말았어요. 맨유만 만나면 그 능력이 발휘되지 않는 게 신기했죠."

당시 러시는 실망스러웠던 유벤투스 시절을 접고 리버풀로 돌아온 상태였다. 몰비의 패스를 받은 반즈가 아웃프런트로 연결해 스티브 브루스의 방어를 뚫었고, 러시가 이것을 골로 마무리했다. 달려 나오는 맨유 골키퍼 슈마이켈을 넘긴 완벽한 왼발 슛이었다. 러시는 부상으로 전반전을 마치지 못했지만, 그의 맨유전 첫 골은 무엇보다 소중했다. 리버풀에서 뛰는 동안 러시는 맨유를 상대로 총 32경기, 2,679분의 출전 시간 동안 단 3골을 기록했다.

러시의 천적은 아일랜드 출신의 폴 맥그라스였다. 러시는 상대하기 가장 어려운 수비수로 맥그라스를 지목했다. 맥그라스도 "러시 씨, 감사합니다"라고 깍듯이 맞수를 예우했다. 휴턴에 따르면, 러시가 맨유전 첫 골을 넣었을 때도 맥그라스를 신경 쓰고 있었다고 한다.

"러시가 동료들을 보면서 '맥그라스는 어디 간 거야?'라고 소리쳤어요. 우리는 '애스턴빌라로 이적했잖아!'라고 대답했죠. 그러자 러시는 '아, 이제 겨우 골을 넣기 시작했는데 그 친구가 없어졌네!'라고 아쉬워했어요."

한편 맨유의 반격을 이끈 선수는 당연히 롭슨이었다. 롭슨은 몰비로부터 볼을 빼앗아 폴 인스에게 득점 기회를 제공했다. 그의 슛은 콥엔드 쪽 골대 안쪽을 맞고 튕겨 나왔다. 마크 휴즈와 안드레이 칸첼스키스도 연달아 골대를 강타했다. 맨유는 리그 우승의 희망이 꺼져간다는 것을 직감하면서도 전원 공격에 나섰다. 슈마이켈은 딘 선더스와 몰비의 위협적인 슛을 막아냈다. 그러나 87분 마이클 토마스가 시작한 공격까지는 막아내지 못했다. 휴턴의 슛이 골대를 맞고 나오자 마크 월터스가 곧바로 받아 넣었다. 안필드의 분위기는 극에 달했다.

〈ITV〉 중계 카메라는 좌절한 롭슨의 모습을 잡았다. 이언 세인트 존과 브라이언 무어의 중계 콤비는 "맨유 선수들은 브라이언 롭슨에게 미안해해야 합니다. 올 시즌이야말로 그가 리그 우승 메달을 딸 수 있는 마지막 기회였어요. 눈부신 시즌을 보내고도 롭슨은 빈손으로 끝나게 생겼네요"라고 논평했다.

리버풀 벤치는 신이 났다. 당시 입원 중이었던 수네스 감독을 보좌했던 필 톰슨 코치는 추가 골이 들어간 직후의 상황을 이렇게 설명한다. "마크 월터스가 두 번째 골을 넣었습니다. 우리는 너무 신이 나서 그 볼을 벤치로 가져와 자축했어요. 나는 있는 힘껏 안필드로드 관중석 쪽으로 볼을 차 버렸죠. 맨유 선수들은 당연히 빨리 볼을 가져오라고 난리였어요. 그땐 경기 중에 볼을 한 개만 사용했거든요. 폴 인스가 나를 때릴 듯이 달려들었고 맨유 벤치도 불같이 화를 냈어요. 경기장이 아니었다면 맞아 죽었을지도 몰라요. 그때만 해도 내가 힘이 좋아서 볼이 족히 50~60미터 날아갔거든요."

경기 막판 안필드는 맨유가 리그 우승을 놓쳤다는 노래로 가득했다. 인기 드라마 '몬티 파이선'의 히트곡 〈항상 삶의 밝은 면만 보자〉를 부르며 신이 난 리버풀팬들도 있었다. 참고로 이 노래는 시간이 흘러 맨유팬들이

1971년 8월 20일, 맨유 관중 폭력 사태의 징계로 안필드에서 열린 맨유와 아스널의 경기가 끝난 뒤 젊은 팬들이 그라운드에 난입했다. 사진 오른쪽에서 한 팬이 조지 베스트를 위로하고 있다.

1975년 5월 23일, '카페로얄'에서 열린 '올해의 지도자' 시상식에 앞선 리셉션에서 알렉스 스토크(풀럼 감독), 빌 섕클리(리버풀 전 감독), 맷 버스비(맨유 이사)가 만났다.

@ Bob Th omas Sports Photography via GettyImages

1977년 5월 21일, 맨유 토미 도허티 감독이 FA컵 트로피의 윗부분을 머리에 쓰고 기뻐하고 있다.

@ RayBradbury/Alamy Stock Photo

1978년 2월, 안필드에서 열린 노스웨스트 더비에서 맨유팬 피터 브룩스가 리버풀팬이 던진 것으로 추정되는 다트에 맞아 병원으로 후송되고 있다.

@ Howard Barlow/Mirrorpix/Getty Images

1986년 12월 26일, 리버풀 전 감독 봅 페이즐리가 맨유의 알렉스 퍼거슨 감독, 브라이언 롭슨 주장과 농담을 나누고 있다.

@ PA Images/Alamy Stock Photo

1996년 5월 11일, FA컵 결승전을 앞두고 맨유의 스티브 브루스가 리버풀의 존 반즈가 입은 정장에 관해 이야기하고 있다.

@ PA Images/Alamy

1999년 1월 24일, 맨유의 폴 스콜스, 데이비드 베컴, 로이 킨, 앤디 콜, 드와이트 요크, 라이언 긱스가 결승골을 터트린 올레 군나르 솔샤르를 축하하고 있다.

@ Shaun Botterill/Allsport/Getty images

1999년 1월 24일, 올드트래퍼드에서 열린 FA컵 4라운드에서 맨유에 패한 제이미 캐러거가 실망하고 있다. 이날 경기에서 맨유가 2-1로 승리했다.

@ Phil Noble, PA Images/Alamy Stock Photo

2004년 4월 24일, 올드트래퍼드에서 리버풀의 대니 머피가 페널티킥을 성공한 뒤 자축하고 있다.

@ Alex Livesey/Getty Images

2008년 9월 13일, 안필드에서 승리한 리버풀의 라파엘 베니테스 감독이 맨유의 알렉스 퍼거슨 감독과 악수하고 있다.

@ Coleman/Manchester United via GettyImages

2009년 3월 14일, 올드트래퍼드에서 스티븐 제라드와 페르난도 토레스가 중계 카메라에 입을 맞추는 골 셀러브레이션을 펼치고 있다.

@ Sportimage/Alamy Stock Photo

2009년 10월 25일, 안필드에서 맨유팬들이 리버풀팬들을 놀리는 플래카드를 펼치고 있다. '우리한테 리그 우승 18회 하면 다시 오라고 해서, 지금 우리 왔다'란 내용이다.

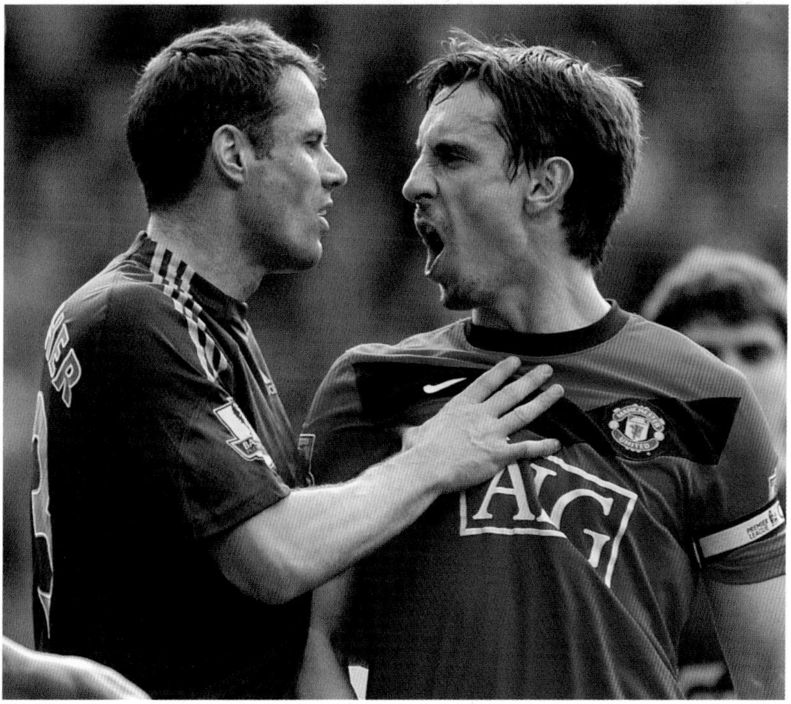

@ Neil Simpson, PA Images/Alamy StockPhoto

2010년 10월 25일, 맨유의 페널티킥 획득을 놓고 맨유의 게리 네빌과 리버풀의 제이미 캐러거가 말싸움을 벌이고 있다.

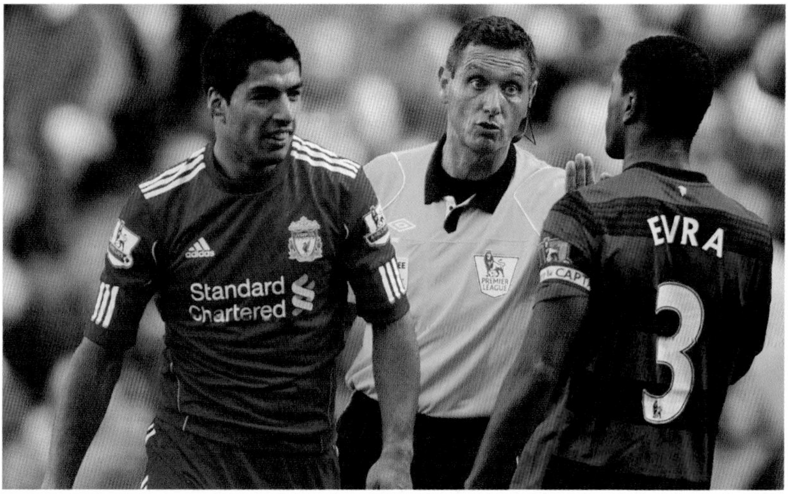

@ Andrew Yates/AFP via Getty Images

2011년 10월 15일, 안드레 마리너 주심이 리버풀의 루이스 수아레스와 맨유의 파트리스 에브라에게 주의를 주고 있다. 당시 에브라는 수아레스로부터 인종차별을 당했다며 항의했다.

@ Michael Regan/Getty Images

2020년 1월 19일, 안필드에서 모하메드 살라가 맨유를 상대로 리그 우승을 확정 짓는 골을 터트린 뒤 골 셀러브레이션을 펼치고 있다.

@ Oli Scarff / AFP via Getty Images

2021년 5월 2일, 노스웨스트 더비를 앞두고 맨유팬들이 클럽의 유러피언슈퍼리그 참가 계획에 항의하며 그라운드에 난입해 시위를 벌이고 있다.

리버풀을 조롱할 때 애용되고 있다.

이날 TV 중계의 마지막 장면은 자택에서 리그 우승을 자축하는 리즈 선수들로 채워졌다. 하워드 윌킨슨 리즈 감독은 일요일 오후 가족과 특식을 즐기던 중에 다섯 살짜리 아들 벤으로부터 리그 우승 확정 소식을 들었다.

경기 종료 휘슬이 울렸다. 퍼거슨 감독과 맨유 선수들은 고개를 떨궜다. 반대로 톰슨 코치는 황홀한 기분을 만끽했다.

"정말 대박이었어요. 맨유전은 늘 특별해요. 로이 에반스 감독 시절에 우리는 맨유를 상대로 우위를 점하면서도 패하곤 했어요. 우리는 매번 결정적 순간에 실수를 저질렀죠. 내용 면에서 앞섰지만, 어딘가 맨유의 저주에 걸린 것 같은 느낌이었어요. 맨유를 2–0으로 꺾고, 그들의 리그 우승을 저지했다는 것은 엄청난 의미였어요. 맨유팬들은 '그게 그렇게 좋아할 일이야?'라고 생각하겠지만, 그때 우리는 딱 그랬어요."

〈ITV〉 중계진과 팬들은 이것이 톰슨의 마지막 우승 기회라고 생각했을지 모르지만, 정작 본인의 생각은 달랐다. 그는 맨유가 성배에 입을 맞추기 직전에 물러선 것은 단지 빡빡했던 일정이 팀의 발목을 잡았기 때문이라고 믿는다. 톰슨의 말이다.

"정말 분했어요. 우승에 가까웠던 만큼 실망이 더 컸죠. 우리를 막은 것이 리버풀이란 사실이 최악이었어요. 〈항상 삶의 밝은 면만 보자〉라는 가사 그대로였어요. 감독도 선수들도 어쩔 수 없었다고 생각했습니다. 우리는 2주 동안 8경기를 치렀고, 그중에서 3패를 당했어요. 우리가 당했던 이유는 단지 하나, 빡빡한 경기 일정이었어요."

톰슨은 자신의 속내를 이렇게 밝힌다. "맨체스터로 돌아와서도 절망하지 않았어요. 우리는 내년에 충분히 우승할 수 있다고 믿었죠. 나는 은퇴할 때가 다 되었지만, 당시 팀 동료들과 함께라면 가능하다고 생각했어요. 내 마지막 기회가 날아갔다는 생각은 털끝만큼도 없었습니다."

롭슨은 맨유가 너무 긴장한 나머지 우승을 놓쳤다는 비판엔 동의할 수 없다고 말한다. "그때 팀에는 '강심장'인 선수가 많았습니다. 퍼거슨 감독도 기꺼이 선수들의 목소리를 경청했고요. 경기장에 들어갈 때마다 감독은 '이게 우리가 해야 할 일이다'라면서 동기부여를 했습니다. 어차피 최종 판단은 감독의 몫이에요. 리버풀에 패했던 날, 퍼거슨 감독의 한마디는 '다시는 이런 기분을 맛보지 말자'였어요."

그날 저녁 BBC의 하이라이트 프로그램 〈매치오브더데이〉에 리버풀 레전드 앨런 한센이 출연했다. 그는 맨유가 리그에서 우승할 마지막 기회를 날렸다고 단언했다. 그 후 맨유의 브라이언 맥클레어는 언론 인터뷰에서 "한센의 발언이 맨유 선수들에게 큰 동기부여가 되었습니다. 맨유 라커룸에서 투지를 다지는 재료로 써먹는 한센의 다양한 발언 중 하나였어요"라고 말한다.

맨유 선수들의 반응은 한센의 예상이 틀렸음을 증명하는 수준을 훨씬 넘어서는 것이었다. 롭슨은 당시 팀 내에는 진짜 신념이 피어나 자라고 있었다고 말한다. "1990년 FA컵에서 우승했을 때만 해도 우리는 스스로의 능력을 크게 보지 않았어요. 하지만 1991년 유러피언컵위너스컵까지 따내자 분위기가 달라졌죠. 라커룸 안에서 우리는 서로의 눈을 바라보며 '뭔가 될 것 같아'라는 신념을 확인했어요. 다음 시즌에는 리그 우승에 도전할 수 있겠다는 생각이 들었습니다."

선수들의 낙관론이 맨유팬인 앤디 미턴에게까지 전달되진 않았던 것 같다. 미턴은 그날 경기가 끝난 뒤의 상황을 이렇게 설명한다.

"나는 스탠리공원을 가로질러 버스를 타러 갔어요. 내가 직접 원정 응원 버스를 기획했어요. 4~5일이 걸리는 작업이었죠. 맨유팬 200여 명을 인솔해 안필드까지 가고, 다시 맨체스터로 데려와야 했어요. 그때 나는 겨우 열아홉 살이었어요. 승객 대부분은 하드코어팬으로 나보다 나이가 훨씬 많았어요. 안필드로드 관중석에서 '폼은 일시적이지만 클래스는 영원하다'라고 쓰인 플래카드를 보았어요. 리버풀 홈 팬들은 '맨유가 리그 우승하는 것 본 적 있어?'라며 목청껏 노래를 불렀어요. 그리곤 〈항상 삶의 밝은 면만 보자〉를 떼창했습니다."

미턴은 원정 응원 버스 속의 상황에 대해 이렇게 말한다. "버스로 돌아와서 나는 나이가 갑절이나 많은 팬들을 위로하기 바빴습니다. 팬들은 '우린 리그에서 우승하지 못할 거야'라며 고개를 떨궜어요. 그렇게 맨체스터로 돌아왔습니다. 그런데 버스 회사가 우리에게 내어준 차량은 정말 형편없었어요. 이해가 되기도 했죠. 언제 어디서 벽돌이 날아올지 모르니까요. '특급 전세 버스'라는 광고문구와는 거리가 멀었어요. 그때 원정 응원 버스를 이용했던 분들께 지금이라도 사과드리고 싶군요."

미턴은 그날이 인생 최악의 날 중 하나였다고 고백한다. "나는 맨유 경기를 직관한 게 고작 몇 년밖에 되지 않은 10대 나이였습니다. 동승자들은 정말 오랫동안 맨유와 함께했던 선배들이었고요. 맨유의 마지막 리그 우승이었던 1968년부터 쭉 직관했던 팬들도 있었죠. 지금도 연락하면서 지내는데, 그날 스탠리공원을 함께 가로질렀던 경험이 계기가 되었어요. 그날은 경찰들조차 우리를 깔보는 느낌이었어요. 경찰이 타고 있던 말이 우리에게 오줌을 갈기기도 했어요. 개똥 같은 기분이었어요. 저주였다고요."

2주 전까지만 해도 미턴은 올드트래퍼드 주변에서 우승의 기대감을 부추기느라 분주했다고 한다. "우리는 팬진 표지에 '드디어 챔피언'이라고 큼지막하게 내걸었어요. 표지를 그렇게 꾸민 건 전적으로 내 실수였습니다. 근거 없는 확신은 큰 고통으로 다가왔어요. 지금처럼 소셜미디어 시대에 그랬다면, 아마 나는 끝장이 났을 거예요. 맨유팬이 된 이래 최악의 시간이었어요."

맨유 선수들에게 경기 종료 휘슬은 절망의 시작에 불과했다. 그들은 선수단 버스까지 이동하는 길에도 환호하는 리버풀팬들을 마주해야 했다. 몇 년 후 〈데일리텔레그래프〉 인터뷰에서 라이언 긱스는 그날의 패배에 대해 이렇게 회상했다. "선수단 버스로 가는 중에 리버풀팬으로부터 사인 요청을 받았습니다. 그는 내가 해준 사인을 내 앞에서 찢더니 '맨유는 절대 리그에서 우승하지 못할 것'이라고 하더군요. 그때 나는 열여덟 살이었어요. 그가 자신이 찢었던 사인 조각을 보관하고 있기를 바랍니다. 지금은 그 종잇조각의 가치가 꽤 올라가지 않았을까 싶네요."

리버풀은 맨유전 승리를 최대한 활용했다. 웸블리에서 열린 FA컵 결승전에서 리버풀은 선덜랜드를 2-0으로 꺾고 우승을 차지했다. 벤치에서 경기를 지켜보던 수네스 감독의 얼굴에서 딱히 감정 변화는 읽히지 않았다.

안필드 제국이 기세등등했던 시절에도 리버풀의 피터 로빈슨 대표이사는 한결같이 신중한 태도를 견지했다. 몰비의 말이다. "로빈슨 사장이 재계약하는 선수들에게 늘 하는 말이 있습니다. '앞으로도 똑바로 하지 않으면 우리 모두 곤경에 빠질 것'이라는 경고였어요. 리버풀 고위층에서도 조만간 맨유가 위협적 존재가 될 것이라는 예측이 공유되고 있었습니다." 몰비가 당시 상황을 상세히 설명한다.

"축구선수 혹은 축구계에서 일하는 사람이라면 새로운 팀을 만들기까지 오랜 시간이 걸린다는 사실을 압니다. 하지만 맨유는 하루아침에 그 일을 해낼 수 있는 클럽이었어요. 큰 위협일 수밖에 없었죠. 80년대 중반 에버턴이 리그에서 우승했지만 기세가 유지되리라고 생각한 사람은 없었어요. 모든 면에서 리버풀만큼 큰 클럽이 아니었기 때문입니다. 맨유도 리버풀과 거의 비슷한 매력을 가졌다고 할 수 있어요. 우리가 뛰던 시절부터 그런 점이 현실로 드러나기 시작했던 겁니다."

휴턴에겐 그날이 마지막 안필드 경기였다. 그는 FA컵에서 우승했지만 분위기가 예전 같지 않다는 걸 느낄 수 있었다고 한다. "축구선수들은 세상일에 빨리 적응합니다. 하지만 힘든 시기였어요. 힐스브러 참사는 선수와 팬, 클럽 모두에게 큰 영향을 끼쳤습니다. 수네스 감독은 생명을 위협하는 수술까지 받지 않았나요?" 휴턴이 잠시 쉬었다가 말을 이어간다.

"수네스 감독은 FA컵 결승전에 출전하지 말았어야 했어요. 몸 상태가 정상이 아니었어요. 어쨌든 팀이 합심한 덕분에 FA컵 우승으로 시즌을 마무리할 수 있었죠. 맨유의 리그 우승을 저지하면서 팬들을 기쁘게는 했지만, 리버풀은 늘 '어떤 트로피를 땄는가?'라는 질문을 받아야 했습니다. 매년 타이틀에 대한 기대감이 존재하기에 우리는 뭐든 반드시 우승해야 했어요. 리그 6위로 마친 시즌이라면 최소한 FA컵 우승이 필요했던 거예요."

잉글랜드 축구계는 격변을 예고하고 있었다. 프리미어리그의 개막을 앞두었고 권력은 안필드에서 올드트래퍼드 쪽으로 서서히 이동하고 있었다. 그 시즌에 리버풀에서 가장 좋은 활약을 펼쳤던 것은 휴턴이었다. 역사라는 관점에서 보면, 리버풀 영광의 시대 끄트머리 멤버라고 할 수 있다.

휴턴은 꽤 좋은 시즌을 보냈다고 회상한다. "계약이 1년 남은 상태였고 골도 많이 넣은 시즌이었죠. 새로운 선수들이 속속 영입되었고, 클럽에 여유도 있다고 느꼈어요. 감독의 요구대로 꾸준하게 활약했으니 합당한 연봉 인상이 따라야 한다고 생각했습니다." 그의 이어지는 말이다.

"하지만 수네스 감독의 생각은 달랐어요. 감독은 '넌 내가 계약한 선수가 아니잖아'라는 식이었습니다. 그리곤 매우 하찮은 연봉을 제안해왔어요. 나는 한 방 얻어맞은 기분이었어요. 리버풀을 떠나고 싶진 않았지만, 이곳에서 마땅히 받아야 할 존중을 받지 못한다는 느낌이었죠. 나는 거액을 요구한 것이 아닙니다. 팀 내 동료들과 비교해도 무리한 금액이 아니었어요. 첼시와 애스턴빌라가 내게 영입 제안을 했고, 결국 빌라 쪽을 선택했습니다."

리버풀 내부에서 균열이 커지는 동안 퍼거슨 감독은 숙적에게 당한 실패의 상처를 재빨리 치유해야 했다. 그는 안필드 원정의 악몽을 새로운 시즌을 향한 연료로 삼았다. 리버풀을 넘어서려는 그의 여정에 두 가지 무기가 장착되었다. 맨체스터유나이티드 아카데미가 배출한 신예들의 합류, 그리고 1992년 11월 26일 이루어진 리즈의 미드필더 에릭 칸토나의 영입이었다.

롭슨은 새로운 시즌이 시작되던 날을 생생히 기억한다고 한다. “퍼거슨 감독은 안필드 원정 패배에 대해 언급했습니다. 그는 ‘그 기분을 다시 느끼고 싶은가? 지난 시즌 우리가 했던 것보다 훨씬 더 집중할 각오가 서 있나? 이번엔 확실히 할 수 있는 거냐고?’라고 말했어요. 마지막 퍼즐은 칸토나였어요. 그는 팀에 정말 잘 맞았어요. 그의 기술이 팀 전력을 한 단계 끌어올렸습니다. 체력, 존재감, 스피드 전부 말입니다. 칸토나가 모든 부분을 업그레이드시켰어요.”

수비 라인업에서도 눈에 띄지 않는 영웅이 있었다. 롭슨은 두 사람을 지목한다.

“퍼거슨 감독은 선수단을 잘 꾸렸습니다. 게리 팔리스터와 스티브 브루스의 조합이야말로 우승의 일등공신이었어요. 그들은 수비를 탄탄하게 만들어주었어요. 팔리스터는 1989년 팀에 합류했습니다. 나는 그에게 ‘여유 있게 뛰는 요령을 익혀라’라고 조언했어요. 몸값이 2백만 파운드가 넘는다는 것은 큰 부담입니다. 내가 처음 이 클럽에 왔을 때도 마찬가지였어요. 압박감에 과욕을 부리고 평소에 하지 않던 플레이까지 하려고 했죠. 1982년 스페인월드컵에 출전한 직후였기에 자신감이 넘쳤던 것 같아요. 나는 팔리스터에게 ‘평소 하던 대로만 하라’라고 말했습니다.”

안필드 원정 경기에 뛰었던 선수 중 아홉 명이 퍼거슨 감독 영입이었다. 팔리스터도 그중 한 명이었다. 롭슨은 론 앳킨슨 감독이 데려온 선수였고, 긱스는 아카데미 출신이었다. 이후 데이비드 베컴, 니키 버트, 폴 스콜스, 개리 네빌, 필립 네빌이 아카데미에서 1군으로 승격했다. 안필드 원정의 실패와 상관없이, 맨유 안에서는 역사에 남을 레전드들이 싹트는 중이었다.

롭슨은 새롭게 올라오는 후배들에게 멘토 역할을 했다. "이 친구들은 FA유스컵에서 우승했고, 리저브리그에서도 우승했습니다. 그들이 특별하다는 것을 모두가 알고 있었죠. 랭커셔리그에서 그 친구들과 함께 뛰어본 적도 있어요. 당시 나는 부상에서 막 회복하던 상태였습니다. 당시 경기에는 와일드카드를 3명까지 쓸 수 있었는데, 퍼거슨 감독이 내게 '이 녀석들과 한번 뛰어봐'라고 지시했습니다." 롭슨의 말이 이어진다.

"우리는 클리프 훈련장에서 올덤애슬레틱을 상대했어요. 지금도 그때 출전자들을 기억할 수 있을 정도입니다. 라이트백에 존 오케인, 센터백에 크리스 캐스퍼와 게리 네빌이 섰어요. 필립 네빌은 레프트백이었고요. 미드필드는 베컴, 버트, 나, 그리고 긱스였죠. 최전방엔 로비 사비지와 스콜스가 있었고요. 경기 종료 전에 교체되어 나오면서 특별한 녀석들이 확실하다고 생각했어요. 사실, 특별함 그 이상이었죠."

롭슨에 따르면, 아카데미 졸업자들이 프로 계약을 맺는 과정도 범상치 않았다고 한다. 그는 맨유의 노조위원장 같은 존재였다.

"긱스, 게리, 스콜스가 프로 계약을 앞두고 내게 조언을 구했어요. 퍼거슨 감독은 아이들에게 '에이전트를 데려올 생각 마'라고 잘라 말했죠. 요즘 같아선 상상도 못 할 일이에요. 나는 다른 클럽의 또래 신인들이 어떻게 계약하는지 알아봤어요. 그리곤 마틴 에드워즈 회장에게 직접 요구했습니다. 아이들에게 든든한 계약을 제시하라고요."

맨유는 안필드의 악몽을 지울 채비를 모두 마쳤다. 되돌아보건대, 맨유의 1991-92시즌은 숙적의 안방에서 리그 우승을 놓친 시점이 아니다.

'1992년도 위대한 아카데미 졸업자'들로 채워진 18세 이하 팀이 FA유스컵 우승을 차지한 시점으로 역사에 기록되었다. 1992년 우승 실패는 '1992년도 아카데미 졸업자'의 도약으로 대체되었다. 알렉스 퍼거슨 감독이 은퇴를 선언한 2013년까지, 맨유의 20년 지배가 시작되고 있었다.

1992년 4월 26일 이후, 환희의 여신은 콥스탠드에서 숙적의 홈 경기장으로 옮겨가기 시작했다. 당시 잉글랜드 1부 통산 우승 횟수는 리버풀이 18회, 맨유가 7회였다. 두 기록의 격차는 곧 지워질 참이었다.

RED ON RED 05

MATCH	STADIUM	DATE
리그 1부	안필드	1992년 4월 26일

SCORE

리버풀 2 : 0 맨체스터 유나이티드
LIVERPOOL **MANCHESTER UNITED**

이언 러시 **12'**
마크 월터스 **87'**

리버풀 출전명단 (4-4-2)

감독 **로니 모런**(수네스 감독은 입원 중)

마이크 후퍼; 롭 존스, 마크 라이트, 닉 태너(배리 베니슨 22'), 데이비드 버로우즈; 레이 휴턴, 마이클 토마스, 얀 몰비, 존 반즈; 딘 선더스, 이언 러시(마크 월터스 27')

맨체스터 유나이티드 출전명단 (4-4-2)

감독 **알렉스 퍼거슨**

피터 슈마이켈; 데니스 어윈, 스티브 브루스, 게리 팔리스터(마이크 필런 30'), 말 도너히; 안드레이 칸첼스키스, 브라이언 롭슨, 폴 인스, 라이언 긱스; 마크 휴즈, 브라이언 맥클레어

주심 R. 기퍼드

관중 38,669명

CHAPTER 06

아르마니 슈트 대참사

SUITS YOU, SIR

FA컵 결승전

맨체스터 유나이티드 1 vs. 리버풀 0

웸블리스타디움

1996년 5월 11일

1923년 웸블리에 개장한 엠파이어스타디움은 첫 FA컵 결승전을 유치했다. 조지 5세 국왕은 볼턴원더러스와 웨스트햄유나이티드의 승자에게 직접 우승 트로피를 수여하기 위해 그 자리에 있었다. 그리고 그로부터 거의 백 년 후인 2021년 5월, 유로2020 결승전을 미리 보여주는 듯한 사건이 벌어졌다. 경찰이 관중 통제에 실패한 것이다.

FA컵 결승전에 너무 많은 인파가 몰리자 경찰은 통제권을 완전히 상실했다. 입장권이 없는 수천 명이 경기장 안으로 들어와서, 이날 관중 수는 수용인원 12만 5천 명의 약 두 배로 추산되었다. 관중석뿐 아니라 경기장까지 관중들이 쏟아져 들어왔다. 대혼란을 막아선 것은 조지 코리 경관과 그의 애마 빌리뿐이었다.

경기 시작을 위해, 코리와 빌리가 경기장에서 관중들을 내보내는 모습이 담긴 한 장의 사진은 이날 경기가 '백마컵White Horse Cup 결승전'으로 불리는 계기가 되었다. 엠파이어스타디움은 2007년 웸블리스타디움으로 재개장했다. 그때 설치된 인도교에 '빌리'란 이름을 붙임으로써 백마 빌리는 웸블리 역사에 영원히 남게 되었다.

여기서 시계 바늘을 73년 후로 돌려보자. 같은 장소에서 열린 FA컵 결승전에서 앙숙인 두 클럽이 만났다. 둘의 컵 결승전 격돌은 19년 만이었다. 주인공은 리버풀과 맨체스터 유나이티드였다. 1996년에 벌어진 이 경기는 90년대 중반 리버풀 클럽을 상징했던 '패션 테러'가 벌어진 탓에 '백의컵White Suits Cup° 결승전'으로 남게 되었다.

이날 결승전은 두 가지로 기억된다. 첫째는 맨유

° 리버풀 선수단이 단체로 흰색 양복을 차려입고 경기장에 도착했기 때문이다.

의 승리다. 맨유는 올드트래퍼드의 충신 에릭 칸토나의 유일한 득점으로 최악의 시즌에서 구원받았다. 둘째는 리버풀 선수단의 단체복 패션 테러다. 맨유팬들은 오랜 세월 자신들을 괴롭혔던 라이벌의 숨통을 확실하게 끊어버리는 성취감을 만끽했다. 반대로 리버풀팬들은 앙숙에게 제대로 반격할 수 있다는 희망이 절망으로 바뀌었다.

올드트래퍼드에서 뛰는 동안 칸토나는 맨유를 상징했다. 그가 안필드에서 뛸 뻔했다는 사실은 아이러니가 아닐 수 없다. 리버풀은 맨유보다 몇 해 앞서 칸토나 영입을 시도했다. 1991년 11월 UEFA컵에서 리버풀은 프랑스의 옥세르를 상대했다. 경기 후, 미셸 플라티니는 수네스를 찾아와 '당신이 좋아할 만한 선수가 있다'라고 말했다. 그 선수는 성격이 불같아서 님 올랭피크에서 문제를 일으켰고 지금 옮길 곳을 찾고 있다는 설명이었다. 그가 바로 에릭 칸토나다.

1995–96시즌은 칸토나에게 내려진 8개월 출장 정지 징계가 끝나가는 시점이었다. 사건은 1995년 1월 셀허스트파크에서 벌어졌다. 경기 중 퇴장당한 칸토나는 라커룸으로 돌아가는 길이었다. 가족석 구역을 지나가는데 매튜 시몬스라는 크리스털팰리스 팬이 계단을 뛰어 내려와 칸토나에게 욕설을 퍼부었다. 프랑스인 미드필더의 반응은 일반적이지 않았다. 칸토나는 주먹과 함께 시몬스의 가슴에 이단옆차기를 명중시켰다.

맨유는 내부적으로 해당 시즌의 나머지 21경기 출장 정지 징계를 내렸고, 잉글랜드축구협회는 징계 기간을 8개월로 최종 확정했다. 제재금 3만 파운드와 사회봉사 명령 120시간도 추가되었다. 당초 칸토나는 사법 당국으로부터 2주간 징역형을 선고받았다.

항소심에서 칸토나는 축구 기자회견 역사에 남을 어록을 남겼다. 그는 자신을 따라다니는 언론의 행태에 대해 이렇게 묘사했다. "기러기 떼는 어선을 따라다닙니다. 어부들이 정어리를 바다에 버린다는 사실을 알기 때문이죠. 감사합니다." 14초의 이 발언은 역사에 영원히 박제되었다.

퍼거슨 감독은 칸토나가 팀 내에서 얼마나 중요한지 잘 알기에, 징계 기간 내내 그의 곁을 지켰다. 그와의 관계를 모두 정리하라는 아내 캐시의 조언도 무시했다. 오랜 조언자인 브라이언 클러프는 더 독하게 말했다. "나 같으면 그 자식 불알을 떼버릴 거야!" 그런데 말이다, 1989년 그라운드에 난입한 노팅엄포레스트의 팬에게 주먹을 휘둘렀던 주인공이 바로 클러프다.

1994–95시즌 맨유는 무관에 머물렀다. 리그에서는 승점 1점 차이로 블랙번로버스에 밀렸고, FA컵 결승전에서는 에버턴에 패했다. 칸토나의 공백은 시간이 갈수록 커지는 듯했다. 스포츠브랜드 '나이키'는 옥외 광고판에 칸토나의 사진을 내걸고 '잉글랜드 축구 역사에서 1966년은 큰 의미를 지녔다. 에릭이 태어났기 때문'이라는 문구를 적었다. 배우 로비 오닐은 "그때 나는 열 살이었지만 그 광고는 생생히 기억합니다. 리버풀에겐 정말 도발적인 문구였으니까요"라고 말한다.

1995년 10월 1일, 칸토나가 징계를 마치고 복귀했다. 리버풀을 상대하는 프리미어리그 경기였다. 킥오프 2분도 되지 않아 칸토나는 니키 버트의 선제골을 도왔고, 이후 페널티킥을 성공시켜 2–2 동점을 만들었다. 골을 넣은 칸토나는 골대 뒤에 설치된 봉에 오르는 인상적인 셀러브레이션을 펼쳤다. 버트는 '드디어 선장이 돌아왔다!'라면서 칸토나의 귀환을 환영했다.

칸토나는 잃어버린 시간을 만회해야 했다. 케빈 키건 감독의 뉴캐슬을 추격하는 동안, 맨유는 칸토나의 맹활약에 힘입어 승점 21점을 획득했다. 칸토나의 결승골로 3월에만 뉴캐슬전 승리를 포함해 리그에서 4연승을 달렸다. 결국 맨유는 뉴캐슬을 승점 5점 차이로 따돌리고 리그를 제패했다. 한때 12점까지 벌어졌던 차이를 극복한 것이다. 잉글랜드 축구 역사에서 이 정도의 존재감을 발휘했던 선수는 매우 드물다.

리버풀은 맨유보다 승점 11점 뒤진 리그 3위였다. 앙숙이 우승 타이틀을 경쟁하는 동안, 리버풀은 팬들로부터 결과보다 플레이스타일을 중시한다는 원망을 들었다. 로이 에반스 감독이 이끄는 리버풀은 재능이 넘쳤고 명성이 뒤따랐다.

당시 영국에서는 '브릿팝'°이 폭발적 인기를 얻기 시작했다. 리버풀 소속 스타들은 축구와 패션의 접점 역할을 했다. 데이비드 제임스는 아르마니 모델로 패션잡지의 표지를 장식했다. 제이미 레드냅도 모델 계약을 하며 급부상했다. 존 반즈는 축구선수 최초로 래퍼가 변신했다. 〈로디드〉 매거진은 리버풀 꽃미남 스타들로 지면을 장식했다. 급상승한 프리미어리그의 연봉은 젊은 스타들의 일상을 화려하게 만들어주었다.

올드트래퍼드 선수단에 비해, 리버풀 스타들의 강인함이 떨어지고 있다는 인식이 퍼졌다. 이런 일반화가 사실일 수 있다는 증거가 바로 1996년 FA컵

° 1990년대 영국에서 성행한 얼터너티브 록 음악. 패션, 예술, 문화 등 사회 전반에 영향을 미쳤다.

결승전이다. 시즌 더블을 노리는 맨유를 상대해야 할 리버풀 선수들은 경기 전날 '날나리'라는 낙인을 찍어도 할 말이 없을 만한 기행을 선보였다.

웸블리의 전통에 따라, FA컵 결승전으로부터 이틀 전에 수트 공개 행사가 열렸다. 이전까지는 이 행사가 선수들에게 직접 질문할 수 있는 기회라는 측면이 강했다. 리버풀의 멜우드 훈련장에 많은 취재진이 모여 리버풀 선수들의 입장을 기다리고 있었다. 문이 열리고 햇살 아래 선수들이 걸어 나왔다. 아이스크림 홍보원들의 행진처럼 보이는 광경에 취재진은 탄성을 질렀다. 선수들은 모두 흰색 슈트 차림이었다. 흰색보다 바닐라 아이스크림 색상에 가까운 슈트에 하늘색 셔츠, 빨간색과 흰색을 조합한 넥타이가 리버풀 선수단의 단복이었다.

카메라 셔터가 정적을 깼다. 취재진의 반응은 감탄보다 안타까움에 가까웠다. 정작 창피해하는 선수는 별로 없어 보였다. 만약 1996년 5월 리버풀이 FA컵 우승 트로피를 획득했더라면 자신들의 패션이 얼마나 민망했는지 모른 채 지나갈 뻔했다.

가장 먼저 입장했던 선수는 닐 '레이저' 러독이었다. 그는 선글라스를 낀 채 과장된 모델 워킹을 선보이며 주인공의 순간을 만끽했다. 그러나 러독은 결승전 출전명단에서 제외되는 운명을 맞았다. 제이미 레드냅은 카메라를 향해 "레이저 좀 봐요. 모델 워킹이 죽이네요. 비가 내리지 않길 바랍시다. 그랬다간 큰일 나니까!"라고 외쳤다.

비가 내리는 것이 아니라 쏟아졌다, 리버풀의 평판 위로…. 망신살은 리버풀 선수단 전체의 몫이었다. 역대 최다 득점자인 이언 러시마저 기이한 패션쇼의 희생양으로 전락하고 말았다.

현재 〈데일리텔레그래프〉의 머지사이드 담당 기자로 일하는 크리스 배스컴은 당시에 팬으로서 결승전을 관전했다. 그는 민망함을 곱씹는 듯한 표정으로 그날의 패션쇼를 회상했다. “그따위 슈트를 입은 러시를 보면서 ‘아, 제발’이라고 절망했던 기억이 생생합니다. 그 결승전은 리버풀에서 뛰는 러시의 마지막 경기였어요. 러시처럼 위대한 선수가 마지막 경기에서 그런 옷차림을 한다는 건 정말 어처구니없는 일이었죠.”

에반스와 로니 모런 등 코칭스태프는 웸블리의 전통에 따라 짙은 색 슈트를 입고 있어서, 바닐라 색상을 휘감은 선수단과 극명한 대조를 이뤘다. 그로부터 26년이 지난 지금, 에반스 감독은 “그때 우리가 경기에서 이겼더라도 ‘선수들에게 꼭 흰색 슈트를 입혔어야 했어?’라는 불평을 지금까지 들을 것 같습니다”라고 그날의 진실에 대해 입을 뗐다.

“선수들이 선택한 겁니다. 아르마니 제품이었고요. 그 슈트를 입는 대가로 얼마를 받았는지는 모르겠습니다. 물어보지도 않았고요. 스태프들은 모두 네이비 색상의 블레이저를 입었어요. 로니 모런 코치가 그 흰색 슈트에 짜증을 내긴 했지만, 그리 심각하게 받아들이진 않았습니다. 양복 색깔이야 아무래도 상관없었으니까요. 선수들이 만족하면 라커룸 분위기는 좋아집니다. 반대로 경기에서 패하면 이런저런 말들이 나오는 법이죠. 가끔은 뚜껑 열리는 소리도 듣게 되지만, 축구선수에게 그런 일은 부득이한 면이 있습니다.”

결승전 당일에도 리버풀 선수단은 그 옷차림으로 웸블리에 모습을 나타냈다. 리버풀팬들은 경악을 금치 못했다. 일부 선수들은 러독의 선글래스 패션을 흉내 내기까지 했다.

한편 맨유 선수단의 분위기는 정반대였다. 그들은 짙은 색상의 블레이저와 흰색 셔츠, 단정한 넥타이를 매고 옷깃에 빨간 장미 한 송이를 꽂았다. 화려한 리버풀 스타들의 결혼식에 조용히 참석했다가 소리 없이 사라지는 하객처럼 보였다. 그들은 최근 네 시즌 동안 프리미어리그를 세 번이나 제패했다는 사실을 굳이 드러낼 필요가 없었다. 맨유가 세상의 관심을 끄는 도구는 패션이 아니라 빛나는 트로피였다.

해리 레드냅은 "아르마니 슈트를 입는다는 소식에 우리 모두 기뻐했습니다. 한 가지 흠이라면, 슈트 디자이너가 조르지오가 아니라 그의 동생인 빌리였다는 거였죠"라며 싱겁게 웃는다.

그날 현장에 있던 한 남자는 그 모습을 보고 자신들의 승리를 직감했다. 퍼거슨 감독이다. 몇 년 후 인터뷰에서 퍼거슨 감독이 한 말이다. "그 광경을 보고 브라이언 키드 코치에게 '우리가 1-0으로 이겼군!'이라고 말했어요. 정말 우스꽝스러웠죠. 중요한 건 로이 에반스 감독과 로니 모런 코치가 짙은 색 정장을 입었다는 사실입니다. 리버풀은 위대한 역사를 지닌 클럽이에요. 맨유보다 유럽대회 우승이 더 많았죠. 그따위 괴상한 슈트는 리버풀과 어울리지 않습니다."

리버풀 선수단의 옷차림에 놀란 것은 맨유의 코칭스태프뿐만이 아니었다. 결승전에서 교체로 출전했던 게리 네빌은 "내 눈을 믿을 수 없었죠"라고 말을 시작한다.

"다들 충격을 받았어요. 코칭스태프와 선수단의 옷이 다르다는 사실이 제일 놀라웠어요. 컵 대회 결승전에는 팀이 하나로 뭉쳐야 해요. 모두 같은 옷을 입어야 하는 거죠. 퍼거슨 감독은 선수단 옷차림에도 신경을 썼습니다. 내가 넥타이를 대충 매고 있으면 감독이 내 귀를 잡아당기면서 '똑바로 해!'라며 혼냈어요. 감독은 선수들에게 옷차림부터 자긍심을 가지라고 요구했습니다. 그런 점에서 리버풀은 정말 큰 실수를 저질렀어요. 홍보 참사라고 할 수 있어요."

퍼거슨 감독은 심리전의 대가였다. 그는 선수들이 몸을 풀기도 전에 리버풀의 패션 재앙으로부터 승기를 잡았다. 네빌의 회상이다. "나는 퍼거슨 감독의 팀토크를 똑똑히 기억합니다. 그날 감독은 아르마니 선수단복을 가져온 데이비드 제임스를 주목했어요. 감독은 '내 말 잘 들어. 페널티박스 쪽으로 계속 볼을 집어넣어. 제임스는 VIP석에 있는 조르지오 아르마니에게 손을 흔드느라 정신이 없을 테니'라고 말했어요."

퍼거슨 감독의 말은 거의 예언 수준이었다. 네빌은 "감독의 평소 팀토크는 대부분 자신의 출신 배경이나 열정에 관한 것이었어요. 하지만 그날은 상대의 스타플레이어를 조롱하는 것이어서 선수들이 모두 크게 웃었습니다"라고 덧붙인다.

네빌은 개인적으로 당시 리버풀의 패션 참사가 축구계의 암묵적 룰을 깨트렸다고 평가했다. "그때만 해도 축구계에는 구시대적 사고방식이 통용되고 있었어요. 예를 들어 밴드를 감은 선수는 약해 빠졌다는 식이었죠. 또 붉은색, 노란색 축구화를 신는 선수에게는 시원한 발길질이 필요하다고 여겼어요. 내가 스튜어트 피어스, 토니 아담스와 함께 잉글랜드 국가대표팀에서 뛰던 시절에도 80년대 '꼰대' 문화가 여전했습니다. '저 새끼 내보내! 약해 빠졌잖아!'라고 말하곤 했으니까요."

네빌은 그때만 해도 흰색 정장에 선입견이 있었다고 말한다. "물론 요즘은 다르죠. 흰색 정장을 입어도 얼마든지 터프해질 수 있어요. 머리띠를 두른 선수도 강할 수 있고, 머리를 염색한 선수도 터프가이가 될 수 있어요. 하지만 그때는 뭔가 튀는 짓을 하는 선수는 반드시 응징해야 할 대상이었어요. 데이비드 베컴이 그런 시대를 관통했다고 할 수 있어요." 네빌이 웃으며 말을 이어간다.

"90년대 기준으로 그날 리버풀 선수들의 옷차림은 '술 한잔하러 나가자'라는 뜻이었어요. 우리는 그게 심각한 오류임을 알아차렸죠. 만천하에 공개되는 자리였으니까. 실제로 리버풀 선수들은 술 한잔하러 맨체스터까지 자주 왔어요. 축구선수들의 음주 습관은 올드트래퍼드보다 리버풀에 더 오래 남아있었어요. 우리가 그런 짓을 하지 않는다는 사실이 그들을 부추겼을지도 모르겠군요. 축구에선 상대에게 아주 작은 틈만 있어도 그곳을 파고듭니다. 우리의 준비가 조금이라도 더 철저하다는 자신감이 생기면 그만큼 승리할 가능성이 커지는 법이죠."

네빌은 팀 분위기에서 맨유가 우위에 있었다고 설명한다. "우리는 강한 팀이었고 뛰어난 감독도 있었지만 방심하지 않았어요. 리버풀보다 투철한 정신상태로 경기를 철저히 준비했다는 점이 중요합니다. 그날 리버풀 선수들을 보면서 어딘가 나사 풀린 녀석들이라고 느꼈어요. 축구에만 집중하지 않는 듯한 인상 말입니다." 네빌의 이어지는 말이다.

"우리는 매일 올바르게 먹고, 제대로 된 훈련을 소화하면서 축구에 도움이 되는 디테일을 반복했습니다. 리버풀 친구들은 우리보다 술을 한 잔이라도 더 마시고, 옷차림에 신경 쓰느라 쓸데없는 언론의 주목을 받는 것처럼 보였어요. 장기 레이스인 시즌에서 그런 부분은 분명히 약점으로 작용합니다.”

90년대를 거치면서 맨유는 확실히 리버풀을 제쳤다. 이날 결승전은 퍼거슨 감독이 맨유에 와서 주요 목표로 삼았던 리버풀과 제대로 맞붙는 첫 결승전이었다. 그는 숙적에게서 한시도 눈을 뗀 적이 없었다. 특히 시즌 더블이 걸린 FA컵 결승전이라면 퍼거슨 감독의 각오는 더 강해질 수밖에 없었다. 왕좌에서 리버풀을 끌어내릴 확실한 기회이기 때문이다.

네빌은 ‘스파이스 보이스° vs. 맨체스터 유나이티드’라는 대결 구도를 명확히 했다. 그는 리버풀에도 좋은 선수들이 있었지만 맨유보다는 오만했던 것 같다고 말한다.

“우리 팀의 감독과 코치들은 늘 정신 무장을 강조했어요. 우리가 리버풀이나 맨시티에 패한다면, 거의 재난 수준의 사고처럼 여겼습니다. 메시지는 단순명료했어요. ‘그 녀석들한테는 절대, 절대 져서는 안 된다’였습니다.” 그의 이어지는 말이다.

“B팀이든 A팀이든 져서는 안 된다는 분위기였어요. 오후 3시에 열리는 크리스털팰리스 원정 경기를 앞두고 있었는데, 12시 반이 되자 퍼거슨 감독이 어디론가 전화를 걸었어요. 그날 오전에 있었던 유소년팀의 경기 결과를 확인하는 거였어요. 상대는 리버풀이었고요. 1군이든 유소년이든, 리버풀전은 그에게 특별한 의미가 있었어요. 그러니 FA컵 결승전에서 리버풀을 상대하는 마음가짐이 어땠겠어요?”

〈맨체스터이브닝뉴스〉의 스튜어트 매티슨 기자는 22년간 맨유를 전담했다. 그는 팀 전체가 네빌이 말한 마음가짐을 공유하고 있었다고 말한다.

° 대중문화의 아이콘이 된 영국의 걸그룹 ‘스파이스 걸스’에 비유한 표현이다.

"퍼거슨 감독이라면 결코 그런 옷차림을 용납하지 않았을 겁니다. 칸토나라면 달랐을까요? 퍼거슨이 칸토나를 얼마나 특별 대우했는지 라이언 긱스로부터 들은 적이 있습니다. 경기를 앞두고 긱스가 넥타이를 헐렁하게 매고 있자 퍼거슨은 '이 자식, 넥타이 똑바로 못 매?'라고 소리쳤어요. 그때 바로 옆으로 칸토나가 지나갔는데, 트레이닝복에 빨간 운동화 차림이었어요. 긱스는 속으로 '큰일 났군!'이라고 생각했지만, 퍼거슨 감독은 '저게 바로 스타일이지!'라며 칭찬했다고 해요."

매티슨 기자는 '칸토나 정도 되면 컵대회 결승전을 앞두고 흰색 슈트 차림으로 나타나도 무사했을 것 같다'라고 말한다. 퍼거슨 감독은 칸토나를 끔찍이 아꼈다. 이단옆차기 사건이 일어났을 때, 영국의 모든 축구팬들은 칸토나의 축구 인생이 끝났다고 생각했다. 그러나 퍼거슨 감독은 끝까지 칸토나의 편에 섰고, 칸토나는 보스에게 충성을 다하겠다는 마음을 키웠다. 칸토나는 FA컵 결승전 전에 이미 퍼거슨 감독에게 보은을 한 상태였다.

1986년 리버풀의 시즌 더블 멤버였던 마크 로렌슨도 흰색 슈트 사태를 보며 어안이 벙벙했다. "집에서 TV를 보다가 '젠장, 이게 무슨 일이야?'라고 생각했습니다. TV가 고장 난 줄 알았어요. 내가 뛰었던 클럽에서 도대체 무슨 일이 벌어지고 있는지 이해할 수 없었죠." 로렌슨의 이어지는 말이다.

"저런 아이디어를 낸 범인이 누구인지 궁금했습니다. 이런 해프닝을 관리하지 못한 것도 문제였어요. 선수들이야 그럴 수 있다 쳐도 코칭스태프는 이야기가 다르죠. 리버풀의 부트룸이 어떻게 작동하는지는 모두가 압니다. 내가 뛰던 시절에 누군가 부트룸에 와서 '웸블리에 갈 때 흰색 슈트를 입고 싶어요'라고 말했다면, 코치들은 아마도 '멋진 생각이군. 그런 생각을 하다니 정말 대단해. 그런데 넌 결승전에서 못 뛸 거야'라고 대답했을 거예요."

로렌슨은 정말 상상도 못 할 일이라며 한심해한다. "로니 모런 코치 같은 사람은 들고 있던 찻잔을 집어 던졌을 것 같아요. 평소에 인자한 에반스 감독이라면 '그래, 너희가 원한다면 그렇게 입어. 하지만 우리 코칭스태프는 이걸 입을 거야'라고 대답했을 것 같습니다. 부트룸은 늘 차분했어요. 억지로 외부의 관심을 끌지도 않았고, 스스로 실패의 함정에 빠지지도 않았죠. FA컵 결승전에 흰색 슈트 차림으로 갔다면 경기에서는 죽어도 이겨야 했어요. 알다시피 결과는 정반대였죠. 그런 짓을 하고서 패하면 그 짓이 몇 배로 두드러집니다. 실제로도 그랬고요."

웸블리에서 최정점을 찍은 맨유의 그 시즌은 사실 출발이 불안했다. 리그 시작 전에 굵직한 선수 세 명이 팀을 떠났기 때문이다. 오랜 세월 팀에 헌신했던 골잡이 마크 휴즈는 첼시로 이적했다. 미드필더 폴 인스는 인터밀란으로, 윙어 안드레이 칸첼스키스는 에버턴으로 각각 옮겼다. 퍼거슨 감독은 곧바로 리빌딩에 들어갔다.

매티슨 기자는 "우리는 퍼거슨 감독이 젊은 선수들을 기용하려고 베테랑들을 처분했다고 생각했습니다"라고 말한다. "휴즈의 이적이 선수 본인의 선택이었다고 단언하기 어렵습니다. 계약상 문제가 해결되었다면 퍼거슨 감독이 휴즈를 팔지 않았을 것 같아요. 칸첼스키스는 도박 문제 때문에 이미 거취가 결정된 상태였어요. 퍼거슨 감독이 자의로 처분을 원했던 선수는 인스뿐이었죠."

매티슨은 퍼거슨 감독이 루이스 판 할에게 영감을 얻었다고 한다. "판 할은 어린 선수들이 주축인 아약스로 1995년 챔피언스리그에서 우승했어요. 이는 퍼거슨 감독에게 젊은 선수들의 가능성에 대한 자신감을 안겨주었습니다."

아약스의 유스 혁명에 고무된 퍼거슨은 1992년 아카데미 졸업자들로 베테랑 3인의 공백을 메울 생각이었다. 긱스는 이미 1군에서 주전으로 활약 중이었다. 여기에 폴 스콜스, 니키 버트, 데이비드 베컴, 네빌 형제가 합류했다. 그러나 맨유는 개막전에서 애스턴빌라에 1-3으로 패했다. 사람들은 퍼거슨 감독이 잘못된 리부팅 버튼을 눌렀다고 말했다. 이 패배로 인해 지금까지 조롱감으로 회자되는 평론이 만들어졌다.

〈매치오브더데이〉의 진행자 데스 라이넘이 "도대체 무슨 일인가요?"라고 묻자 리버풀 레전드 앨런 한센은 "맨유에 딱히 큰 문제가 있는 건 아니지만, 애들 데리고는 우승할 수 없습니다"라고 대답한 것이다.

한 문장의 파급력은 대단했다. 리버풀 레전드의 입에서 나온 말이어서 상징성이 더 컸다. 진행자는 칸토나, 긱스, 앤디 콜, 스티브 브루스 등을 언급하면서 한센에게 도망갈 구멍을 제공했지만, 앨런 한센은 "충분치 않아요. 리그에서 우승하려면 스쿼드의 깊이가 중요합니다. 맨유는 그걸 갖지 못했어요"라며 자신의 주장을 꺾지 않았다.

퍼거슨 감독은 젊은 선수들에게 동기부여를 할 때마다 '애들 데리고는 우승할 수 없다'라는 문장을 애용했다. 한센도 본인에게 축구 전문가 경력을 안겨준 결정적 어록이었다고 자평한다. 어록 탄생 25주년을 맞이해 BBC스포츠에 기고한 칼럼에서 그는 이렇게 썼다.

'맨유가 거둔 놀라운 성공을 생각하면 그 한마디가 내겐 주홍글씨였을지도 모르겠다. 사실, 그 문장이 지금의 나를 만들었다. 사람들은 지금까지 그 어록을 인용한다. 퍼거슨 감독은 별말이 없었지만, 일정 부분 내 말에 동의할 것도 같다. 그가 내 말을 젊은 선수들에게 인용하면서 동기부여한다는 얘기를 들었다. 맨유의 성공에 내 지분도 조금은 있지 않을까?'

안필드에서도 유스팀은 중요했다. 에반스 감독은 레드냅, 스티브 맥마나만, 로비 파울러, 롭 존스, 제이슨 매카티어 등의 젊은 선수와 러시, 반즈, 존 스케일스, 필 밥처럼 경험이 풍부한 베테랑을 조합해 팀을 꾸렸다. 리버풀은 역대 최대의 이적료를 내고, 노팅엄포레스트에서 스탄 콜리모어까지 영입했다. 사람들은 '마지막 퍼즐 조각'이라는 진부하기 짝이 없는 표현을 동원했다. 최소한 이론적으로는 시대를 초월한 팀 구성에 성공한 것처럼 보였다. 그러나 큰 기대를 모았던 리버풀 스쿼드의 유일한 성취는 1995년 볼턴원더러스를 꺾고 차지한 리그컵이었다.

존 스케일스가 1994년 윔블던에서 이적했다. 윔블던은 1988년 FA컵 결승전에서 '문화 클럽' 리버풀을 꺾고 깜짝 우승을 차지했다. '미친 갱단'으로 불렸던 윔블던의 비니 존스, 존 파샤누, 데니스 와이즈와 달리, 스케일즈는 세련된 외모와 실력을 겸비한 선수였다.

스케일스는 여러모로 리버풀과 찰떡궁합처럼 보였다. 하지만 25년이 지난 지금까지 '스파이스 보이스' 딱지는 그에겐 씁쓸한 여운을 남긴다. 당시 '스파이스 걸스'는 영국 최고 인기 그룹이었다. 시끌벅적 모든 것을 한꺼번에 불태우는 듯한 모습이 '스파이스 걸스'의 전형적 이미지였다.

스케일스는 "그런 꼬리표에 선수들 모두 실망했습니다"라고 말을 시작한다. "도저히 칭찬이라고 생각할 수 없었죠. 처음 들었을 때는 우리도 웃어넘겼지만, 시간이 흐르면서 '스파이스 보이스'는 프로답지 못하다는 표현으로 자리 잡았어요. 프로선수로서 그 표현은 비수처럼 느껴졌습니다. 나는 여전히 '규율이 다소 부족했다'라고 표현하고 싶어요. 물론 내 생각이 우리 모두를 대변하진 않겠지만 말입니다." 그가 이어서 말한다.

"가혹한 표현이긴 해도, 기대 이하였던 우리의 경기력을 단적으로 묘사하는 말이라 생각해요. 결승전에서 승리해서 우승했다면 그런 옷차림은 얼마든지 용서받을 수 있었어요. 반대로 패하면 당장 꼬투리 잡히는 건수가 되는 거죠."

스케일스는 당시 선수들끼리 그 해프닝에 대해 진지하게 대화를 나눈 적이 없다고 말한다. "스파이스 보이스란 표현은 선수단 전체를 싸잡아 폄하하는 것이었어요. 로니 모런 코치는 그날 내내 '정말 멍청한 옷을 입은 녀석들이군'이라며 짜증을 냈어요. 어쨌든 에반스 감독이 나서서 뭔가를 했어야 했어요. 우리는 그런 꼴로 경기장에 가서는 안 되었던 거예요. 분명히 다른 단체복 샘플도 있었어요. 만약 그 흰색 슈트가 최선이었다면, 샘플 전체가 엉망이었다는 뜻입니다."

스케일스는 당시 리버풀의 패션 중심가인 울턴 지역에 거주했다. 이적 동기인 필 밥, 에버턴의 전설적 감독 하워드 켄덜이 이웃사촌이었다. 스케일즈는 새롭게 단장된 앨버트독의 맛집에서 식사를 즐겼다. 결승전을 앞두고 식당에서 만난 팬들은 한결같이 '반드시 맨유의 우승을 막아 달라'라고 부탁했다.

리버풀팬 로비 오닐은 할아버지 댁에서 TV로 결승전을 지켜봤다. 그는 축구 경기를 보면서 울음을 터뜨리는 첫 경험을 했다. 다행히 리버풀 선수단의 흰색 슈트가 아니라 패배로 끝난 경기 결과 때문이었다. 다른 많은 리버풀팬처럼, 오닐은 선수단복을 보면서 문제가 있다고 생각하지 못했다. 오닐의 말이다.

"제임스가 아르마니 모델이었어요. 당시 리버풀 아이들은 모두 베르사체와 아르마니에 열광했어요. 명품 브랜드를 입으면 '인싸'가 된다는 분위기였죠. 그러니 명품 슈트를 차려입은 선수들이 근사해 보였어요. 솔직히 나도 흰색 아르마니 슈트가 멋지다고 생각했어요. 물론 그때 나는 열 살 꼬마였어요."

피터 후턴의 기억은 어린 꼬마 팬과 달랐다. "그때까지 흰색 슈트를 입은 사람을 딱 두 명 보았습니다. 존 트라볼타와 결혼식장의 케빈 키건이었죠. 그때도 우리는 배꼽을 잡고 웃었어요. 결승전 날 리버풀 선수단복을 보면서 '저 자식들 지금 뭐 하는 거야?'라고 황당해했어요. 흰색 슈트는 90년대의 리버풀을 상징하는 모습으로 굳어져 버렸어요. 그 전에 리버풀 스타들의 이미지는 주차장에서 핸드브레이크를 건 멋진 자동차를 요란하게 회전하는 모습이었어요. 리버풀은 헛소문의 본거지라 선수들이 실제로 그런 일을 했는지는 확실치 않지만요."

리버풀팬 중에는 그날 칸토나에게 허용했던 실점만큼, 흰색 슈트에 책임을 물어야 한다고 생각하는 사람이 많다. 존 윌리엄스 교수도 그중 하나다. "리버풀에는 생클리와 페이즐리 시대를 거치면서 형성된 우리만의 이미지가 존재합니다. 철저한 프로페셔널 이미지 말입니다. 그런데 결승전에서의 해프닝 하나가 그런 이미지를 몽땅 망가트렸어요. 괴상한 옷차림은 리버풀이 상징하는 모든 것을 부정했습니다. 축구에 진지하게 임하는 태도 말입니다. 바보들처럼 보였냐고요? 당연히 그랬어요. 경기장에 아예 오지 않았던 것보다 더 나빴냐고요? 당연히 그랬어요."

윌리엄스 교수의 분노는 당시 리버풀팬들의 기분을 대변한다고 할 수 있다. 원한다면 얼마든지 흰색 슈트를 입어도 된다. 괴상한 옷차림을 원한다면 뭐라도 가능하다. 무슨 짓이든 얼마든지 해도 된다. 단, 경기에선 이겨야 한다.

1996년 FA컵 결승전이 시작되었다. 맨유는 붉은색 홈 유니폼을 입고 경기에 나섰다. 리버풀 선수들은 녹색과 흰색이 어우러진 유니폼으로 갈아입었다. 경기 전 볼거리와 달리, 킥오프 휘슬이 울린 이후 결승전 내용은 지루하기 짝이 없었다. 퍼거슨 감독은 에반스 감독의 예봉을 신중하게 막아냈다. 따분한 경기가 이어졌다.

베컴의 날카로운 슛을 제임스가 멋지게 막아냈다. 칸토나가 시도한 슛도 마찬가지였다. 맨유의 수문장 피터 슈마이켈은 콜리모어의 슛을 막았던 장면 외에는 바빠 보이지 않았다. 콜리모어는 부진한 경기 끝에 75분에야 이날 가장 빛나는 활약을 펼쳤다. 위대한 이언 러시에게 리버풀 통산 660번째이자 마지막 출전 기회를 제공하며 교체되었기 때문이다.

1986년과 1989년 각각 머지사이드 더비로 펼쳐진 FA컵 결승전에서 러시는 두 골을 터트렸던 주인공이다. 1992년 선덜랜드를 꺾었던 골 역시 그의 작품이었다. 하지만 이날 결승전에서 러시는 유종의 미로 장식될 수 있었던 347번째 득점에 실패했다. 설상가상 러시는 맨유의 사상 두 번째 시즌 더블 달성을 돕는 실수를 저질렀다. 결승전에서 '킹 에릭'은 모든 것을 지배했다. 에릭 칸토나의 결승골이 들어가자 웸블리는 감았던 눈을 간신히 떴다.

베컴이 코너킥을 올렸고, 제임스가 문전에서 직접 날아오는 볼을 쳐내려고 했다. 맨유 수비수 데이비드 메이와 리버풀의 마크 라이트가 엉켰다. 세 명이 엉킨 사이에 볼은 러시의 어깨를 거쳐 쇄도하는 칸토나에게 연결되었다. 러시는 혼신의 힘으로 슛을 막으려 했지만, 그 일은 순식간에 벌어졌다. 칸토나는 뒤로 물러나는 자세로 완벽한 앵글을 잡았다. 그의 오른발 슛은 리버풀 선수들 사이로 날아가 골망을 흔들었다. 달려드는 러시, 제임스, 라이트를 지나치고 반즈, 존스, 스케일스, 매카티어를 꿰뚫는 궤적이었다.

이 장면에서 슛을 막으려는 리버풀 선수들의 태도에 물음표가 달렸다. BBC의 중계 마이크를 잡았던 트레버 브루킹은 "슛이 날아오는데 왜 아무도 몸이나 머리를 내던지지 않았을까요?"라며 리버풀 선수들의 투지 부족을 꼬집었다.

휴가 중에 경기를 봤다는 프리미어리그 감독 한 명도 비슷한 반응을 보였다. "그 골이 들어가자마자 '리버풀은 변하지 않아. 다들 광고 계약에 신경 쓰느라 날아오는 슛을 얼굴로라도 막아야겠다고 생각하는 사람이 하나도 없잖아'라는 생각이 들더군요." 당시 사람들이 리버풀의 집중력에 대해 어떻게 생각했는지를 보여주는 단적인 사례다. 리버풀은 맨유의 시즌 더블 행진을 막는 일에 다시 실패했다. 한때 역사적 성취였던 '맨유의 우승 가로막기'는 헛된 꿈처럼 보였다.

결승전이 끝나고 맨유 선수들은 우승을 자축했고, 리버풀 선수들은 흰색 슈트를 반납할 때 필요한 수령증을 찾느라 바빴다. 그 시간 BBC스포츠의 클라이브 타일즐리는 엄청난 부담감을 느꼈다고 말한다. 시청자는 물론 방송국 상사들이 오직 한 사람의 목소리만 듣고 싶어 했기 때문이다.

"무조건 칸토나의 인터뷰를 따야 했습니다. 칸토나는 징계위원회에서 기러기와 정어리 떼 발언을 한 후로 모든 인터뷰를 거부하고 있었어요. 나는 경기 내내 제발 칸토나만 골을 넣지 말기를 기도했어요. 물론 우리에겐 인터뷰할 권리가 있었어요. 중계권료를 지불했기 때문입니다. 상사가 빨리 칸토나를 잡으라고 채근했어요. 나는 그라운드에서 칸토나를 발견했어요. 그도 내 손에 있는 마이크를 봤을 겁니다. 하지만 그는 아무것도 못 봤다는 듯이 뒤로 돌아 라커룸 쪽으로 사라졌어요."

타일즐리가 당시의 상황에 대해 웃으며 말한다. "귀에 꽂은 인이어를 통해 '칸토나! 칸토나! 칸토나! 퍼거슨 감독!'이라는 다급한 목소리가 들어왔어요. 나는 곧바로 곁에 있던 퍼거슨 감독을 붙잡았고 인터뷰에 성공했습니다. 감독에게 마지막 질문으로 '칸토나 인터뷰 좀 안 될까요?'라고 물었더니 괜찮다고 했어요. 우리는 칸토나에게 달려가 간신히 인터뷰를 시작했습니다. 하지만 시간이 지체되는 바람에 리버풀 선수들이 이미 은메달 시상식을 마친 상태였죠. 잉글랜드축구협회 관계자가 오더니 '미안하지만, 칸토나는 시상식 준비를 해야 해요'라고 외쳤어요." 인터뷰 내용에 대해서 타일즐리는 이렇게 덧붙인다.

"인터뷰에서 던진 질문은 달랑 두 개였습니다. 두 번째 질문이 '1년 전과는 상황이 크게 달라졌는데…'였어요. 오랜 징계 후 우승을 차지한 소감을 묻고 싶었던 거예요. 적절한 질문이긴 했지만, 상황에 딱 들어맞지 않았을 수도 있어요. 칸토나는 '뭐, 인생이 그렇죠. 올라갔다 내려갔다. 하지만…'까지 말하고 시상식을 준비하러 떠나야 했습니다."

우승 트로피를 받으러 웸블리의 39개 계단을 오르던 중, 리버풀팬이 뱉은 침이 칸토나의 머리 위에 떨어졌다. 이번에 그는 이단옆차기가 아니라 경멸하는 눈빛으로 대응했다. 퍼거슨 감독은 리버풀의 일부 팬이 날리는 주먹을 피하면서 계단을 올라갔다. 하지만 그 어떤 것도 그의 기쁨을 망치지 못했으리라.

프리미어리그 우승에서 맨유의 주된 경쟁자는 케빈 키건 감독이 이끄는 뉴캐슬이었다. 맨유가 리즈유나이티드를 간신히 꺾은 후, 퍼거슨 감독은 뉴캐슬을 상대로 심리전에 들어갔다. 리즈가 다음 경기인 뉴캐슬전에서 동기부여가 떨어질 것이라고 발언한 것이다. 키건 감독은 퍼거슨의 덫에 보기 좋게 걸렸다. 리즈 원정에서 1-0으로 승리한 키건 감독은 〈스카이TV〉 카메라를 향해 손가락질하며 '우리가 맨유를 꺾으면 정말 짜릿할 겁니다. 정말로!'라고 소리쳤다. 결국 뉴캐슬은 맨유 추격에 실패한 채 2위에 머물렀다.

웸블리에 모인 맨유팬들은 키건 감독의 몰락을 조롱하는 응원가를 힘차게 불렀다. 우승을 자축하며 그라운드를 한 바퀴 돌던 게리 네빌이 목청껏 그 노래를 따라 부르는 모습이 중계 카메라에 잡혔다. 네빌의 회상이다. "내가 노래 부르는 장면이 딱 걸렸더라고요. 그 순간만큼 나도 맨유팬이었습니다. 팬들이 부르는 노래라면 우리도 얼마든지 따라 부를 수 있어요. 어릴 때부터 맨유를 지지했던 사람뿐 아니라 맨유와 관계된 사람 모두가 팬입니다."

하지만 게리 네빌은 얼마 안 있어 그날의 일에 대해 키건 감독에게 사과의 편지를 썼다. "내 인생에서 유일한 사과 제스처였습니다. 왜 그랬는지 정확히 설명하긴 힘듭니다. 아마도 개인적 원한을 남기긴 싫었기 때문일 것 같네요. 키건 감독은 인격과 품성이 훌륭한 사람이고, 나는 그를 존경합니다. 10년쯤 지난 일이라면 사과까진 안 했을 테지요. '그럴 수도 있지'라며 넘겼을 것 같습니다."

결론적으로 네빌의 사과 편지는 충분한 가치가 있었다. 1999년 키건은 글렌 호들의 뒤를 이어 네빌이 뛰는 잉글랜드 국가대표팀의 감독이 되었다.

시상식에서 칸토나는 냉정하고 차분한 모습이었다. 하지만 네빌은 결승전에서 리버풀을 상대한다는 것의 무게는 칸토나에게도 마찬가지였다고 주장한다. "결승전을 앞두고 에릭만 예외일 수는 없어요. 퍼거슨 감독은 공사를 막론하고 언제나 리버풀이 최대 라이벌이라는 점을 강조했습니다. 그런 분위기 속에서 칸토나만 따로 놀긴 어려웠죠. 클럽 전체가 리버풀을 특별한 상대로 여겼습니다."

게리 네빌은 라이벌전을 앞둔 퍼거슨 감독에 대해서도 말한다. "유소년이든 리저브든 1군이든 상관없었어요. 리버풀이나 맨시티와 격돌하는 경기를 앞두고 퍼거슨 감독은 분노에 찬 표정을 감추지 않았어요. 화가 났다기보다 엄청나게 집중한 얼굴이었어요. 1년 중 대부분 시간 동안 퍼거슨 감독은 인자함을 유지했어요. 그러다가 리버풀전이 있는 주가 되면 인자함이 사라지곤 했죠. 특히 본격적으로 존재감을 쌓고 있던 90년대 중반에 그랬습니다. 권위와 통제력을 완성했던 2000년대 중반에도 리버풀전만 다가오면 퍼거슨 감독은 완전히 다른 사람으로 돌변했어요."

네빌에 따르면 선수들 사이에서도 웃음기가 사라지고 훈련하는 분위기도 달라졌다고 한다. "리버풀전을 앞두고 진행하는 훈련은 훨씬 진지했습니다. 리버풀을 상대하는 경기가 FA컵 결승전이라고 생각해보세요. 말하지 않아도 그 분위기가 어떨지 짐작될 겁니다."

FA컵 결승전에서 맨유는 리버풀을 꺾고 사상 두 번째 시즌 더블을 달성했다. 퍼거슨 감독 개인은 물론 젊은 패기로 뭉친 맨유 선수단 전체에게, 이날 승리는 궁극의 해방이었다.

한편 리버풀팬들이 느낀 좌절감은 거대했다. 분노가 절절했다. 피터 후턴은 결승전 후에 런던의 한 호텔에 모였던 서포터즈들에 대해 생생히 기억한다면서 말을 꺼냈다.

"그 자리엔 파울러와 맥마나만의 부친도 있었습니다. 두 선수는 민망한 나머지 결승전이 끝나자마자 기차를 타고 리버풀로 돌아갔다더군요. 그런데 맥마나만의 부친이 '지금 시내로 놀러 간 선수들이 있다'라면서 나이트클럽 이름을 알려줬어요. 그 말을 들은 내 친구는 당장 그 나이트클럽으로 달려가 선수들을 찾아냈어요. 그러고는 '개똥 같은 경기를 하고서 여기 와도 된다고 생각해?'라고 쏘아붙였어요. 선수들이 '당신 누구야?'라고 묻자 친구는 '너희들 연봉 보태주는 사람이다, 왜!'라고 받아쳤어요. 그런 상황에서도 나이트클럽에 가는 선수들이 있었고, 그런 행동을 수치스럽게 받아들이는 팬들이 있었다는 게 팩트예요."

선수단 전원이 머지사이드로 복귀한 뒤에 진상 파악이 시작되었다. 그렇게 재능 넘치는 선수들이 가장 중요한 경기에서 왜 얼이 빠졌는지, 무엇보다 흰색 슈트가 누구의 발상이었는지가 주요 쟁점이었다. 스케일스는 데이비드 제임스의 아이디어였다고 확신한다.

"그때 제임스는 아르마니와 계약 관계에 있었어요. 나머지 선수들은 기껏해야 '톱맨'○ 수준이었죠. 다른 동료들은 몰라도 나는 패션과 거리가 멀었어요. 나는 제임스를 원망했어요. 거기다 존 반즈가 패션 서커스를 부추겼다고 생각해요. 존 반즈가 흰색 슈트로 기울자, 나머지 선수들도 우르르 제임스 편에 섰어요."

스케일스는 그날 결승전에 매우 실망했다고 한다. 그는 클럽의 선수단 관리에 불만을 품었고 결국 안필드 생활을 접었다.

"나는 마음을 단단히 먹고 FA컵 결승전을 준비했습니다. 1988년 내가 뛰었던 윔블던이 리버풀을 꺾었을 때, 나는 겨우 스물한 살이었어요. 그게 얼마나 큰 경험인지 미처 깨닫지 못했죠. 1995년 리버풀은 리그컵 결승전에서 맥마나만의 두 골로 볼턴을 제압했어요. 하지만 이건 훨씬 중요한 FA컵입니다. 나는 진심으로 우승을 바랐습니다."

하지만 스케일스는 충격적일 정도로 형편없는 경기였다고 자평한다.

"당시 팀 내엔 부정적 이슈도 있었어요. 출전명단에 들지 못한 선수가 불만을 터트리기도 했고, 선수단

○ 정장부터 캐주얼, 신발, 액세서리 등을 취급하는 영국의 대표적인 스파 브랜드

버스에서 동료와 말다툼을 벌이기도 했어요. 그날 패배는 정말 최악이었어요. 스스로 기회를 망친 꼴이었죠. 선수단의 재능이 만개하긴 어렵겠다는 생각이 들었어요. 나는 코칭스태프에게 '이건 정말 잘못되었다'라고 말했어요. 클럽의 지도 방향이 틀렸다는 게 내 생각이었죠. 선수단 규율도 수준 이하였어요. 그렇게 내 의견을 밝힌 것이 결국 리버풀과 헤어진 계기가 되었어요. 결승전으로부터 6개월 뒤, 팀을 떠났습니다."

스케일스는 결승전을 계기로 퍼거슨 감독과 로이 에반스 감독이 비교되기 시작했다고 말한다. "인격이 훌륭한 지도자라고 해서 비난을 피해 갈 수는 없어요. 어떤 분야에서든 리더십이 중요해요. 축구라고 예외는 아니에요. 선수로서 내게도 책임이 있었어요. 나도 내 경기력에 만족하지 못했고 팬들의 눈높이에도 미치지 못했으니까요."

그는 리버풀에서 뛰는 내내 자긍심을 느꼈다고 밝힌다. "면죄부를 받기 위해 에반스 감독의 패착을 지적하는 게 아닙니다. 에반스 감독은 정말 좋은 사람이지만 팀에 위대한 성공을 가져다줄 리더십이 부족했어요. 당시 리버풀 선수단의 수준은 매우 높았어요. 다들 좋은 동료였기에 누구도 험담하고 싶지 않아요. 하지만 실망감은 컸습니다. 그런 재능을 갖고도 성공하지 못했기 때문이죠."

크리스 바스콤도 이 의견에 동의한다. "리버풀 선수들은 리버풀에 소속된 것만으로도 충분히 만족하는 사람처럼 보였어요. 심지어 이적한 선수들도 '리버풀에 왔으니까 됐다'라는 식이었죠. 인성이 나쁘거나 최선을 다하지 않았다는 뜻이 아니에요. 다만 '리버풀 선수가 되었으니 이제 나도 돈 좀 만지겠네'라는 분위기가 있었어요." 바스콤의 이어지는 말이다.

"로이 에반스 감독은 오랫동안 리버풀에 헌신했던 지도자였기에 다들 친절하게 대하려고 했어요. 하지만 후임자인 제라르 울리에 감독과 비교하면 에반스 감독이 선수들에게 너무 물렀던 것도 사실입니다. 로비 파울러 등 내가 아는 선수 몇 명은 '스파이스 보이스' 비난이 지나치다고 생각했어요. 솔직히 나는 동의하지 않습니다. 그때 리버풀 선수들이 조금만 더 강철 같은 마음가짐이었다면 결과는 달라질 수 있었어요. 그런 생각을 하면 우울해지죠."

결승전 이후 스케일스가 한 행동은 상징하는 바가 크다. 그는 성공 욕구를 채우고 싶어 했다. 리버풀에는 없는 부분을 채울 최고의 기회는 어디에 있다는 걸까? 스케일스의 말이다.

"리버풀을 떠날 결심이 서면서 맨유 쪽에 연락을 취했어요. 알렉스 퍼거슨 감독 아래서 뛰어보고 싶었기 때문입니다. 리버풀 출신으로서는 대단한 결심이었죠. 나는 리버풀을 사랑하고, 내 팀은 리버풀이었어요. 하지만 알렉스 퍼거슨은 천재였고, 제국을 건설한 주인공이었어요. 축구선수라면 누구나 제국의 일원이 되고 싶어 하죠. 모든 선수가 트로피를 원해요. 승리자의 팀 안에서 더 발전하고 싶어 하는 게 당연합니다."

스케일스는 결국 토트넘으로 이적했다. 두 클럽 사이에 존재하는 거리를 뛰어넘으려는 시도가 위험하다는 사실을 깨달은 걸까? 그의 말을 들어보자.

"난 리버풀 토박이가 아닙니다. 내가 그렇게 대단한 선수도 아니고요. 약간의 잡음은 있겠지만 맨유 이적에 큰 문제가 없을 거라 생각했어요. 로비 파울러만큼 심각하게 고민하진 않았다는 뜻입니다. 이적 협상 테이블을 내려치면서 '난 맨유로 가고 싶다고!'라는 식은 전혀 아니었어요. 퍼거슨 감독 아래서 뛸 수만 있다면 무슨 짓이든 하겠다는 마음은 확실했어요. 그런데 맨유는 내게 관심이 없었어요."

컵대회 결승전 패배는 시간이 갈수록 상징성이 커졌다. 다음 시즌, 리버풀은 장기간 리그 단독 선두를 달렸다. 최종일을 앞둔 시점에서도 맨유에 이어 2위를 기록 중이었다. 하지만 셰필드웬즈데이 원정에서 무승부에 그치면서 결국 최종 순위표에서 4위를 기록했다. 리버풀 앞에 맨유, 뉴캐슬, 아스널이 있었다. 언론은 리버풀의 최종 성적표를 놓고 '2강 경쟁 끝에 4위를 차지한 팀'이라고 조롱했다.

리버풀은 유러피언컵위너스컵 준결승전에서도 파리생제르맹에 합산 2-3으로 무릎을 꿇었다. 승부는 1차전에서 이미 결정되었다. 리버풀은 형편없는 경기력을 펼치며 '운 좋게' 0-3으로 패했다. 리버풀의 허술한 이미지가 언론과 팬의 뇌리에 더욱 고착되었다.

그 시즌의 2월, 맨유는 안필드에서 3-1 승리를 거두며 사실상 우승 경쟁에 쐐기를 박았다. 하지만 1996-97시즌이 끝나고 놀라운 소식이 전해졌다. 최근 다섯 시즌 동안 네 번째 프리미어리그 우승 트로피를 들어 올린 에릭 칸토나가 서른 살의 나이로 은퇴를 선언한 것이다. 리즈 소속으로 리그를 제패한 이래, 칸토나의 눈부신 경력에서 이단옆차기 징계만이 유일한 흠집으로 남았다.

칸토나의 은퇴는 올드트래퍼드를 뒤흔들었다. 챔피언스리그 준결승전에서 보루시아도르트문트에 패한 결과가 특히 뼈아프게 느껴졌다. 유러피언컵 우승은 칸토나의 경력을 빗겨 갔지만, 몇 년 후 퍼거슨 감독은 기어

이 최정상에 서고야 말았다. 칸토나의 은퇴가 그 도화선이 되었다.

칸토나는 자신의 은퇴에 대해 이렇게 밝혔다. “나는 프로축구선수로서 13년을 지냈습니다. 꽤 긴 시간이었어요. 이제 다른 일을 해보려고 합니다. 나는 늘 맨체스터 유나이티드에서 최고의 자리에 있을 때 은퇴할 생각이었어요. 내 인생 최고의 순간에 도달했기 때문입니다.”

자신의 말 그대로 칸토나는 맨유에서 수많은 정점을 경험했다. 1996년 5월 11일, 웸블리에서 벌어진 FA컵 결승전이야말로 정점 중의 정점이 아니었을까?

RED ON RED 06

MATCH	STADIUM	DATE
FA컵 결승전	**웸블리**	**1996년 5월 11일**

SCORE

리버풀 0 : 1 맨체스터 유나이티드
LIVERPOOL **MANCHESTER UNITED**

에릭 칸토나 **85'**

리버풀 출전명단 (4-3-3)

감독 **로이 에반스**

데이비드 제임스; 롭 존스(마이클 토마스 85'), 마크 라이트, 필 밥, 존 스케일스; 제이슨 매카티어, 존 반즈, 제이미 레드냅; 스티브 맥마나만, 스칸 콜리모어(이언 러시 74'), 로비 파울러

맨체스터 유나이티드 출전명단 (4-4-2)

감독 **알렉스 퍼거슨**

피터 슈마이켈; 데니스 어윈, 데이비드 메이, 게리 팔리스터, 필립 네빌; 데이비드 베컴(게리 네빌 89'), 로이 킨, 니키 버트, 라이언 긱스; 에릭 칸토나, 앤디 콜(폴 스콜스 65')

주심 더모트 갤러거

관중 79,007명

CHAPTER 07

누가 스카우저의 골망에 골을 넣었나?

WHO PUT THE BALL IN THE SCOUSER'S NET?

FA컵 4라운드

맨체스터 유나이티드 2 vs. 리버풀 1

올드트래퍼드

1999년 1월 24일

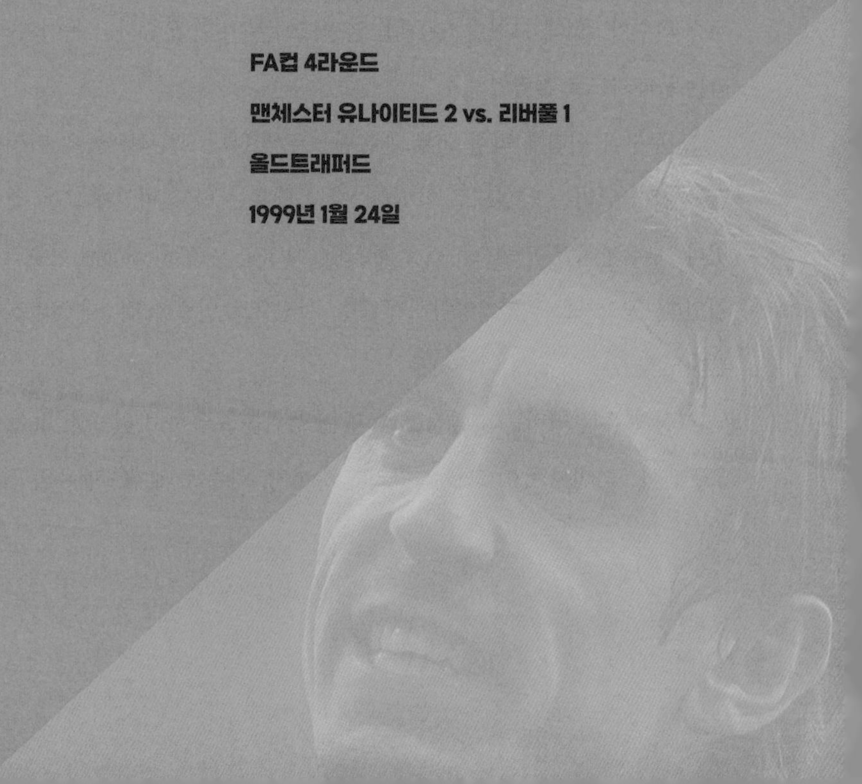

트로피는 그 자체로 한 클럽을 정의한다. 리버풀과 맨유 공히 런던탑에 있는 은식기보다 많은 트로피를 모아 왔다. 그런데 둘 사이엔 차이점이 있다. '너희가 못 한 것을 우리가 해냈다'라는 우월감을 느끼는 방식에서 그렇다.

리버풀팬들은 유럽 최고 권위의 유러피언컵(현 챔피언스리그)에서 리버풀이 여섯 번이나 우승을 차지했다는 사실로써 맨유팬들을 조롱한다. 리버풀팬들에게 유럽 챔피언의 자리는 자신들의 위상을 가늠하는 진정한 척도다. 그들의 셈법에 따르면 리버풀은 유럽을 지배하고 있고, 3회 우승의 맨유는 그렇지 못하다. 알렉스 퍼거슨 감독이 맨유 감독 시절에 있어 늘 후회하는 부분이 이것이다. 그는 유러피언컵에서 더 많이 우승했어야 했다고 아쉬워한다.

맨유가 리버풀을 조롱하는 포인트는 리그 우승 횟수다. 맨유는 20회, 리버풀은 19회다. 맨유팬들은 '20회'를 외치는 응원가도 만들었다. 맨유의 우승 횟수가 8회에 그쳤던 1994년, 안필드에는 '18회 우승하고 돌아와라!'라는 플래카드로 걸렸었다.

그 문구가 뇌리에 박힌 일부 맨유팬들은 2011년 5월 리버풀의 마지막 홈 경기가 열리는 안필드로 향했다. 당시 맨유는 막 챔피언에 오른 참이었다. 맨유팬들은 안필드로드 스탠드에 'MUFC 19 Times'라는 현수막을 걸었다. 침입자들은 의기양양하게 웃는 사진으로 인증한 뒤, 재빨리 철수했다.

사실 맨유는 리버풀이 범접할 수 없는 성취를 보유하고 있었다. 2023년 6월 맨체스터의 이웃이 그것을 가지기 전까지, 시즌 트레블은 맨유의 전유

물이었다. 많은 트로피를 들어 올리던 시절에도 리버풀은 그곳에 도달해 본 적이 없었다. 맨유팬들은 트레블이야말로 리버풀과 차별화되는 지점이라고 주장한다. 그런데 2022년 5월 22일 일요일, 전 세계 맨유팬들은 자신들이 지켜왔던 영예로운 훈장이 사라질지도 모른다는 두려움에 휩싸였다.

당시 리버풀은 트레블 일보 직전에 있었다. 리버풀팬들은 '비틀즈' 헌정 그룹의 이름을 따서 '팹포The Fab Four'라고 부르며 잔뜩 기대하고 있었다. 위르겐 클롭 감독의 리버풀은 이미 EFL컵과 FA컵을 차지했다. 두 개의 컵 모두 웸블리에서 첼시를 상대로 거둔 승부차기 승리였다. 리버풀은 리그에서는 맨체스터시티를 추격했고, 파리에서 열린 챔피언스리그 결승전에서는 레알마드리드와 격돌할 예정이었다.

어쩌면 스타드 드 프랑스°에서 축구가 종말을 맞이할지도 모른다는 생각에, 맨유팬들은 이 세상 끝으로 도망칠 수 있는 비행기표를 알아보기 시작했다. 리그 최종전, 예상대로 맨유는 크리스털팰리스 원정에서 패했고 묵직한 열패감이 맨유팬들을 짓눌렀다. 맨시티와 리버풀의 상황도 절박하긴 마찬가지였다.

최종전에서 우승하려면 승점 2점이 필요했던 맨시티는 경기 종료 16분 전까지 애스턴빌라에 0-2로 끌려가고 있었다. 그와 동시에 열렸던 안필드 홈 경기에서 리버풀은 울버햄프턴원더러스를 상대로 결승골을 넣기 위해 사력을 다하는 중이었다.

스마트 머니°°의 힘인가? 리버풀이 시즌 쿼드러플 중 세 번째 영예를 거머쥘 것처럼 보였다. 그런데 생각할 수 없는 일이 벌어졌다. 맨유팬들이 시티의

° 파리 북쪽 생드니에 위치한 국립경기장. 2021-22 챔피언스리그 결승전 개최지다.

°° 월스트리트에서 나온 용어로 투자기관이나 '큰 손' 개인 투자자의 자금을 말한다.

승리를 애타게 바라기 시작한 것이다. 펩 과르디올라 감독이 이끄는 맨시티는 막판 5분 동안 3골을 터트려 리그 트로피를 지켜냈다. 두 맨체스터는 하나가 되었다.

맨유팬진인 〈유나이티드위스탠드United We Stand〉에서 기자 겸 편집자로 일해온 앤디 미턴의 말이다. "그때 나는 셀허스트파크의 '아서웨이트스탠드'에 있었어요. 주변의 모든 사람들이 스마트폰을 보고 있었죠. 우리 경기가 아니라 맨시티의 경기를 시청하고 있었던 거예요. 웨스트햄이 브라이턴을 꺾고 마지막 남은 유로파리그 출전 순위에서 우리를 밀어낼지도 모른다는 사실은 맨유팬들의 관심 밖이었어요. 리버풀의 리그 우승 여부만이 유일한 관심사였죠. 모든 맨유팬들이 한마음으로 리버풀의 우승을 두려워했습니다."

미턴은 시티가 이겼다는 소식이 들어왔을 때 맨유팬들이 함성을 질렀다고 말한다. "세상에, 시티가 골을 넣었다고 우리가 좋아하다니요? 리버풀을 제치고 시티의 리그 우승이 확실해지자 맨유팬들은 '필립과 게리 네빌처럼 트레블 해본 적 있나?'라는 노래를 불렀어요. 그는 약간 계면쩍은 듯 말을 이어갔다.

"맞아요. 좀 한심했어요. 하지만 축구가 그런 거죠. 리버풀은 정말 좋은 팀이지만, 그 노래를 듣고는 나도 웃음이 터졌어요. 그날 기차를 타고 맨체스터로 돌아오는 내내 우리는 그 노래를 불렀습니다. 비참했던 시즌에서 우리가 얻은 최고의 수확은 트레블 업적이 깨지지 않았다는 사실이었어요."

트레블은 맨유팬들만 누릴 수 있는 자부심이어야 한다고 미턴은 강조한다. “이건 단순한 업적이 아니에요. 잉글랜드 통산 우승 20회도 비슷해요. 우리가 리버풀에 앞선다는 자긍심의 원천입니다. 언제까지 이렇게 말할 수 있을진 모르지만, 어쨌든 지금은 그래요. 리버풀은 거의 다 왔다가 실패했어요. 게다가 챔피언스리그에서도 패했죠. 우리가 느낀 건 안도감이 아닌 달콤함이었어요. 시즌 트레블은 여전히 우리의 업적으로 남아 있어요. 맨유는 ‘예스’, 리버풀은 ‘노’인 거죠.”

2023년 6월 10일, 챔피언스리그 결승전에서 시티가 인테르나치오날레를 꺾고 트레블을 달성한 사실에 대해서 미턴은 이렇게 말한다. “그건 우리에게 며칠이면 아무는 상처입니다. 만약 리버풀이 트레블을 달성했다면, 그건 회복 불가능한 치명상이고요.”

1999년 1월 24일로 돌아가자. 역사의 흐름을 막아설 수 있었던 시간은 단 2분이었다. 딱 120초. 몇 번의 심장 박동. 차가웠던 어느 겨울날. 알렉스 퍼거슨 감독과 맨유 선수들은 확신의 순간을 맞았다. 한 시즌에 프리미어리그, FA컵, 챔피언스리그의 트로피를 모두 들어 올릴 운명을 향해 나아가고 있다는 확신. 전무후무하고 특별한 업적, 시즌 트레블이었다.

결론적으로 이 경기에서 맨유는 2-1로 승리했다. 평범한 스코어라인이지만 디테일이 남달랐다. 맨유는 경기 초반에 마이클 오언에게 골을 내줘 1:0으로 끌려다니다가, 후반 막판에 대담한 반격을 펼친 끝에 2-1로 역전승했다. 드와이트 요크와 올레 군나르 솔샤르가 88분과 90분에 각각 골을 넣었다. 마치 4개월 후 바이에른뮌헨을 상대로 한 챔피언스리그 결승전의 리허설을 치르는 듯했다.

한편 리버풀은 1977년 봅 페이즐리 감독 아래서 리그 우승과 첫 유러피언컵 우승을 차지했지만, 맨유에 FA컵 트로피를 양보함으로써 트레블에 실패한 쓰라린 기억을 갖고 있다. 따라서 1999년 1월, 리버풀은 반드시 맨유의 트레블을 막아야 했지만 라이벌의 극적 승리를 지켜볼 수밖에 없었다.

맨유 사상 최고의 시즌이 구체화되고 있었다. 역사적인 트레블 여정이 본격적으로 시작되기 전, 리버풀은 이를 막을 마지막 기회를 놓쳤다. 그 아쉬움은 여전히 그들을 괴롭히고 있다. 앤디 미턴은 만족스러운 미소를 지으며 "2분만 버티면, 리버풀은 잉글랜드 클럽 역사상 최고의 트레블 기록을 막을 수 있었지만 결국 실패했습니다"라고 말한다.

리버풀의 제라르 울리에 감독에게 이 고통스러운 패배는 분기점이 됐다. 울리에 감독은 1998년 리버풀에 합류했다. 그는 리버풀의 역사를 백과사전처럼 통달한 인물이었다. 리버풀에서 맡은 그의 첫 번째 역할은 로이 에반스와의 공동 감독이었다. 누구라도 짐작할 수 있듯이 공동 감독 체제를 유지하기란 쉽지 않다. 이 체제가 불과 3개월 유지되는 동안, 18경기에서 7승에 그쳤다. 그레이엄 수네스 감독의 후임으로 부임했던 마지막 부트룸 멤버, 에반스 감독도 결국 리버풀을 떠났다.

눈물을 참으며 35년 동안 몸담았던 클럽을 떠났던 에반스는 이렇게 회고한다. "일이 잘 풀리지 않았어요. 선수들은 감독이 누군지도 몰랐고요. 계속 남을 수도 있었지만 깨끗이 떠나기로 했습니다. 벽에 걸린 유령으로 끝나고 싶진 않았어요."

늘 친절하고 솔직한 에반스 감독의 생각은 지금도 변함이 없다. "제라르 울리에 감독은 잘못이 없어요. 제라르는 부임 후 많은 것을 바꾸려 했습니다. 몇 가지는 분명히 올바른 방향이었지만, 당시 리버풀은 생클리, 페이즐리, 조 페이건, 로니 모런으로 이어지는 부트룸의 전통적인 플레이 스타일을 고수했어요. 제라르는 훨씬 신중한 스타일이었고요. 당연히 의견이 맞지 않았죠." 에반스 감독의 말이 이어진다.

"부트룸에서 논의를 하더라도 최종 결정은 한 사람이 할 수밖에 없습니다. 결정권자가 두 명일 수는 없어요. 그러다 보니 선수 선발에서 당장 문제가 생겼어요. 내가 정한 명단과 제라르의 명단이 달랐던 겁니다."

에반스 감독은 그때가 지도자 경력 중 최악의 시기였다고 말한다. "선수들은 바보가 아닙니다. 나로 인해 자신이 선발에서 제외되었다고 생각하는 선수는 제라르의 편을 듭니다. 반대인 경우는 내 편을 들고요. 원만하게 굴러갈 리가 없었죠. 내가 떠난 후 제라르는 본인의 스타일을 구현해 나름 성과를 얻었습니다. 하지만 나는 그 방법론이 옳다고 생각하지 않았어요. 나는 스스로 팀을 나왔어요. 해고 같은 게 아니었죠. 이젠 많은 일들을 받아들이고 살아야 한다는 걸 압니다. 처음부터 나는 더 강했어야 했어요."

이후 몇 년 동안 에반스 감독은 사랑하는 안필드를 찾지 않았다. 신임 감독과 거리를 두는 것이 옳다고 생각했기 때문이다. 전임 감독이 모든 실수를 주시하는 것을 좋아할 감독은 없다.

울리에 감독은 리버풀팬들에게 맨유가 어떤 의미인지를 정확히 알고 있었다. 본인부터 리버풀팬이었기 때문이다. 그는 60년대부터 안필드 근처의 알솝종합학교에서 프랑스어를 가르치며° 빌 생클리 감독의 리버풀을 지켜봤다.

머지사이드에서 지내는 동안 울리에 감독은 리버

° 집안 사정으로 인해 중학교에서 학생들을 가르치며 대학 아마추어 축구팀에서 미드필더로 뛰었다.

풀의 최고경영자인 피터 로빈슨과 각별한 관계를 유지했다. 1998년 여름, 울리에는 오랜 친구로부터 한 통의 전화를 받았다. 당시 안필드에서는 코칭스태프 개편이 검토되고 있었다. 로빈슨은 '낚시 원정대'라고 밝혔던 오랜 친구에게 전화를 걸어 리버풀 감독직을 제안했다. 울리에 감독은 거절할 이유가 없었다.

한편 맨유는 1998년을 빈손으로 마무리했다. 프리미어리그와 FA컵 더블을 달성한 라이벌 아스널과 새로운 숙적 아르센 벵거 감독으로 인해 퍼거슨 감독의 좌절감은 커지고 있었다. 리버풀의 아성을 무너뜨린 퍼거슨 감독은 이제 벵거 감독보다 나은 모습을 보여줘야 했다. 축구 힙스터들의 존경을 받는 프랑스 출신 감독 벵거보다 자신이 더 뛰어난 감독이라는 사실을 전 세계에 증명해야 했던 것이다.

경기를 앞두고 영국 언론들은 퍼거슨 감독이 리그 타이틀과 첫 챔피언스리그 우승에 대한 열망으로 FA컵에서 힘을 뺄 것이라는 분석을 내놓았다. 하지만 현실은 정반대였다. 퍼거슨 감독은 모든 트로피를 차지할 작정이었다.

1999년 1월 24일, 킥오프 직후 리버풀이 선제골을 터뜨렸다. 베가르 헤겜의 크로스가 야프 스탐의 뒤로 떨어졌다. 마이클 오언이 게리 네빌을 제치고 헤더로 연결했다. 그의 슛은 맨유 수문장 피터 슈마이켈을 지나 스트레트포드엔드의 골망을 흔들었다. 리버풀에서 원정 온 9천 명의 팬이 열광했다. 두 클럽의 격차가 벌어지고 있었지만, 숙적을 꺾는 것은 팬들에게 여전히 의미가 컸다. 경기 후, 퍼거슨 감독은 이렇게 말했다. "세상에, 올드트래퍼드에서 그렇게 키 작은 스트라이커가 몇 분 만에 헤더로 골을 넣

으리라고는 전혀 예상치 못했습니다."○

맨유가 반격에 나섰다. 공방전이 계속되는 가운데, 리버풀의 주장 폴 인스(인터밀란을 거쳐 리버풀로 이적한 전 맨유 선수)가 벤치에 허리 부상을 알렸다. 울리에 감독은 인스의 교체를 못마땅해했다. 결국 이 문제는 폭탄이 되어 며칠 뒤 훈련장에서 터지게 된다. 일단 인스는 승리를 예상한 리버풀 팬들의 박수를 받으며 그라운드를 떠났다. 올드트래퍼드 시절 자신을 응원하던 맨유팬들에게 인스는 '더 떠들어 봐'라는 의미로 귀를 기울이는 제스처를 취했다. 20분 후, 이 제스처는 공허해졌다.

맨유는 동점골을 만들기 위해 노력했다. 로이 킨의 슛이 두 차례나 골대를 맞혔다. 리버풀은 걸어 잠그기만 하지 않고 추가 득점 기회를 만들려고 노력했다. 정규 시간 종료 2분을 남기고 그레이엄 폴 주심은 제이미 레드냅이 로니 욘센에게 반칙을 저질렀다고 선언했다.

리버풀은 항의했다. 벤치의 필 톰슨 수석코치는 불같이 화를 냈다. 사실 리버풀은 항의를 너무 오래 끌었다. 그들은 데이비드 베컴의 프리킥이 드와이트 요크에게로 향하는 동안 볼을 주시하지 않았다. 반칙 상황의 리플레이를 보려고 했던 걸까? 그렇지도 않았다.

전설의 '퍼기 타임Fergie Time'○○이 올드트래퍼드에서 대단원의 막을 올리는 순간, 슈퍼서브 솔샤르가 최후의 일격을 날렸다. 슛 동작을 취하던 폴 스콜스 옆에서 솔샤르가 주저 없이 때린 슛이 역동작에 걸린 리버풀 골키퍼 데이비드 제임스의 옆을 빠

○ 리버풀 레전드이자 발롱도르 수상자인 마이클 오언의 공식적인 키는 173cm다.

○○ 맨유가 결정적 득점을 할 수 있도록 심판들이 추가시간을 준다는 주장이 있는데 이를 말한다.

르게 지나쳐 골망을 흔들었다.

흰색 유니폼의 리버풀 선수들에겐 지옥, 붉은 유니폼의 맨유 선수들에겐 천국이 열렸다. 맨유 진영은 환희에 찼고, 리버풀팬들은 믿기지 않는다는 듯 고개를 숙였다. 혼돈 속에서 톰슨 코치는 잘못된 판정으로 승리를 빼앗겼다는 사실에 분노하며 폴 주심에게 달려갔다.

톰슨 코치는 리버풀에서 리그 우승 7회, 유러피언컵 우승 3회 등 누구보다 화려한 현역 생활을 했다. 은퇴 후 5인제 축구를 준비하던 중에 톰슨은 사랑하는 리버풀에 다시 합류하라는 부름을 받았다. 그는 로빈슨의 전화에 대해 '말 그대로 바지를 내린 채 붙잡혔다'라고 회상한다. 흥미로운 선임이었다.

1992년 수네스 감독과 언쟁을 벌여 코칭스태프 자리를 떠났던 그는 리버풀팬 출신의 리버풀 주장이자 잉글랜드를 대표하는 선수였고, 높은 지능과 전술 이해력, 기술을 갖춘 수비수였다. FA컵 경기의 불편할 수도 있는 추억에 대해 묻자, 톰슨 코치는 "우리는 잘했습니다"라고 운을 뗀다.

"그날 맨유가 골대를 몇 번 맞혔습니다. 집중력이 필요했죠. 어려운 경기를 예상했지만 우리는 힘든 시간을 잘 이겨냈어요. 하지만 막판 2분이었어요. 맨유가 얼마나 잘하는지, 또 그레이엄 폴 주심이 얼마나 못하는지에 대해선 당신도 잘 알 겁니다. 잘못된 판정이었어요. 경기가 거의 끝나가는 타이밍에 프리킥을 내줬고, 볼이 멀리 날아 들어갔고, 우리는 재정비할 시간도 없이 경기를 마쳤어요. 그리곤 승자가 결정됐죠."

톰슨 코치는 원정 서포터즈석을 가득 메운 수천 리버풀팬들이 느꼈을 감정을 그대로 느꼈다. "아직도 나를 공포에 떨게 하는 순간 중 하나가 그날 경기의 종료 휘슬입니다. 맨유팬들은 완전히 흥분한 상태로 노래를 부르기 시작했어요. '누가 스카우저의 골망에 골을 넣었나? 올레 군나르 솔샤르'라고요." 그가 이어서 말한다.

"정말 충격이었죠. 나는 벤치에서 내려와 곧장 하프라인을 가로질렀어요. 센터서클에 있던 그레이엄 폴 주심에게 다가가 거칠게 항의했어요. 모든 사람이 지켜보는데 손가락을 흔들며 '전부 당신 탓이야! 모든 게 당신 때문이야!'라고 소리쳤어요."

톰슨 코치는 자신이 무슨 생각으로 경기장 한가운데로 들어가 심판에게 욕을 했는지 모르겠다고 말한다. "물론 잘못된 행동이었어요. 여기저기서 맨유 선수들이 서로 껴안고 뛰어다니고 팬들은 열광하고, 너무 많은 소동이 벌어져서 언급조차 되지 않았어요. 나는 센터서클에서 선수 터널 쪽으로 나왔어요. 평소처럼 맨유 홈 서포터즈석 앞을 지나지 않아 그날은 상대 팬들의 야유를 피할 수 있었죠."

울리에 감독의 반응은 신중하면서도 냉철했다. "두 달 전만 해도 우리는 그렇게 뛰지 못했습니다. 막판 5분이 너무 길었던 겁니다. 팬들의 성원에 감사드리며 언젠가는 반드시 맨유를 꺾겠다고 말씀드리고 싶습니다."

올드트래퍼드에서 벌어진 이 사건은 리버풀의 '스파이스 보이스' 세대가 끝났다는 믿음을 확신으로 바꿨다. 리버풀이 성장하기 위해서는 어떻게든 맨유를 꺾어야 한다는 울리에 감독의 신념은 더욱 강화됐다. 리버풀을 지도하는 동안 울리에 감독은 올드트래퍼드에서 2승을 거뒀다. 2003년 리그컵 결승전에서 한 번, 2004년 떠나기 직전에 한 번이다.

톰슨 코치는 2001년 10월 심장 수술을 받은 울리에 감독을 대신해 감독대행을 맡았는데, 맨유를 상대로 홈과 원정에서 모두 승리를 거뒀다. 퍼거슨 감독의 맨유를 상대로 100% 승률을 자랑하는 보기 드문 인물 중 한 명이 바로 톰슨 코치다.

FA컵의 끔찍한 경험은 리버풀에서 지낸 모든 날 동안 울리에 감독의 머릿속을 맴돌았다. 한때 '25/7'° 로 묘사되던 그의 강박적 성격은 맨유를 상대할 때 더 깐깐해졌다. 2000년 3월, 올드트래퍼드에서 전반 끝날 때쯤 다친 사미 히피아를 교체하면서 고뇌하던 순간이 그 상징이다.

파트리크 베르거의 환상적인 프리킥 득점으로 리버풀이 1–0으로 앞서던 상황이었다. 그는 교체를 미뤘고, 솔샤르에게 동점골을 허용해 경기는 1–1 무승부로 끝났다. 울리에 감독은 본인의 우유부단으로 가장 간절했던 경기장에서 승리를 놓쳤다며 망연자실했다.

다음 날 아침 7시, 맥널티 본가의 전화벨이 울렸다. 리버풀의 광팬이자 나(필 맥널티)의 예비 신부 린이 전화를 받더니 교체 지연에 대해 열띤 토론을 벌이고 있었다. 전화를 건 사람은 누구였을까? 같은 리버풀팬? 아니다. 리버풀의 멜우드 훈련장에서 밤을 새우며 자신의 결정에 괴로워하던 울리에 감독이었다. 그의 고통을 심화시키는 범인은 오직 맨유였다. 그는 자신의 고통을 털어놓을 누군가를 찾는 듯했다.

울리에와 톰슨이 테크니컬 에어리어의 리버풀팬이었다면 게리 네빌은 그라운드 위의 맨유팬이었다. 네빌은 올드트래퍼드에서의 FA컵 맞대결이 갖는 의미를 잘 알았다. 일간지 〈타임스〉는 '경기 전 리버풀에 패배하는 것을 두려워했던 맨체스터 소년 네빌은 솔샤르의 후반전 결승골이 터진 후, 원정 팬

° 24/7은 일주일 내내 24시간 내내를 의미하고, 25/7은 과도하게 열심히 하는 상태를 말한다.

들 앞에서 미친 사람처럼 빙빙 돌며 기쁨을 감추지 못했다'라고 보도했다.

최근 부동산개발 사업을 계획 중인° 네빌을 맨체스터 시내의 한 사무실에서 만났다. 그의 말이다. "크리스마스까지만 해도 우리가 특별히 잘한다고 생각하지 않았어요. 그 경기에서도 특별히 잘한 것은 아니지만, 그 경기를 계기로 우리가 치고 올라갈 수 있었다고 생각해요. 리버풀전 승리는 하나의 사건이었습니다. 단순한 한 경기가 아니었단 뜻입니다. 경기를 준비하는 일주일 내내 우리는 지칠 대로 지쳤어요. 경기의 엄청난 중요성 때문이었죠."

그런 경기에서 승리한다면 당연히 파급력이 클 것이다. "FA컵 4라운드에서 리버풀을 상대로 막판 승리를 거두면 자신감이 폭발할 수밖에 없습니다. 삶에 활력이 충전된다고나 할까. 그 반대라면 자신감이 바닥으로 떨어졌을 테고요. 만약 그랬다면 우리는 그 시즌의 성취를 이룰 수 없었을 겁니다." 네빌의 이어지는 말이다.

"내게는 그날 경기가 시즌의 결정적 순간이었어요. 리버풀을 싫어해서 그날 승리를 더 크게 생각하는 게 결코 아닙니다. 당시 우리는 전 시즌 더블을 달성했던 아스널에 더 집중했어요. 최대 라이벌이었죠. 당시 리버풀은 집중 견제 대상이 아니었지만, 그날만큼은 다른 것들이 중요하지 않았습니다."

네빌의 셀러브레이션은 그의 커리어 내내 리버풀전 승리를 상징하는 트레이드마크가 되었다. 2006년 1월 올드트래퍼드에서 1-0으로 승리한 경기에서는, 후반 추가시간에 터진 리오 퍼디낸드의 결승골에 지나친 셀러브레이

° 게리 네빌은 은퇴 후 외식, 호텔, 부동산 등 비즈니스로 천억 자산에 이르는 성공한 사업가가 되었다.

션을 펼쳐 5천 파운드의 벌금 징계를 받기도 했다.

"맨체스터경찰청장이 프리미어리그 측에 공문을 보냈어요. 내가 경기장에서 소란을 피웠으며 내 셀러브레이션으로 인해 팬들이 격해졌다는 내용이었죠. 출장 금지와 벌금 징계를 받았어요. 뭐 그다지 미안한 마음이 들진 않았어요. 그들이 내게 덤비면 나도 맞받아쳐야 합니다. 원래 우리는 치고받는 관계예요. 우리가 경기 막판 득점을 했듯이 그들도 그렇게 할 수 있고 엄청나게 열광할 수도 있는 거죠."

네빌은 징계에도 위축되지 않고 리버풀을 상대로 이길 때마다 똑같이 했다고 말한다. "안필드 콥스탠드 앞에서 존 오셰이가 경기 막판 결승골을 터트렸어요. 나는 반대편 맨유팬들 앞에 있는 골키퍼 '에드빈 판 데르 사르'를 향해 경기장을 가로질러 뛰어갔어요. 나는 늘 내 주위에 있는 리버풀 팬들을 쳐다봤어요. 나는 그게 축구라는 극장 무대의 요소라고 생각했어요. 라이벌 의식, 팬들과 축하를 나누는 것, 그 열정을 상대 팬들에게 보여주는 것까지 말입니다." 그는 이렇게 말을 맺는다.

"만약 무대가 사라지고 선수들이 팬들과 축하를 나눌 수 없다면 우리는 기운이 빠질 겁니다. 원정에서 득점을 했고 팬들이 목이 터져라 응원하는데 자축할 수 없다면 말이 안 되죠. 그런 것들이 라이벌 의식, 팀 정신, 긴장감을 가져다주니까요. 축구에는 그런 긴장감이 필요해요. 나는 그 셀러브레이션에 대해 미안하다는 마음이 전혀 없어요. 사실 몇 번이고 더 했으면 좋았을 텐데 말이죠."

그는 그라운드 위에서 맨유팬들을 대표하는 선수로 확고히 자리 잡았다. 팬들은 네빌을 기리는 응원가까지 만들었다. '게리 네빌은 레드야, 그

는 스카우저를 혐오하지.'

응원가에 대해 네빌은 이렇게 말한다. "팬진 〈레드 이슈〉의 보일과 인터뷰를 했습니다. 내가 스카우저를 혐오하며 성장했다고 말했더니, 그는 인터뷰 기사에 '게리 네빌은 스카우저를 혐오한다'라는 제목을 달았어요. 리버풀과 맨유의 경기가 있던 날, 그 제목이 〈데일리미러〉에 실렸죠. 그렇게 해서 그 응원가가 탄생한 겁니다."

수년 동안 많은 맨유 응원가를 만들었던 보일의 회상이다. "그 시즌이 끝날 무렵, 리즈에서 원정 경기를 치렀습니다. 경기 전, 나는 펍에서 벌떡 일어나 '게리 네빌은 레드야, 그는 스카우저를 혐오하지!'라고 외쳤어요. 경기가 잘 풀리자 나는 계속 그렇게 외쳤습니다. 경기가 끝날 무렵에는 맨유팬 전체가 내 구호를 따라 했어요."

이 응원가를 처음 들은 네빌은 살짝 당황했다고 한다. "리버풀과 경기할 때마다 더 많은 기대를 받는 듯이 느껴졌어요. 모든 시선이 내게 향하는 기분이었죠. 리버풀 관중들은 특히 내게 적대적이었어요. 경력 중반에 이르러서야 좀 편안해졌어요. 그라운드 위에서 팬들의 마음을 대변할 수 있다는 것이 나쁠 리가 없죠. '우리가 왔다. 우리가 접수하겠다. 우리가 너희들의 18회 우승 타이틀을 따라잡을 거다'라는 메시지였어요. 실제로 우리는 따라잡고 있었고요."

네빌은 맨유가 자신에게 모든 것을 주었고 자신도 맨유에 모든 것을 바쳤다고 고백한다. 요즘 부르는 '필립과 게리 네빌처럼 트레블 해본 적 있나?'라는 노래도 마음에 든다고 덧붙인다.

"리버풀팬들은 '게리 네빌은 레드' 응원가를 나와 어머니에 대한 내용으로 개사했어요. 그들이 자주 하는 방식이죠. 특히 그 경기에서는 전반전에 많이 들렸습니다. 팬들이 내 응원가를 부른다는 것은 엄청난 칭찬이에요. 훌륭한 선수라도 팬들의 마음을 잡지 못하면 개인 맞춤 응원가가 생기지 않습니다. 팬들이 20년 동안 내 이름을 불러주었다는 사실이 자랑스러워요. 팬들과 연결되어 있음을 느낍니다."

그라운드 위에서 네빌은 관중석의 팬처럼 행동한다는 얘기를 자주 들었다. 그의 설명이다. "리버풀을 상대로 골을 넣었을 때 미쳐 날뛴다는 얘기입니다. 올드트래퍼드에서 리오 퍼디낸드가 넣은 골이나 안필드에서 존 오셰이가 넣은 골(2007년 3월)처럼 맨유가 리버풀을 상대로 막판 결승골을 넣었던 순간은 잊을 수가 없습니다. 그 FA컵 맞대결 역시 영원히 잊지 못할 겁니다."

반대편의 감정도 극명하게 드러난다. 그라운드뿐 아니라 올드트래퍼드의 VIP 박스에서도 그랬다. 피터 로빈슨의 뒤를 이어 최고경영자가 된 릭 패리 대표이사는 어린 시절부터 좋아했던 클럽의 경기를 지켜보고 있었다. 그날 경기를 떠올리기만 해도 그의 표정은 여전히 고통으로 일그러진다.

"올드트래퍼드에서 우리가 밀리는 경기를 많이 봐왔지만, 그날 경기는 최악이었습니다. 우리가 이번엔 해낼 수 있을 거라고 생각했거든요. 맨유 원정에서 줄곧 패했던 터라 다른 어떤 경기보다 뼈아팠습니다. 차라리 구디슨파크에서 에버턴에 패하는 게 낫다는 생각이 들 정도로…. 거의 승리할 뻔하다가 지다니 정말 끔찍했어요." 그의 이어지는 말이다.

"그날 아침 큰아들이 커크비아카데미°에서 경기를 했습니다. 경기가 끝나자마자 감독에게 어떻게

° 리버풀FC의 유스 아카데미. 커크비 지역에 위치해서 붙여진 이름이다.

되었냐고 물었어요. 감독은 '우리가 1-0으로 앞섰고 몇 분 안 남았다'라고 말했어요. 선수들이 우르르 라커룸으로 뛰어갔는데, 그동안 1-2로 뒤집혀 있었어요. 충격에서 벗어나기까지 며칠이 걸렸습니다."

다행스러운 점은 절망 속에서도 제대로 된 방향을 잡았다는 것이다. 리버풀은 맨유팬들의 환호를 뒤로 하고 올드트래퍼드를 빠져나갔고, 울리에 감독은 팀을 다시 성공으로 가는 길로 바로잡았다. 결국 리버풀은 2001시즌 리그컵, FA컵, UEFA컵에서 우승하며 컵 트레블을 차지했다. 맨유팬들이 '미키 마우스'°라고 비웃는 트로피들이지만, 1984년 조 페이건 감독 시절에 리그, 유러피언컵, 리그컵 우승을 차지한 이후의 첫 시즌 트레블이었다.

톰슨 코치는 변화는 불가피했으며 맨유전 패배가 모든 걸 바꿔놓았다고 말한다. 그는 포메이션에 대해 설명을 덧붙인다. "우리에겐 변화가 필요했어요. 4-3-2-1, 4-4-2 포메이션으로 경기를 치르기에는 수비력이 부족하다는 게 내 판단이었습니다. 나는 백3 수비 라인을 제안했어요. 그때 올드트래퍼드에서의 백3는 아주 어린 제이미 캐러거, 도미닉 마테오, 스티브 하크니스였습니다. 그리고 두 명의 노르웨이 출신 윙백 스티그 비에른뷔에와 베가르 헤겜도 있었죠." 그의 이어지는 말이다.

"캐러거는 정말 훌륭한 센터백으로 성장했지만, 처음에는 의문이 있었어요. 그를 어디에 세워야 할까? 라이트백을 시킬까, 레프트백을 시킬까? 홀딩 미드필더는 어떨까? 그는 애스턴빌라와의 데뷔전에서 중앙 미드필더로 출전해 득점을 기록했어요. 그 시점에 캐러거를 센터백으로 기용한 것은 대담한 결정이었어요. 당시

° 맨유팬들이 카디프 밀레니엄 스타디움에 '미키 마우스 트레블'이란 걸개를 걸었다.

우리는 수비 쪽에 문제가 있었어요. 어제 일처럼 생생하게 기억납니다. 제라르가 내게 '필, 우리는 수비를 이끌 센터백이 필요해!'라고 말했고, 나는 '아니, 그런 센터백이 두 명 필요해!'라고 대답했어요. 제라르는 우리 팀 구성이 충분치 않다는 현실을 이해했습니다."

울리에 감독과 피터 로빈슨 사장은 리빌딩 작업에 착수했다. 유럽 전역의 클럽 관계자들은 이른 아침에 리버풀 측으로부터 선수 영입을 제안하는 전화를 받고 깜짝 놀라곤 했다. 두 사람이 얼마나 긴박하게 일했는지 알 수 있다.

톰슨 코치의 호소가 통했을까? 핀란드 출신의 장신 수비수 사미 히피아가 네덜란드 빌럼II에서 260만 파운드에 이적해 왔다. 블랙번로버스에서는 350만 파운드에 스테판 헨초스를 데려왔다. 이들은 이후 성공적인 중앙 수비 기둥이 됐다. 톰슨의 말이다.

"FA컵 맞대결 후 우리는 무엇을 해야 할지 알았습니다. 매우 바쁜 여름이었어요. 우리는 히피아와 헨초스를 비롯해 7명을 영입했습니다. 히피아는 딱 우리가 원했던 스타일이었어요. 완전히 기계였죠. 그는 신체적으로 론 예이츠만큼이나 인상적이었어요. 게다가 선하고 차분한 성향이었어요. 반면 헨초스는 전사였어요. 공중에서나 땅에서나 막는 플레이는 따라올 사람이 없었어요."

신입생들이 도착하기 전에 울리에 감독은 라커룸에서 가장 강력한 선수 폴 인스를 정리하는 작업에 들어갔다. 톰슨의 말이다. "폴과 다른 선수들에게는 괴로운 선택이었지만 팀을 위해 필요한 결정이었습니다. 폴은 여전히 훌륭했지만 다른 선수들의 기량을 최대한 끌어올리려면 이런 조치가 필요했어요. 모든 것이 원만히 이뤄졌다고 생각하고 싶어요. 당장은 아니었지만 효과가 있었습니다."

톰슨 코치는 결론적으로 영입 전략이 성공적이었다고 말한다. "디디 하만은 영리했어요. 다만 6피트가 넘는 선수치곤 공중볼 능력이 절망적이었죠. 헤더에 서툴렀지만 워낙 영리해서 굳이 그렇게 할 필요가 없었습니다. 위치 선정 능력이 엄청났으니까요. 우리는 자리를 잡아가고 있었습니다. 맨유에는 리더가 존재했어요. 로이 킨, 게리 네빌, 야프 스탐이 팀 전체를 아우르고 라이언 긱스도 있었으니까요. 우리도 그렇게 진화해야 했기에 의지할 수 있는 선수들을 데려왔던 겁니다."

네빌과 캐러거는 현재 〈스카이스포츠〉 해설위원 콤비로 활약 중이지만, 1999년 당시만 해도 치열한 라이벌이었다. 울리에 감독 아래서 대성할 신인 수비수 캐러거는 그날 패배의 허무함을 안고 올드트래퍼드를 떠났다.

"릭 패리 사장과 똑같은 기분이었죠. 그런 패배는 정말 아프더군요. 당시 맨유는 최고의 팀이었어요. 우리는 비록 최고가 아니었지만, 울리에 감독의 스타일과 미래의 성공 가능성을 보여줬다고 생각합니다. 실력보다는 화합과 투지를 바탕으로 이루어지는 부분이 있습니다. 톰슨 코치가 그 경기를 두고 '무언가의 시작'이라고 말한 것도 같은 맥락이었어요."

캐러거는 폴 인스에 대해 이렇게 회상한다. "그날 경기는 정말 거칠고 지독했어요. 우리는 맨유만큼 강하지 못했기에 버티는 처지였어요. 울리에 감독은 첫 시즌에 클럽이 앞으로 나아갈 방향을 고민하고 있었던 것 같아요. 일부 선수들을 떠나보내야 했죠. 감독과 폴 인스의 관계는 그 경기 이후 끝난 걸로 보여요. 인스는 부상 탓에 교체 아웃됐지만 울리에 감독은 그가 계속 뛰어야 했다고 생각했어요. 약 일주일 후 팀 미팅에서 큰 언쟁이 벌어졌어요." 그가 잠시 쉬었다 말을 이어간다.

"그 시즌 경기들을 통해 울리에 감독의 머릿속에 미래의 씨앗이 뿌려졌다고 봅니다. 폴 인스와의 관계는 FA컵 맨유전 패배가 미친 영향이 컸고요. 그것이 다음 시즌 스티븐 제라드에게 기회가 돌아간 계기가 되었던 것 같아요. 인스는 그해 여름 팀을 떠났어요. 가슴 아픈 일이었지만 우리는 감독이 이끄는 방향을 알 수 있었어요."

울리에 감독은 FA컵을 통해 인스에 대한 처분을 굳혔지만 즉시 실행하진 않았다. 캐러거의 설명이다. "그 다음주에 열린 코번트리시티와의 경기에서 1–2 패배를 당한 뒤였던 것 같아요. 팀 미팅이 있었는데, 두 사람의 말다툼이 격해졌어요. 인스가 당시 훈련방식을 꼬집었어요. 울리에 감독은 선수들이 매일 어떻게 훈련하는지 세세한 부분까지 정확히 기억하고 있었죠. 그는 마이클 오언과 로비 파울러에게 '그날 훈련은 충분했는가?'라고 물었어요. 두 사람은 '그렇다'라고 대답했어요."

캐러거는 두 선수와 인스가 대립하는 양상이 되었다고 말한다. "두 선수는 다른 대답을 하기 힘들었을 거예요. 그러자 제라르는 인스의 훈련 태도를 지적하기 시작했어요. 인스는 훈련에서 최선을 다하기보다 혼자 즐기는 편이었어요. 경력의 끝을 향해 가고 있었을 때였으니까요. 울리에 감독에겐 훈련이 경기만큼이나 중요했어요. 문제를 찾아 다니지는 않았지만, 문제가 생기면 곧바로 해결하는 성격이었죠. 정말 한 치의 흐트러짐도 허용하지 않았어요."

캐러거는 자신이 감독과 유명 선수가 싸우는 광경을 처음 본 어린아이

같았다고 말한다. "팀 미팅을 마치고 마이클 오언과 함께 나왔어요. 당황스러웠지만 울리에 감독이 어떻게 상황에 대처하는지, 그가 클럽에서 돌아가는 일들을 얼마나 잘 파악하고 있는지를 보고는 경외감이 생겼어요. 모든 감독들이 머릿속에 모든 것을 기록하진 않으니까요. '이 양반한테는 속임수가 통하지 않겠구나'라는 생각이 들었죠."

당시 대니 머피는 관중석에서 FA컵 경기를 지켜봤다. 리버풀에서 뛰는 동안 머피는 올드트래퍼드 원정에서 세 차례나 골을 넣으며 1-0 승리를 이끌었다. 맨유로서는 재앙 같은 존재였다. 머피도 인스가 팀을 떠나던 때를 기억한다. "인스가 떠난다니 '와, 진짜 큰 변화가 오는구나'라는 생각이 들었어요. 변화는 필요했어요. 이건 인스에 관한 이야기가 아닙니다. 다소 구시대적 사고방식이 있었고, 그것은 없어져야 했어요." 머피의 말이 이어진다.

"울리에 감독과 그가 데려온 선수들로 인해 외국인 선수들의 영향력이 커졌습니다. 전문성이 강조되는 변화였어요. 에버턴과 맨유를 상대할 때는 여전히 잉글랜드 선수들이 주축을 이뤘지만, 울리에 감독의 영입은 매우 현명했습니다. 히피아, 헨초스, 하만처럼 열린 마인드를 가진 선수들이 영입됐어요. 그들은 풍부한 경험으로 팀에 많은 도움을 주었고 결과적으로 팀 내 균형이 잡히기 시작했습니다. 잉글랜드 선수들과의 조화도 좋았어요. 제라르는 경기 중에도 침착함을 유지할 수 있도록 팀을 통솔했고, 코치들은 선수들이 균형감을 유지하도록 도왔습니다."

맨유전 패배를 만회하려는 리버풀의 열망은 1999년 3월의 우연한 만남

○ 영국해협의 해안에서 가까운 프랑스의 휴양지로 편의시설 등이 잘 갖춰져 있다.

을 통해 더욱 강렬해졌다. 울리에 감독은 경기가 없는 틈을 이용해 프랑스의 르 투케°로 가기로 했다. 현지 팀과 친목을 다지며 연습경기를 치르기로 한 것이다. 그런데 하필 출국 일정이 맨유와 겹쳤다. 맨유가 인터밀란과 챔피언스리그 8강 2차전을 위해 맨체스터 공항에서 이탈리아로 향하는 날이었기 때문이다.

리버풀 선수단은 원정에 나선 맨유팬들의 조롱에 시달렸다. 톰슨 코치는 인생 최악의 순간이라고 회상한다. "FA컵 탈락으로 일주일 여유가 생겨서 선수들을 데리고 나가기로 했습니다. 하지만 맨유가 그날 맨체스터 공항을 통해 출국한다는 사실은 전혀 모르고 있었어요. 공항에 도착하자마자 '오, 안돼!'라고 울부짖었죠. 우리는 집중 공격을 받았고 외국인 선수들은 어리둥절해했어요. 내게는 그저 괴로운 상황이었고요."

두 클럽의 목적지는 두 클럽의 현재가 얼마나 차이 나는지를 보여주는 듯했다. 톰슨 코치의 말이다. "그들은 챔피언스리그 경기를 위해 대규모 원정을 떠나는 길이었어요. 부끄럽고 참담했죠. 우리가 간절히 바랐던 곳이 그곳이었으니까요."

톰슨 코치는 돈키호테처럼 야유에 온 힘을 다해 맞섰다고 회상한다. "TV 프로그램에 나가고 있었기에 많은 사람들이 나를 알아봤어요. 그때나 지금이나 나는 변하지 않았고요. 그들은 내가 얼마나 리버풀을 사랑하는지 알았기에 더 좋은 먹잇감이 됐을 거예요. 그게 내겐 상처가 되었고요. 난 수석코치로서의 역할에 미숙했습니다."

그는 자신이 좀 더 자제했어야 한다고 말한다. "나는 야유하는 사람들을 향해 리그 우승 횟수, 유러피언컵 우승 횟수 등을 외쳤어요. 정말 모든 것을 다 쏟아냈죠. 하지만 효과는 없었어요. 맨유는 트레블을 향해 달려가고 있었으니까요, 젠장!"

설상가상으로, 리버풀은 프랑스 4개 지역의 4부 리그 중위권인 아마추어팀 'US불로뉴'에 1−2로 패했다. 각국의 국가대표 선수를 12명이나 기용한 리버풀이 말이다. 톰슨 코치는 아직도 그 일을 떠올리며 절레절레한다. "내가 어렸을 때 리버풀이 베니도름◦으로 경기를 하러 갔던 때가 떠올랐어요. 마냥 휴가만 즐길 수 없으니 억지로 경기 일정을 잡았던 거죠. 세금 문제 때문이었는지도 모르겠어요. 우린 웨이터들이나 배불뚝이 등을 상대로 뛰곤 했죠." 그가 이어서 말한다.

"물론 불로뉴가 그 정도까진 아니었지만, 그래도 리버풀의 리저브팀한테도 상대가 되지 않는 수준이었어요. 어떻게든 이겨야 했어요. 경기가 패배로 끝나자 우리는 우리가 어디에 있고 무엇을 해야 하는지를 깨달았습니다."

캐러거도 올드트래퍼드의 패배와 프랑스 원정이 울리에 시대의 결정적 순간이었다고 믿는다. 울리에 감독은 프랑스에서의 훈련 경기를 '무의미하다'라고 정리했지만, 사실은 상처가 컸다. 친선전 패배는 리버풀의 구조와 철학을 밑바닥부터 재건하겠다고 다짐하는 계기가 되었다.

캐러거의 설명이 이어진다. "그날 밤 우리는 단합 차원에서 카지노에 갔습니다. 경기가 끝난 후 모두 술을 마시러 갔고 경기는 거의 잊히는 듯했어요. 하지만 감독은 아니었어요. 그는 새벽같이 일어나 해변에서 조깅을 했어요. 르 투케에서는 유명인사였기에 다들 감독을 알아봤어요. 그런 감독이 리버풀을 데려왔는데

◦ 지중해에 면한 리조트 도시. 스페인 발렌시아 지방 알리칸테주에 위치한다.

경기에 패했던 거예요. 그날 아침 감독은 로빈슨 사장에게 '이 클럽의 모든 것을 바꿔야 한다'라고 말했어요. 어떤 선수들에겐 관짝에 못을 박는 발언이었을 거예요. 주저하던 것들에 결단을 내린다는 의미였으니까. 비록 친선전이었지만 그는 이 클럽이 엉망이라는 결론에 도달했던 겁니다."

시즌이 끝나고 대표이사직에 취임한 패리는 맨유전 전후의 몇 주가 리버풀의 미래를 결정짓는 데에 큰 영향을 미쳤다고 회상한다. "맨체스터 공항에서 챔피언스리그 경기를 위해 떠나는 맨유 선수단과 마주친 사건은 큰 의미가 있었습니다. 특히 톰슨 코치에게는 그랬습니다. 그는 '다시는 이런 일이 일어나지 않도록 해야 한다'라고 말했습니다." 패리 사장이 이어서 말한다.

"맨유가 챔피언스리그에 가는 동안 우리는 UEFA컵 대진 추첨식에 갔습니다. 우리가 원했던 게 아닙니다. 우리도 화려하고 강한 상대들과 함께하기를 원했어요. 유럽 대항전의 방식이 바뀌면서, 챔피언스리그 출전팀들이 많은 돈을 벌어 자기들만 계속 그 대회에 나갈 것이라는 사실이 분명해졌죠. 우리는 거기에 꾸준히 참가하거나 최소한 뒤처지지 말아야 했습니다. 투자가 필요했어요. 우리가 〈그라나다TV〉를 영입한 이유도 그거였고요. 우리가 정말 원했던 타이틀이 프리미어리그였다고 해도, 챔피언스리그에 최대한 빨리 진출하는 것이 중요했던 겁니다."

패리 사장은 리버풀이 맨유를 추격하는 과정에서 질투 이상의 감정을 느꼈다고 고백한다. "맨유에 대한 부정적 감정은 시간이 갈수록 커졌습니다. 맨유가 성공가도를 타면서 필연적으로 그랬어요. 우리가 원했던 자리에 그들이 있었기 때문입니다. 당연히 그들의 성공에 대한 존중도 컸습니다. 우리는 변명하지 않았고, 그들을 따라 하려고 하지 않았습니다. 리버풀은 다국적 대기업이 아닌 축구클럽으로 남고 싶었습니다. 우리는 너무 상업적으로 변질되지 않으면서도 맨유가 구가하던 축구적 성공을 이루고 싶었던 겁니다."

패리 사장은 단호하게 말했다. "맨유는 그들의 방식으로 해냈고, 리버풀은 리버풀 방식으로 할 것입니다. 퍼거슨 감독의 말대로, 맨유가 성공을 거둘수록 그들을 왕좌에서 끌어내리고자 하는 열정이 더욱 커졌습니다. 맨유가 성공할수록 우리는 더 결의에 찼고, 결과적으로 맨유전에서 패할 때마다 더 큰 상처를 받았습니다."

패리 사장은 매출 면에서도 리버풀이 부족하다는 사실을 알게 되었다. "맨유에 비해 우리의 상업화가 느렸다고 봅니다. 프리미어리그 시대에 접어들 때 우리가 비교적 좋은 성적을 냈기 때문일 겁니다. 90년대에도 리버풀은 여전히 타이틀을 따내고 있었으니까요. 경고로 느낄 만한 조짐이 있긴 했습니다. 하지만 클럽 내부에서는 조금만 보완하면 정상 궤도로 돌아올 것이라는 분위기가 있었습니다. 이미 진행 중이었던 지각 변동을 놓친 셈입니다."

경기장 밖에서 맨유는 특히 두 가지 측면에서 앞섰다는 것이 그의 생각이다. "맨유의 성공 비결 중 하나는 전문성이었습니다. 맨유 지주회사의 회장이었던 롤랜드 스미스는 수익 창출 면에서 새로운 관점을 도입했습니다. 다른 핵심 요소는 올드트래퍼드 주변 토지를 재빨리 매입했다는 점입니다. 그 결과, 황무지였던 곳이 지금의 웅장한 경기장으로 확장될 수 있었던 겁니다. 반면, 안필드는 주택가로 둘러싸여 있어서 시설 확장에 훨씬 더 오랜 시간이 걸렸습니다."

패리는 시의회가 비협조적이었다고 말한다. "경기장 확장을 위해서는 수십 채의 주택을 매입해야 했습니다. 시의회는 아무런 지원도 해주지 않았죠. 도리어 해당 사업을 반대했습니다. 우리는 한 채씩 한 채씩 주택을 사들여야 했습니다. 스탠리파크로 경기장을 이전하는 것을 진지하게 고민한 적도 있었습니다. 속도가 나지 않았기 때문입니다. 프리미어리그 시대로 진입하며, 맨유는 축구 시장에서 벌어지는 거대한 변화를 잘 이용했습니다. 확실히 우리는 그 부분에서 뒤처졌고요."

리버풀 이사회가 상업적 활동을 부끄러워했다는 의견에는 찬반이 엇갈린다. 〈텔레그래프〉의 머지사이드 담당 기자인 크리스 바스콤은 "그들이 그렇게 알레르기 반응을 보였던 것 같지는 않습니다"라고 말한다. "콥에 맥도날드가 들어왔던 때를 기억합니다. 실제로 명명권을 팔지는 않았지만, 맨유팬들은 이를 '맥도날드 콥'이라 부르며 조롱했습니다."

리버풀이 상처를 입는 동안, 맨유는 꽃길을 걸었다. FA컵 맞대결은 지금도 그 시즌 막판에 있었던 챔피언스리그 결승전의 리허설로 여겨진다. 솔샤르는 캄 노우에서도 극적인 승리의 영웅으로 활약했다. 하지만 1군으로 출전할 기회가 부족했다. 웨스트햄유나이티드와 토트넘홋스퍼가 그에게 영입을 제안했다. 토트넘은 구체적으로 이적료 550만 파운드를 제안했지만, 솔샤르는 비록 교체 자원일지라도 맨유에 남기를 선택했다.

퍼거슨 감독에게는 FA컵 맞대결의 승리가 더 달콤했다. 경기 후 기자회견에서 그는 맨유가 FA컵을 경시한다는 주장에 대해 비꼬듯이 대꾸했다.

"축구는 때때로 믿을 수 없지만 우리가 포기하지 않았기에 마땅히 받아야 할 것을 받았다고 생각합니다. 리버풀은 끈질긴 수비를 펼쳤어요. 물론 지칠 만도 했습니다. 어쨌든 우리는 순수한 의지를 앞세워 승리했어요. 이것이 FA컵의 아름다움입니다."

킨과 스콜스는 징계를 받아 다음 라운드에 출전할 수 없게 되었다. 퍼거슨은 "결코 지저분한 플레이가 아니었어요. 몇 년 전 지미 케이스, 그레이엄 수네스, 노먼 화이트사이드, 브라이언 롭슨이 서로 달려들 때와는 달랐습니다. 그때 경기는 혼자 보기 무서워 엄마 옆에서 봐야 했지요"라고 농치기도 했다.

솔샤르는 그날 경기의 결과와 내용이 맨유와 리버풀 양쪽에 어떤 의미인지를 잘 알았다. "리버풀을 그런 식으로 2-1로 이기는 편이 5-0 대승보다 낫다고 생각합니다. 축구 경기에서 최고의 승리 방법은 막판 '극장 승리'죠."

맨유팬이자 저널리스트인 앤디 미턴의 말이다. "1992년 안필드에서 리버풀이 우리의 우승을 가로막은 경기를 지켜본 날이 인생 최악의 날 중 하나였다면, 9천 스카우저 앞에서 승리했던 FA컵 경기는 내 인생 최고의 날 중 하나였습니다. FA컵에서 리버풀과 만나게 됐을 때 내 첫 반응은 '젠장'이었어요. 우리는 대개 더비카운티나 레딩과의 홈 경기처럼 부전승을 거두곤 했으니까요. 최고의 경기는 위험 부담이 크기 마련입니다."

앤디 미턴은 그날 드물게도 아버지와 함께 경기를 관전했다고 회상한다. "아버지는 '민트 임페리얼'°을 한 봉지 사서 주변 사람들에게 나눠주었습니다. 올레의 결승골이 터

° 영국에서 유명한 박하사탕의 일종으로 흰색 조약돌 모양이 특징이다.

지자 아버지는 가까이 있던 리버풀팬들에게도 골고루 나눠주었죠. 그들이 고마워했는지는 모르겠네요. 몇몇 선수들은 그 경기를 통해 각성되었다고 말했습니다. 역사가 만들어졌으니까요."

〈맨체스터이브닝뉴스〉의 맨유 담당 기자인 스튜어트 매티슨도 이 경기를 통해 트레블 가능성을 직감했다고 한다. "크리스마스 전까지만 해도 매우 평범한 시즌이었다는 사실을 잊어버린 사람들이 많습니다. 크리스마스 기간 동안 맨유는 2패를 당했어요. 게다가 퍼거슨 감독을 보좌하던 브라이언 키드 코치가 블랙번로버스 감독으로 떠나는 등 많은 일이 있었어요. 그런데 FA컵 승리는 그들에게 믿음을 주었습니다. 1월에 몇 경기를 이기면서 기세가 오르고는 있었지만, 이 경기가 기폭제가 되었죠." 그가 이어서 말한다.

"사실 트레블은 언급조차 되지 않았어요. 2월에 챔피언스리그 스쿼드가 발표되자, 우리는 선수들의 프로필을 작성하면서 '트레블, 달성할 수 있다!'라고 썼습니다. 상대가 리버풀이었다는 점과 그 드라마틱한 상황으로 인해 선수들이 '우리를 막을 자는 없다'라는 강한 믿음을 갖게 된 것 같아요. 시즌 후반기의 어느 시점이 되자, 절대 질 것 같지 않은 느낌이 들었습니다. 어떤 어려운 상황에서도 뭔가 될 것 같았죠. 바이에른뮌헨과의 결승전도 그랬습니다."

바이에른전 마지막 순간에 벌어진 일은 FA컵 리버풀전에서 이미 목격했던 바이기 때문에 별로 놀랍지 않았다고 한다. 매티슨의 결론이다. "선수들은 마지막 휘슬이 울릴 때까지 절대 포기하지 않았습니다. 자신들에겐 뭔가가 있다고 느꼈던 거예요. 정말 대단했습니다. 다른 팀이라면 포기했을 테지만 맨유는 그러지 않았어요."

〈리버풀에코〉의 바스콤 기자는 이 경기가 리버풀에도 비슷한 영향을 미쳤다고 말한다. "결정적 순간이었죠. 당시에는 크게 실망했지만, 울리에 감독이 '이제부터는 내 방식대로 한다'라고 말하는 계기가 되었어요. 그는 팬들에게 맨유전 승리를 약속했습니다. 폴 인스를 언급하며, 리버풀 주장이 올드트래퍼드를 떠날 수 있는 유일한 방법은 들것에 실려 나가는 것이라고 했습니다. 해당 시즌에 리버풀이 노릴 수 있는 우승 타이틀은 사라졌지만, 울리에 감독이 제라드와 캐러거를 팀의 리더로 결정하는 계기가 되었던 거죠. 머피와 오언도 미래 주축의 자리를 차지했고요."

바스콤 기자는 결승전이 나쁜 일이었지만 좋은 일의 시작이기도 했다고 회상한다. "울리에 감독은 부임 당시부터 맨유에 대한 집착이 강했습니다. 그는 퍼거슨 감독을 흠모했어요. 거의 퍼거슨 감독의 학생이었어요. 맨유에서 퍼거슨 감독이 남긴 업적의 모든 것을 알고 있는 듯했어요." 바스콤 기자가 울리에 감독의 지도 스타일에 대해 상세히 설명한다.

"퍼거슨 감독은 맨유에 부임해서 폴 맥그라스, 노먼 화이트사이드 같은 거물급 선수들을 내보냈어요. 울리에도 자신과 함께 갈 수 없는 선수들을 처분하겠다고 결심했죠. 최대 피해자는 인스였습니다. 데이비드 제임스나 닐 러독 같은 거물도 함께 짐을 쌌어요. 퍼거슨 감독이 파티에서 리 샤프와 긱스를 쫓아냈다는 유명한 일화가 있습니다. 울리에 감독도 젊은 선수들을 바르게 인도하려고 애썼어요. 그는 제이미 캐러거에게 '스물다섯에 나이트클럽에 가서 노는 대신 절제된 생활을 하면, 서른다섯에 나이트클럽을 살 수 있다'라고 말했습니다."

울리에 감독은 맨유를 꺾겠다는 약속을 지켰다. 2000년 12월, 올드트래퍼드에서 리버풀은 대니 머피의 프리킥으로 1-0 승리를 거뒀다. 퍼거슨 감독이 2년 만에 리그 홈에서 맛보는 패배였다. 리버풀 감독은 그날 승리를 어떻게 자축했을까? 톰슨 코치는 행복한 미소를 띠며 당시를 회상한다.

"보통은 경기가 끝나면 상대팀 스태프와 함께 술을 한 잔씩 걸치며 수다를 떨었어요. 하지만 그날은 올드트래퍼드에서 맨유를 꺾었다는 기쁨에 취해 있었죠. 마이크 펠런 등 맨유 스태프들과 함께 술을 마시고 있는데 퍼거슨 감독이 들어왔어요. 그는 '다들 안녕, 오늘 잘했어!'라고 축하해주었어요. 예상할 수 있는 그대로였습니다." 톰슨의 이어지는 말이다.

"퍼거슨 감독은 TV로 경마 중계를 보고 있었어요. 그런데 누군가 감독실 문을 열고 들어왔어요. 바로 울리에 감독이었죠. 그는 '언젠가 우리가 이길 거라고 했잖아!'라고 소리쳤어요. 나는 '제라르, 하지 마!'라는 의미로 입에 손을 가져다 댔지만 그는 완전 흥분 상태였어요. 그는 맨유를 이긴다는 것이 팬들에게 어떤 의미인지 잘 알고 있었어요."

톰슨 코치는 돌아오는 버스에서 데이비드 무어즈 회장 옆에 앉았다고 한다. "모든 맨유팬들이 버스를 둘러싸고 야유와 욕설을 퍼부었어요. 데이비드가 내 허벅지를 꽉 붙잡더니 '좋아, 좋아'라고 하더군요. 리버풀이 발전했다는 사실을 느낄 수 있었죠."

1999년, 맨유는 바르셀로나에서 영광의 순간을 눈앞에 두고 있었다. 테디 셰링엄과 솔샤르의 골을 앞세워 챔피언스리그 우승 트로피에서 바이에른뮌헨의 리본을 떼버린 것이다. 그것도 맷 버스비 감독의 아흔 번째 생일을 맞이해서 말이다. 퍼거슨 감독은 대선배 버스비 감독이 1968년 달성했던 업적을 재현했다. 우승이 확정된 후, 그는 감격한 듯 두 손으로 머리를 감싸 쥐었다가, 미소를 띠며 멋진 말을 내뱉었다.

"축구, 이런 우라질 것Football, Bloody Hell!"

1999년 1월, 올드트래퍼드에서도 퍼거슨 감독은 똑같은 말을 할 수 있었다. 그날이 있었기에, 그리고 리버풀이 굴복한 덕분에, 맨유의 불가능했던 꿈은 현실이 됐다.

RED ON RED 07

MATCH	STADIUM	DATE
FA컵 4라운드	**올드트래퍼드**	**1999년 1월 24일**

SCORE

맨체스터 유나이티드 **MANCHESTER UNITED**	**2 : 1**	**리버풀** **LIVERPOOL**
드와이트 요크 **88'** 올레 군나르 솔샤르 **90'**		마이클 오언 **3'**

맨체스터 유나이티드 출전명단 (4-4-2)

감독 **알렉스 퍼거슨**

페테르 슈마이켈; 게리 네빌(로니 욘센 81'), 야프 스탐, 헤닝 베르그(올레 군나르 솔샤르 81'), 데니스 어윈; 데이비드 베컴, 로이 킨, 니키 버트(폴 스콜스 68'), 라이언 긱스, 드와이트 요크, 앤디 콜

리버풀 출전명단 (5-3-2)

감독 **제라르 울리에**

데이비드 제임스; 베가르 헤겜, 제이미 캐러거, 도미닉 마테오, 스티브 하크니스, 스티그 잉에 비에른뷔에; 제이미 레드냅, 폴 인스(제이슨 맥카티어 71'), 파트리크 베르거; 로비 파울러, 마이클 오언

주심 그레이엄 폴

관중 54,591명

CHAPTER 08

베니테스의 '팩트' 발언이 리버풀의 우승을 날렸을까?

DID RAFA'S 'RANT' COST LIVERPOOL THE TITLE?

프리미어리그

맨체스터 유나이티드 1 vs. 리버풀 4

올드트래퍼드

2009년 3월 14일

2004년 봄, 리버풀은 제라르 울리에 감독의 후임자를 물색하는 중이었다. 그때 후보들에게 요구된 한 가지 조건은 '알렉스 퍼거슨 감독을 상대해서 올드트래퍼드에 균열을 낼 수 있는가?' 하는 것이었다. 증오의 대상인 라이벌과의 격차를 좁힐 수 있는가? 다시 말해, 맨체스터 유나이티드를 왕좌에서 끌어내릴 수 있는가?

해답을 제시한 이는 발렌시아의 전략가 라파엘 베니테스였다. 그가 발렌시아에서 쌓은 경력은 퍼거슨 감독이 애버딘에서 했던 일과 닮았다. 스코틀랜드 출신인 퍼거슨 감독이 글래스고의 올드펌에서 그랬던 것처럼, 베니테스 감독의 발렌시아는 바르셀로나와 레알마드리드를 제치고 라리가에서 두 차례 우승을 차지함으로써 기존 질서를 무너뜨렸다. 2004년 발렌시아는 마르세유를 꺾고 UEFA컵을 차지했다. 45세의 베니테스 감독이 발렌시아와 불편한 관계가 되자, 리버풀은 그를 울리에 감독의 후임자로 낙점했다.

놀라운 것은 퍼거슨 감독이 베니테스의 부임을 환영했다는 사실이다. 베니테스 감독이 첫 풀시즌을 '이스탄불의 기적°'으로 마무리하자, 퍼거슨은 리버풀의 성공적 시즌에 대한 전술적 분석을 담은 축하 편지를 보내기도 했다. 정말 대단한 일이다. 하지만 더 대단한 것은 퍼거슨 감독이 스페인 출신 감독을 위협으로 느끼고 있었다는 사실이다. 역사가 말해주듯이 그런 심리는 큰 문제를 잉태하곤 한다.

울리에와 퍼거슨 감독은 늘 최선의 관계를 유지했지만 새로운 라이벌 사이는 그렇지 않았다. 둘의 관계는 급속도로 나빠졌다. 2009년 베니테스 감독

° 2004-05시즌 챔피언스리그 결승전, 리버풀은 AC밀란을 상대로 하프타임까지 세 골 뒤진 상황이었는데 이를 뒤집고 승부차기로 역전승을 거뒀다.

의 리버풀이 맨유에 도전장을 내밀었다. 리버풀이 가장 갈망했던 영토, 프리미어리그 챔피언 자리를 되찾겠다는 희망을 키우면서 둘의 관계는 점점 험악해졌다.

베니테스 감독은 경기장 안팎에서 작전을 짜는 타입이었다. 상황에 따라서는 무대 밖의 정치 공작도 서슴지 않았다. 발렌시아 시절, 자신이 스트라이커 영입을 요청했는데 윙어인 파비안 카노비오가 영입되자 '소파를 원했는데 램프를 가져왔다'라고 말한 주인공이기도 하다.

베니테스 감독은 퍼거슨 감독과의 우정 같은 것엔 신경 쓰지 않았다. 인간적 관계는 관심 밖의 일이었다. 지도자 무리에 속하고 싶어 하지도 않았고, 위대한 선배에게 경의를 표하거나 무릎을 굽힐 생각도 없었다. 베니테스는 챔피언스리그 우승에 이어 2006년 FA컵 우승을 차지하면서, 다시 한번 챔피언스리그 우승에 근접했다. (이스탄불 이후 2년 만에 AC밀란과 결승전에서 재격돌했지만 이번에는 실패했다.) 하지만 리그 우승은 요원했다. 2008-09시즌이 해를 넘길 무렵, 드디어 리버풀이 두 경기를 더 치른 맨유에 승점 7점을 앞서며 우승이 가시권에 들어왔다.

베니테스 감독은 최고의 팀을 구성했다. 스티븐 제라드는 든든한 리더였고, 사비 알론소와 하비에르 마스체라노는 세계 정상급 미드필더였다. 무엇보다 베니테스 감독의 리버풀은 당시 세계 최고의 스트라이커이자 맨유를 괴롭혔던 페르난도 토레스를 보유하고 있었다.

하지만 베니테스 감독의 마음 한구석에는 올드트래퍼드의 망령이 자리 잡고 있었다. 그 시즌 맨유는 프리미어리그 타이틀을 보유하고 있었을 뿐만 아니라 모스크바에서 첼시를 꺾고 유럽 챔피언에 등극했다. 퍼거슨 감독의 오랜 전통이 그렇듯, 크리스마스 이후 우승 경쟁에 박차를 가하며 금세 선두 리버풀을 추격하고 있었다.

베니테스 감독은 리그가 맨유를 편애한다고 느꼈다. 퍼거슨 감독이 심판 판정에서 우대받는다고 의심한 것이다. 그에게 퍼거슨 감독은 관료주의의 상징이었다. 아니면 그 반대일 수도 있다. 베니테스 감독은 리버풀과 맨유의 관계에서 악명 높은 시즌을 만들기 위해 선공을 날리기로 결심했다. 즉 '팩트'를 말하겠다는 것이었다.

1월 9일 금요일, 다음 날 열릴 스토크시티 경기에 앞서 리버풀의 멜우드 훈련장에서 베니테스 감독이 기자회견에 나섰다. 그는 신장 결석으로 두 차례 수술을 받고 회복 중이었고 며칠 내로 세 번째 수술이 예정되어 있었다. 맨유는 24시간 후 홈에서 첼시를 상대하는 일정이었다. 베니테스 감독의 기자회견은 일상적인 것으로 생각되었다. 특별한 일이 벌어질 거라곤 아무도 예상치 못했다.

그 주 초에 퍼거슨 감독은 '긴장감이 리버풀의 우승 도전을 망칠 수 있다'라고 주장했다. 리버풀을 도발한 것이다. 편안한 차림으로 기자회견장에 들어온 베니테스 감독은 질문을 받기 전에 할 말이 있다고 밝혔다. "먼저 중요하다고 생각하는 '팩트'를 이야기하려 합니다." 그리고는 주머니에서 종이 한 장을 꺼냈다.

"우리가 선두를 달리고 있어 그들이 긴장하고 있다고 생각합니다. 그들은 심리전을 시작하길 원하는 것 같지만, 분명히 말하건대 나는 너무 이른 시점에서 심리전을 펼칠 생각이 없습니다. 그래서 몇 가지 팩트를 정리했습니다." 그가 바로 이어서 말한다.

"11월 1일, 헐시티 경기에서 퍼거슨 감독은 마이크 딘 주심과 갈등을 빚었고 부적절한 행동으로 2경기 출장 금지와 제재금 1만 파운드의 징계를 받았습니다. 올드트래퍼드에서 베넷 주심이 하비에르 마스체라노를 퇴장시키는 것으로 리스펙트 캠페인°이 시작되었습니다. 맨유와 위건의 경기에서 퍼디낸드의 핸드볼을 보지 못한 바로 그 주심입니다. 그는 페널티킥을 선언하지 않았고 맨유는 그 경기에서 이겨 우승을 차지했습니다. 이번 시즌 맨유와 위건의 경기에는 같은 심판이 배정될 것입니다." 베니테스 감독은 준비한 원고를 읽어 내려갔다.

"리스펙트 캠페인 기간 동안 퍼거슨 감독은 마틴 앳킨슨 심판에 대해 부적절한 발언을 해서, 잉글랜드축구협회의 징계위원회에 회부된 사실이 있습니다. 그는 처벌을 받지 않았습니다. 잉글랜드 리그에서 퍼거슨 감독은 이런 일로 처벌받지 않은 유일한 감독입니다. 퍼거슨 감독은 일정에 불만을 터트리곤 합니다. 2년 전, 맨유가 일요일 경기를 치르는 동안 우리는 토요일 오전 원정 경기가 많았지만 아무도 불평하지 않았습니다. 이제 그는 맨유에 대항하는 모든 사람과 모든 것에 대해 불평하고 있습니다." 베니테스의 말은 거침이 없었다.

"그들은 리그 후반기에 모든 상위권 팀과 홈에서 경기를 치릅니다. 엄청난 이점이라고 생각합니다. 이유는 모르겠지만, 크리스마스 기간에는 맨유가 28일 대신 29일 경기를 치렀는데 퍼거슨 감독은 또 불평했습니다. 우리는 볼턴전으로부터 42시간, 44시간 후에 뉴캐슬 원정 경기를 치렀다는 사실

° 2008년 영국축구협회가 시작해 전 세계로 퍼져나간 캠페인. 심판에게 욕설과 협박을 하지 않는다는 것이 골자다.

을 그는 외면합니다." 그는 심판에 대해서도 언급했다.

"심판에 대한 행동에 있어서, 사우스햄프턴의 얀 포르틀리엣 감독은 퍼거슨 감독이 어떻게 하는지를 잘 압니다. 이 모든 것은 팩트입니다. 지금 나는 심리전을 하는 게 아닙니다. 퍼거슨 감독이 경기 일정에 대해 협의하길 원하고, 우리가 공정한 경쟁의 장에서 같은 위치에 있기를 원한다면, 두 가지 옵션이 있습니다." 베니테스가 자신의 제안을 밝힌다.

"하나는 스페인처럼 하는 것입니다. 그들은 리그 전반기 일정을 짜고, 모든 팀은 이번 주말에 어떤 팀과 경기를 치르는지 압니다. 리그 후반기에는 그 반대가 됩니다. 홈에서 경기를 치렀으면 원정 경기를 치릅니다. 모두가 일정을 공유합니다. 그리고 TV 중계권자가 경기를 선택합니다. 팀들은 토요일 혹은 일요일에 경기를 치릅니다. 퍼거슨 감독처럼 경기 일정의 유불리를 따질 수 없습니다. 또 다른 옵션은 퍼거슨 감독이 직접 모든 경기 일정을 정리해 우리에게 보내주는 방법입니다. 그러면 일정을 불평하는 사람은 사라질 겁니다. 아주 간단합니다." 그의 말이 절정에 오르고 있었다.

"자, 축구 얘기로 넘어가겠습니다. 나는 더 이상 이런 이야기와 심리전을 하고 싶지 않습니다. 우리는 올드트래퍼퍼드에 갈 때마다 무슨 일이 일어나는지 압니다. 첼시의 스콜라리 감독은 맨유의 스태프들을 상대로 지역방어를 펼쳐야 합니다. 맨유 스태프들이 심판에게 딱 달라붙어 얘기를 나누기 때문입니다. 오직 퍼거슨 감독만이 일정에 대해 불평할 수 있고, 심판에 대해 불만을 표할 수 있고, 이런 모든 것에 대해 이야기할 수 있다는 사실을 모든 감독들이 알아야 합니다." 그가 결론을 말한다.

"지금 내가 '팩트'를 말한다는 사실 역시 우리 모두가 알아야 할 것입니다. 이건 나 혼자만의 느낌이 아닙니다. 우리가 매주 볼 수 있는 '팩트'들입니다. 그들이 압박을 받는 걸 수도 있습니다. 어쩌면 우리가 선두에 있을 것을 예측하지 못해 긴장한 것일 수도 있습니다. 리그 측이 무엇을 해야 한다고 말하지는 않겠습니다. 나는 맨유와 첼시의 경기를 지켜볼 생각입니다."

거대한 인물을 향한 엄청난 도발이었다. 베니테스 감독은 또 다른 퍼거슨 추종자가 될 생각이 없었다. 경기가 끝난 후, 레드와인 한 병을 들고 가서 퍼거슨 감독과 나눠 마시며 그의 가르침을 받으려는 지도자 동료들처럼 말이다. 당시 기자회견은 '라파의 외침'으로 알려졌지만, 사실 단순한 외침이 아니었다. 불만 사항을 적은 목록을 차가운 어조로 읽어내린 낭독에 가까웠기 때문이다.

무엇보다 베니테스 감독의 '외침'은 퍼거슨 감독에 대한 즉흥적 도발이 아니었다. 제이미 캐러거는 이 독백이 사전 조사 아래 신중하게 기획된 것이라고 밝혔다. 캐러거는 다음 날 맨유와 첼시가 경기할 때 〈스카이스포츠〉에 출연할 예정이었기에 사전에 베니테스 감독을 찾아가 공식 허가를 받았다고 한다.

"라파에게 목요일이나 금요일쯤 출연해도 되냐고 물었더니 괜찮다고 했습니다. 그런데 라파가 기자회견에서 할 말이 있다고 하더군요. 그는 주제 모리뉴 감독과는 몇 번 논쟁을 벌인 적이 있었지만, 퍼거슨 감독은 경험이 더 많다는 취지로 말했어요. 어떤 말을 할지 저울질하고 있는 느낌이었어요."

캐러거는 라파의 말을 잊고 있다가 TV에서 문제의 발언 장면을 봤다고 한다. "나는 입을 다물지 못했어요. 이건 아니라는 생각이 들었죠. 우리가 거기서 얻을 게 없었으니까요. 라파는 올드트래퍼드에서 첼시가 뭔가를 얻을 수 있도록 심판진을 압박하려 했던 것 같아요. 그런데 모든 시선이 우리에게 쏠리고 있었어요. 큰 압박감을 받은 우리는 스토크시티 원정에서 끔찍한 경기력으로 0–0으로 비겼어요." 그가 사뭇 진지하게 말한다.

"케빈 키건이 퍼거슨 감독을 향해 소리쳤던 것처럼° 빅매치 직후에 감정이 격해진 상태에서 나온 말이 아니었어요. 라파는 냉정하고 계산적인 사람이었어요. 라파가 그런 반응을 할 만한 어떤 계기도 없었어요. 공격당한 게 아니라 먼저 시동을 건 셈이었어요. '이번 시즌 우리는 잘하고 있다. 우리는 도전할 수 있다. 심판들의 마음에 의심의 씨앗을 심어줘야 한다'라는 것이 그의 생각이었을 겁니다." 캐러거는 발언의 시점이 문제였다고 주장한다.

"그때가 1월 초였어요. 아마 마지막 열 경기가 남은 시점이었을 겁니다. 시즌이 절반 가까이 남아 있었죠. 너무 이른 시기였어요. 또한 라파는 카리스마 넘치는 타입이 아니었어요. 모리뉴였다면 아마 종이를 꺼내서 읽지는 않았을 겁니다. 그냥 농담 식으로 툭툭 던졌다면 오히려 더 잘 전달되었을 거예요. 라파의 외침은 제대로 전달되지 않았고, 의도했던 대로 맨유나 심판이 아니라 우리에게 더 많은 시선이 쏠리게 했습니다."

게리 네빌도 멀리서 이 사태를 지켜보고 있었다. "집에서 〈스카이스포츠〉 뉴스를 보다가 '와, 저 사람이 도대체 뭘 한 거지?'라며 놀랐던 기억이 납니다.

° 1995-96시즌, 퍼거슨 맨유 감독의 심리전에 걸려든 뉴캐슬의 케빈 키건이 경기 직후 격정적 인터뷰를 한 것을 말한다.

그리고 퍼거슨 감독이 '걸려들었네'라고 말하는 모습이 떠올랐어요. 라파는 자신만의 게임, 즉 심리전에 퍼거슨 감독을 끌어들였는데, 그렇게 하려면 자기 확신이 분명했어야 합니다."

리버풀의 릭 패리 사장도 그 모습을 지켜봤다고 한다. "늘 그랬듯이 라파는 나와 상의하지 않았습니다. 그 시기는 그가 병상에서 돌아온 때와 맞물렸어요. 그는 신장 결석으로 극심한 고통을 겪고 있었습니다. 그동안 새미 리가 역할을 잘 해주었어요. 아스널과 무승부를 거뒀고, 안필드에서 볼턴을 대파한 뒤 뉴캐슬전에서 승리했습니다. 아마도 라파는 복귀하면서 자신의 입지를 재확인하고 싶었던 것 같습니다." 이어지는 패리의 말이다.

"스토크전 이후였다면 좀 나았을지도 모르겠습니다. 특히 그 경기를 이겼다면 말입니다. 하지만 아주 암울한 무승부였어요. 솔직히 말해 나라면 절대 그런 발언을 하지 않았을 겁니다. 긍정적인 효과가 하나도 없었으니까요."

패리는 베니테스의 기자회견이 데이비드 길 맨유 회장과의 관계에 악영향을 미치지 않도록 했다. "데이비드와 나는 프리미어리그, 유럽클럽협회, 유럽축구연맹 등으로 자주 만나는 사이였어요. 우리는 좋은 관계를 유지하고 있었습니다. 그래서 잘 넘어갈 수 있었죠. 데이비드에게 전화해 따로 설명하지도 않았어요. 그가 나중에 말하더군요. 퍼거슨 감독이 꽤 재미있어했다고요. 그에게는 또 하나의 '키건 모먼트'였던 셈입니다."

당시 기자회견장에서 〈리버풀에코〉의 리버풀 담당 기자였던 크리스 바스콤은 베니테스 바로 앞에 앉아 있었다. 그는 곧바로 베니테스 감독이 전술적 실수를 저질렀음을 알아차렸지만, 그다지 충격을 받지는 않았다고 한다. 그는 베니테스 감독의 접근 방식에서 한 가지 사실을 발견했다.

"제일 먼저 든 생각은 '왜?'였습니다. 실수였다는 생각도 들었지만, 그가 이런 부분에 약했기 때문에 놀랍지는 않았어요. 맨유 선수단에 동요가 있고, 그게 곧 겉으로 드러날 것이라는 암시가 있었던 것 같습니다. 카를로스 테베스가 팀을 떠날 생각을 하고 있다는 얘기도 있었으니까요." 그가 이어서 말한다.

"어쨌든 베니테스 감독의 판단은 엄청난 오산이었습니다. 안타깝게도 모든 기자회견이 리버풀의 하드코어 서포터만을 위한 것으로 보일 정도였어요. 그의 리더십이 무너졌죠. 사실 그 시점에서 그런 무리를 할 필요가 없었어요. 그는 어떤 경우에도 지지받을 것이고, 그가 실수를 저지른다면 그건 다른 누군가의 압력 때문이라고 생각되었을 거예요. 지난 몇 년간 그는 전략적인 체스 선수처럼 행동했어요. 그랬던 그가 리버풀이 리그 우승에 근접했는데도 큰 오판을 내린 것은 예전 같지 않다는 사실을 보여주는 신호였습니다."

〈맨체스터이브닝뉴스〉의 맨유 담당 스튜어트 매티슨 기자는 퍼거슨 감독이 악어의 미소를 짓고 있는 모습을 상상했다고 한다. "퍼거슨 감독이 '나는 그의 속을 꿰뚫고 있다'라고 생각했을 것 같습니다. 베니테스 감독을 벼랑 끝으로 몰았다고 확신했을 테죠. 그러고 보니 생각나는 일이 있습니다. 키건의 돌발행동이 있었던 다음 날, 퍼거슨 감독에게 전화를 걸어 어제 일을 어떻게 생각하느냐고 물었어요. 퍼거슨 감독은 '뭔 돌발? 무슨 말을 하는 거야?'라고 말했어요. 하지만 자서전에서 그는 경기가 끝난 후 새벽 3시에 인터뷰를 봤다고 고백했어요. 그는 무슨 일이 일어나고 있는지 정확히 알고 있었던 거예요. 항상 그랬습니다." 매티슨 기자의 이어지는 말이다.

"베니테스는 위험 요소가 되어가고 있었어요. '팩트' 작전은 퍼거슨 감독을 도발하면서 심판들을 자기편으로 만들려는 의도였지만 '제 얼굴에 침 뱉기'가 됐습니다. 2005년 퍼거슨 감독은 베니테스 감독에게 축전을 보냈어요. 퍼거슨 감독이 복잡한 사람인 이유가 바로 여기에 있습니다. 적대감을 존경으로, 그리고 다시 적대감으로 바꿀 수 있는 사람이에요. 그는 프리미어리그에서 우승한 모든 감독에게 축전을 보냈습니다."

퍼거슨 감독은 자신의 호의에 화답하는 감독들을 존중했다는 것이 매티슨 기자의 생각이다. "그는 보스 같은 면이 있었어요. 그 양반 덕분에 나도 기자로서 성장했지요. 내가 어려운 질문을 하지 않으면 가만히 두질 않았습니다. 그는 때때로 되받아치기도 했지만, 기본적으로 기자들의 질문을 존중했어요. 감독들한테도 마찬가지였죠. 어떤 면에서 아르센 벵거 감독은 퍼거슨 감독을 닮았습니다. 당신이 그에 맞서면, 그는 당신을 존중합니다."

리버풀은 베니테스 감독의 울부짖음에 응하지 않았다. 차가운 브리타니아스타디움, 베니테스 감독은 의사의 권고대로 관중석에 앉았고 리버풀은 따분한 무승부를 거뒀다. 올드트래퍼드에서 맨유는 첼시를 3-0으로 완파해 압박의 고삐를 바짝 조였다.

승리 후 퍼거슨은 〈스카이스포츠〉와의 인터뷰에서 베니테스 감독의 주장을 반박했다. 오히려 상대가 압박감에 무너지고 있음을 암시하는 듯한 잔인한 답변이었다. "글쎄, 독은 잘라내야지요. 그가 본인의 발언이 터무

니없다는 사실을 받아들이길 바랍니다. 베니테스 감독은 화가 났고, 어떤 이유로든 불안한 상태인 것 같아요. 그게 내가 말할 수 있는 전부입니다."

베니테스 감독이 주장한 '팩트'가 사실이냐는 질문에 퍼거슨은 단호하게 답했다. "사실이 아니라는 것이 충분히 입증되었어요. 지금 우리는 선두 리버풀을 추격하는 데 집중해야 한다고 생각합니다. 그 이야기는 그만하겠어요. 아직 경기가 남아 있습니다."

3월 14일, 리버풀이 우승을 확정하기 위해 올드트래퍼드에 도착했을 때 베니테스의 입에서 나왔던 모든 문장이 이미 '팩트 체크'를 완료한 상태였다. 그가 너무 일찍 심리전을 펼쳤다는 캐러거의 의심이 설득력을 얻고 있었다. 1월 중순이 되자 맨유는 리그 순위표에서 리버풀을 추월했고, 맞대결이 열릴 당시 맨유는 이미 승점에서 7점이나 앞서 있었다.

경기가 시작될 때, 두 감독은 차가운 인사말을 주고받으며 불길한 기운을 내뿜었다. 두 사람의 관계가 바닥을 친 순간이었지만, 그 반감의 뿌리는 베니테스 감독이 재킷 안주머니에서 '팩트' 리스트를 꺼내 들기 훨씬 전으로 거슬러 올라갈 수도 있다.

맨유의 철권 지배와 리버풀의 부활 노력은 마찰을 빚는 동시에 불신을 키웠다. 두 클럽 간의 적대감이 축구의 다른 영역이나 국가대표팀으로까지 번지던 시기였다. 두 클럽의 주축 선수들은 당시 잉글랜드 대표팀에서 황금세대를 이루었지만, 각종 대회에서 시너지 효과를 거의 발휘하지 못했다.

당시 잉글랜드 대표팀이 기대에 미치지 못했던 배경에 대해선 다양한 분석이 행해졌는데, 그중 하나가 맨유와 리버풀의 불화였다. 잉글랜드 대표팀 안까지 스며들었던 양쪽 선수들의 적개심은 종종 뛰어난 재능을 지녔던 대표팀이 잠재력을 발휘하지 못한 주된 이유로 제시되곤 했다. 맨유의 주역은 게리와 필립 네빌, 데이비드 베컴, 니키 버트, 리오 퍼디낸드, 폴 스콜스였으며, 이후 에버턴 출신 스카우저 웨인 루니가 합류했다. 리버풀의 주역은 스티븐 제라드, 마이클 오언, 제이미 캐러거였고, 에밀 헤스키와 대니 머피도 국가대표팀 멤버였다.

대표팀 내에서 강력한 목소리를 냈던 게리 네빌은 분열이 존재했음을 인정한다. "파벌이나 분열이 잉글랜드 대표팀의 큰 문제 중 하나였다고 생각합니다. 우리(맨유파) 역시 한몫했고요. 대표팀에 맨유 선수 6명이 있었어요. 우리는 리버풀을 증오하며 자란 소년들이었어요." 그의 이어지는 말이다.

"그들과 어울릴 수 없었어요. 우리 시절에는 그런 관계가 허용되지 않았습니다. 매주 적대하던 무리에게 갑자기 '한잔하러 갈까?'라고 할 수는 없죠. 리버풀 선수와 함께 사진이 찍힌다는 일은 상상할 수도 없었어요. 스벤-예란 에릭손이나 스티브 맥클라렌 같은 대표팀 코칭스태프는 식사 테이블에 선수들을 섞어 앉히는 노력을 했지만 소용없었어요. 2주 후에 다시 맞붙는다는 사실을 잘 아니까요."

하지만 자신은 프로답게 행동했다는 것이 네빌의 주장이다. "매일 훈련할 때는 최선을 다했습니다. 그들에게 볼을 패스하지 않겠다는 등의 생각은 없었어요. 우리는 대회를 치르며 가까워졌지만 끈끈함은 없었어요. 경기장 밖에서도 하나로 뭉치기 어려웠죠. 맨유 다섯 명, 리버풀 네 명이 한 팀에 모였으니 선수단 절반인 셈입니다. 선수단 절반이 경기장 밖에서 따로따로인 상황이라면 약간의 분열은 불가피하죠."

폴 스콜스도 네빌의 의견에 동의한다. 〈BT스포츠〉와의 인터뷰에서 그가 한 말이다. "우리 중 누군가는 저쪽 누군가를 좋아하지 않았고, 반대로 저쪽 누군가는 우리 중 누군가를 싫어했다는 건 분명한 사실입니다. 그런 라이벌 의식이 항상 표면에 드러나 있는데 팀 정신이 만들어질 리 없습니다. 극복하기엔 너무 큰 문제였어요."

대부분 바르셀로나와 레알마드리드 소속 선수들로 구성된 스페인 대표팀이 월드컵과 유로에서 우승한 것은 뭐냐고 되묻는 사람들도 있다. 또한 캐러거는 대표팀 내 균열이 큰 문제를 일으켰다는 데 동의하지 않는 사람 중 하나다.

"우리는 밥 먹을 때만 서로 이야기를 나눴어요. 섞어 앉은 덕분이었죠. 아마 한 테이블에 여섯 명이 앉았던 것 같아요. 대표팀 안에서 리버풀과 맨유로 분리되었다는 얘기는 헛소리예요. 말도 안 된다고 생각합니다."

관련된 사람들은 모두 저마다의 기억을 떠올린다. 머피에게는 단체의 문제라기보다 개인의 문제였다. "내 경험상, 게리 네빌은 스스로 거리를 뒀습니다. 게리는 적극적으로 대화에 참여하거나 섞이지 않았고, 리버풀 선수들도 그를 좋아하지 않았어요. 올드트래퍼드에서 있었던 사건도 영향을 미쳤을 거고요."

사건이란 네빌의 과장된 셀러브레이션을 의미한다. 머피가 이어서 말한다. "네빌과는 약간 긴장감이 있었지만 다른 선수들과는 괜찮았어요. 나는 필립 네빌과 열네 살 때부터 알고 지냈어요. 잉글랜드 학생 대표팀에서 함께 뛰었던 경험이 있어 아무런 문제가 없었죠. 베컴은 자기 팀 동료들과도 말을 많이 하는 타입이 아니었고, 스콜스와 버트는 훌륭했어요. 그들은 함께 앉아 수다를 떨고 농담을 주고받으며 다른 선수들을 끌어모았어요. 게리 네빌을 제외하고는 위화감을 느낀 적이 없습니다. 내 말은, 게리 옆에 앉아 친해지려는 노력을 하지 않았다는 뜻입니다. 왜 그래야 되나요? 나는 인생을 통틀어 게리와 2분 이상 대화를 나눈 기억이 없어요. 어이없게도 내 오랜 친구 제이미 캐러거는 지금 게리와 절친이랍니다."

네빌이 눈엣가시였다는 머피의 말에 캐러거는 크게 웃는다. "게리 네빌이 짜증 나게 한다고요? 보세요, 게리 네빌은 언제나 사람들을 짜증 나게 합니다. 위르겐 클롭한테도 그랬고, 총리한테도 그랬어요. 그런 성격은 절대 변하지 않아요."

당시 잉글랜드축구협회의 전무이사로서, 잉글랜드 대표팀과 함께했던 데이비드 데이비스의 말을 들어보자. "리버풀–맨유 사태요? 일부 과장된 측면도 있지만, 아예 없었다고 하면 거짓말일 겁니다. 처음엔 대표팀 캠프 안에 있었던 반감에 대해 인식하지 못했어요. 글렌 호들 감독은 원탁을 고집했기 때문에, 식사 시간에 서로 마주 봐야 했죠. 이후 몇몇 선수들과 이야기를 나누면서 그런 분위기가 있다는 걸 눈치챘습니다." 데이비스의 이어지는 말이다.

"양쪽 클럽 선수들이 서로 여섯 번이나 치고받았는데, 대표팀에 합류했디고 조금 전까지 으르렁거렸던 상대와 친구가 될 수 없는 건 당연합니다. 자연스럽게 끼리끼리 모였겠죠. 우정이 있듯이 라이벌 의식도 있습니다. 같은 클럽 선수끼리도 그럴 수 있어요. 예를 들어 테디 셰링엄과 앤디 콜은 친하지 않았어요. 그게 뭔 문제인지 잘 모르겠군요."

이 싸움은 2000년대 들어 격화되었다. 2007년 맨유의 아르헨티나 출신 수비수 가브리엘 에인세가 퍼거슨 감독의 악명 높은 헤어드라이어°를 터보 모드로 돌릴 만한 발언을 하면서, 프리미어리그 이사회 회의실과 사무실들까지 불똥이 튀었다. 그는 1964년 4월 필 치스널 이후 오랜만에 올드트래퍼드에서 안필드로 직접 이적하는 선수가 되려고 했다.

올드트래퍼드에서 프리미어리그 우승을 차지한 에인세는 아르헨티나에서 성장한 탓에 리버풀과 맨유의 복잡한 관계에 대한 감각이 없었다. 퍼거슨 감독을 열받게 하는 동시에 심리적 타격을 입힐 수 있다는 이유로, 리버풀은 기꺼이 그를 영입하려고 했다. 에인세가 680만 파운드에 원하는 클럽으로 이적할 수 있다는 맨유의 서면 허가를 받았다고 주장하면서, 리버풀의 영입 추진에 힘이 실렸다.

그러나 행선지가 리버풀이라면 얘기가 다르다. 그는 퍼거슨 감독의 시체를 밟고 넘어가야 했다. 맨유는 허가 조건이 '외국 클럽으로의 이적'이라고 반박했다. 맨유에서 35마일 떨어진 클럽은 지나치게 가깝다는 것이다. 퍼거슨 감독과 데이비드 길 사장은 2007년 8월 프리미어리그 중재위원회에서 자신들의 입장을 밝혔고, 중재위원회는 '명백히 국제 이적만을 염두에 둔 것'이 맞다고 결론을 내렸다.

릭 패리 리버풀 사장은 이렇게 말한다. "이 문제로 데이비드와 크게 다투지는 않았습니다. 퍼거슨 감독이 에인세의 리버풀행을 절대 허락하지 않을 것은 분명했죠. 에인세가 조건만 맞으면 어디든 갈 수 있다는 서류를 갖고 있

° 선수들 면전에서 호통치는 모습이 헤어드라이어의 열기와 소리를 닮았다는 데서 유래한 표현이다.

어서, 우리가 이 문제를 간단히 생각했습니다." 그가 이어서 말한다.

"큰 틀에서 보면 그렇게 큰 사건이 아닙니다. 이런 일은 비교적 흔해요. 기회가 있었고 그것이 이루어지지 않았다면, 넘어가야 합니다. 물론 맨유라는 점이 다르긴 하지만요. 중재위원회로 일을 끌고 간 것은 우리가 아니라 선수 본인이었어요. 선수가 중재위원회에 출석해 '나는 리버풀에 가고 싶다. 그들이 1천만 유로에 동의했다'라고 말하는 것 자체가 상당히 이례적이었습니다."

그는 서류가 매우 단순했다고 강조한다. "서류상 1천만 유로를 제시하는 클럽은 어디든 가능했습니다. 리버풀이 예외라고 생각할 수 없었죠. '프리미어리그 라이벌 제외'라는 조건도 없었어요. 전해 들은 바로는, 서류에 '유로화'로 적시되었기 때문에 외국 클럽만 가능하다는 것이 맨유의 주장이었다고 합니다. 중재위원회 역시 같은 근거로 결론을 내렸고요. 매우 이상한 해석이었죠. 이 사건은 퍼거슨 감독 안에서 불타고 있던 '리버풀을 왕좌에서 끌어내리기'로 거슬러 올라갑니다."

2023년에 리버풀로 이적하기 위한 에인세의 광적인 시도가 알려졌다. 크리스털팰리스 회장에서 라디오 해설자로 변신한 사이먼 조던은 자신의 쇼인 〈토크스포츠TalkSport〉에서 이 내용을 공개했다. 선수측 대리인으로부터, 크리스털 팰리스가 에인세와 계약한 후에 바로 리버풀에 매각하는 것에 대해 제안받았다는 것이다.

조던은 맨유의 길 단장에게 바로 알려주었지만 감사의 표시는 없었다고 한다. 그는 "당신은 내게 빚졌다"라고 길 단장에게 말했다. 그리고 몇 년 후, 맨유는 예상외로 높은 가격에 크리스털팰리스로부터 윌프레드 자하를 샀다.

에인세에게 이 사태는 그리 나쁘지 않게 흘러갔다. 레알마드리드로 이적해 라리가에서 우승했기 때문이다. 퍼거슨 감독은 반대 방향의 이적에는 관대했다. 에인세 논란 이후, 맨유는 전 리버풀 영웅 마이클 오언을 영입했다. 비록 오언이 안필드를 떠난 지 5년 만에 레알마드리드와 뉴캐슬을 거쳐 우회하는 방식을 택했지만 말이다.

2011년 퍼거슨 감독은 리버풀 아카데미에서 뛰던 어린 풀백을 올드트래퍼드로 데려오기 위해 가족 관계를 이용하기까지 했다. 트렌트 알렉산더-아놀드의 삼촌이 당시 맨유의 간사였던 존 알렉산더라는 사실을 파악한 그는 재빨리 행동에 나섰다. 그는 M62 고속도로를 따라 소년 트렌트가 달려올 수 있는 기회를 마련했다. 하지만 어린 트렌트는 리버풀의 열렬한 팬이었고 머지사이드의 대분열 속에서 성장했다.

2021년 10월 올드트래퍼드에서 리버풀이 5-0 승리를 거둔 뒤, 트렌트는 야유 소리를 뒤로하며 기분 좋게 선수 터널을 빠져나갔다. 10년 전 퍼거슨의 부름에 대한 그의 대답은 간단했다. "엄마가 고속도로 운전을 싫어해요." 그게 다였다.

2009년 3월, 올드트래퍼드에서 맨유와 리버풀이 만났다. 이 경기의 주인공은 맨유의 세르비아 출신 수비수 네마냐 비디치, 그리고 늘 그를 압도했던 공격수 페르난도 토레스였다. 비디치의 강렬한 눈빛은 상대를 얼어붙게 했지만 토레스만은 예외였다. 토레스가 등장하자 세르비아 검투사의 갑옷이 구겨졌다고나 할까.

토레스는 2007년 7월 아틀레티코마드리드에서 2천만 파운드에 리버풀로 이적했다. 그해 3월 리버풀의 새로운 공동 구단주가 된 미국인 톰 힉스와 조지 질레트가 자금을 댔다. 하지만 새로운 시대에 대한 희망은 몇 달 만에 꺼졌다. 베니테스 감독은 자금 조달 방식에 대한 의혹을 두고 공동 구단주와 갈등을 빚었다. 실제로 리버풀은 스코틀랜드왕립은행에서 받은 대출로 인해 2010년 힉스와 질레트가 쫓겨날 때까지 부채가 계속 증가하면서 재정 파탄에 이르렀다.

경기장 안에서라면, 리버풀은 몹시 건강했다. 올드트래퍼드 원정 전 화요일, 리버풀은 안방에서 레알마드리드를 4-0으로 대파하고 챔피언스리그 8강에 올랐다. 그러나 경기장 밖에서의 리버풀은 엉망진창이었다. 시즌이 끝나면 패리 사장이 리버풀을 떠날 것이라는 발표가 2월에 있었지만, 안필드 역사상 악명 높은 공동 구단주와의 관계는 점점 악화되었다. 4월에는 힉스 회장이 패리 사장에게 사퇴를 요구하는 공문을 보낼 정도였다. 힉스 회장은 패리 사장이 질레트 회장의 편을 든다고 생각했다. 미국인 구단주 두 명의 관계는 눈에 띄게 나빠졌다.

패리 사장의 회상이다. "경기장 밖의 문제를 생각하면, 우리가 그 시즌에 그만큼 해냈다는 게 놀라운 뿐입니다. 라파는 구단주들과 불화를 겪었어요. 이런 일로 언론의 주목을 받으면서도 경기장 안에는 뛰어난 선수들이 있었다는 게 고마운 일입니다."

토레스는 제라드와 최고의 콤비를 이뤘다. 아틀레티코 시절부터 토레스는 유럽 빅클럽들의 관심을 받았는데, 리버풀이 운 좋게도 영입에 성공했다. 패리 사장의 말이다. "그를 영입하려고 한 클럽이 우리뿐이었던 것 같습니다. 영입 경쟁 자체가 없었어요. 맨유도 토레스를 눈여겨봤을 겁니다. 업계에서는 그의 뛰어난 재능을 인정하면서도 프리미어리그에서 버틸 체력과 득점력에 대한 일말의 의구심이 있었습니다." 페리 사장이 이어서 말한다.

"라파조차도 100퍼센트 확신이 없었지만, 선수 본인이 정말 오고 싶어 했어요. 그는 놀랄 만큼 열정적이었죠. 그런 태도는 정말 중요합니다. 우리는 신속하고 조용하게 계약을 체결했어요. 라파와 나는 계약이 마무리될 때까지 마드리드에서 머물렀습니다. 오전에 아틀레티코 회장과 만났는데, 그는 점심 약속이 있다며 자리를 뜨더군요. 우리는 두세 시간 동안 멀뚱히 앉아 그를 기다렸어요. 그가 돌아왔고 우리는 이 일이 끝날 때까지 가지 않겠다고 버텼어요. 저녁 9시에 모든 협상이 완료되었습니다. 페르난도는 2~3일 후에 리버풀로 왔어요. 그는 매사에 열성이어서 모든 일이 아주 간단했습니다."

패리 사장과 베니테스 감독의 의구심은 홍콩에서 진행된 프리시즌 투어에서 녹아 사라졌다. 당시 상대팀이었던 포츠머스는 토레스를 거칠게 다뤘다. 토레스는 미소 띤 얼굴로 모든 우려를 불식시켰고, 미래의 고용주 첼시와의 홈 데뷔전에서 멋진 골까지 터뜨렸다.

패리 사장의 말이다. "페르난도는 맨유전뿐 아니라 빅매치에서 빛을 발하는 선수였습니다. 그의 재능은 정말 뛰어났어요. 제라드, 사비 알론소와 함께 뛰면서 그 재능이 더 불타올랐죠. 미드필더 관점에서 보면 그의 판단 속도, 패스에 대한 속도 전환 같은 장점들이 더욱 돋보였어요. 어디서든 골을 넣을 수 있는 선수였습니다. 그 시즌에 정말 대단한 트리오가 탄생했어요."

2006년 1월 비디치가 스파르타크모스크바에서 맨유로 이적하려는 움직임을 보였을 때, 리버풀도 관심을 가졌다고 한다. 패리 사장의 회상이다. "라파가 비디치를 직접 설득했고, 나도 그 자리에 있었습니다. 하지만 비디치한테서는 리버풀에 대한 열정이 느껴지지 않았어요. 그는 리버풀이든 맨유든 밀란이든 아무 상관이 없었어요. 반면 페르난도에겐 불꽃이 있었어요. 페페 레이나도 그랬고, 사비 알론소도 그랬습니다. 사비는 몇 주 동안이나 리버풀 영상을 봤고 영어를 배웠다고 하더군요. 우리 방식이 그렇습니다. 우리는 열정을 보여주고 우리와 함께하고 싶어 하는 선수를 원했어요."

네빌은 퍼거슨 감독이 항상 리버풀을 주시했다고 말한다. "당시에는 아스널이 우승 경쟁 면에서 최대 라이벌이었지만, 리버풀도 신경 쓰이는 팀이었습니다. 리버풀이 따라오지 않기를 바란 것이죠. 내가 선수로 뛰는 동안 리버풀이 우리에게 근접했던 시점은 제라드, 토레스, 사미 히피아, 캐러거, 마스체라노, 알론소 같은 선수들을 보유했던 2000년대 중반뿐입니다." 네빌이 이어서 말한다.

"퍼거슨 감독에게 가장 두려운 팀은 리버풀이 아니었어요. 하지만 우리와 가까워지는 상황을 원치는 않았죠. 그들의 사기를 떨어뜨려 주저앉혀 놓아야 했던 거예요. 그래서 어깨 너머로 늘 그들의 위치를 주시했어요. 리버풀의 추격은 큰 두려움이었습니다."

두려움의 중심에는 토레스가 있었다. 전반 23분 크리스티아누 호날두가 페널티킥을 성공시키면서(박지성이 페페 레이나의 반칙을 유도했다) 맨유가 앞서나가기 시작했다. 바로 5분 뒤 비디치의 악몽이 시작되었다. 비디치는 토레스의 존재감에 당황해 롱볼을 놓쳤고, 토레스는 공을 가로채 골키퍼 에드윈 반 데르 사르까지 능숙하게 제치고 골을 터트렸다.

맨유의 상황은 점점 나빠졌다. 전반전이 끝나기 전 리버풀이 페널티킥으로 역전한 것이다. 제라드가 토레스의 패스를 받는 과정에서 파트리스 에브라의 반칙을 얻어냈고, 본인이 직접 페널티킥을 마무리했다. 비디치는 제라드를 막는 과정에서 퇴장당하며 경기를 끝까지 소화하지 못했다. 리버풀은 이를 통해 얻은 프리킥을 세 번째 골로 연결했다. 파비오 아우렐리오가 스트레트포드엔드의 골문 상단에 볼을 꽂았다.

리버풀의 다음 골은 모든 면에서 퍼거슨 감독에게 굴욕적이었다. 이탈리아 출신의 교체 선수 안드레아 도세나가 로빙슛으로 득점에 성공했다. 팀 내 입지가 단단하지 못한 도세나였지만, 레알마드리드와 맨유를 상대로 네 번째 골을 넣었던 5일간이 리버풀에서의 하이라이트로 기억된다.

마지막 휘슬이 울렸을 때 승리한 베니테스 감독과 패장 퍼거슨 감독은 거의 눈을 마주치지 않았다. 평소 무표정인 베니테스 감독은 토레스와 함께 경기장을 빠져나가며 희미한 미소를 지었다. 맨유의 감독실에는 와인이 없었고, 양쪽 코칭스태프의 교류도 없었다.

제이미 캐러거는 토레스의 존재가 비디치를 심리적으로 위축시켰다고 믿는다. 실제로 다음 시즌 안필드에서 토레스가 리버풀의 2-0 승리를 이끌 당시, 비디치는 또 퇴장당했다. 베니테스 감독도 비디치를 잠재적 약점으로 파악해 무자비하게 이용했다.

캐러거는 비디치와 에브라가 동시에 나온 것이 매우 흥미로웠다고 말한다. "둘은 2007년 3월 안필드 원정에도 출전했습니다. 존 오셰이가 막판 결승골을 넣었던 그 경기 말입니다. 우리는 전반전에 맨유를 압도했어요. 맨유는 왼쪽 측면에서 크레이그 벨라미를 상대하느라 애를 먹었죠. 오른쪽 센터백이었던 나는 벤치에 앉은 퍼거슨 감독을 볼 수 있었어요. 그는 오른쪽의 에브라와 비디치에게 '침착해, 침착해!'라고 계속 외쳤어요. 그들은 벨라미의 속도를 따라잡지 못해 고전했습니다." 캐러거가 이어서 말한다.

"나에게도 주력 문제가 있었습니다. 정상급 수비수라고 모두 발이 빠른 건 아니니까요. 언제나 나보다 빠른 공격수가 있는 법이죠. 내가 제일 빠른 선수가 아니라면 적절한 위치에서 볼을 잡아야 합니다. 토레스의 역할은 말할 것도 없고, 비디치를 상대로 토레스에게 패스를 연결해준 제라드도 수훈감이었어요."

캐러거는 비디치의 심리 상태에 문제가 있었다고 분석한다. "내 생각이지만, 비디치는 상대가 토레스라는 압박감 때문에 제대로 경기에 임하지 못한 것 같습니다. 토레스가 뭔가를 하리라 예상했고 결국 예상대로 된 셈입니다. 비디치는 리버풀전에서 항상 긴장하는 듯 보였어요. 토레스만의 문제는 아닐 거예요. 발이 느린 점이라거나 너무 미친 경기 내용 때문일 수도 있습니다. 어쨌든 그는 전술적 타깃이었어요. '리오에게 공을 주지 마! 비디치를 공략해!' 라파, 제라드, 토레스 모두 같은 생각을 했을 거예요. 내게는 티에리 앙리가 그 비슷한 존재였습니다. 경기 전부터 심리적으로 압박을 받곤 했죠."

그래서 리버풀은 어떻게 됐을까? 맨유의 신경을 긁을 수 있었을까? 우승 경쟁의 분수령은 리버풀이 풀럼 원정을 치른 4월 초였다. 풀럼은 그 전주에 맨유를 꺾은 데 이어 두 번째 대어를 노렸다.

리버풀은 크레이븐코티지에서 요시 베나윤의 막판 결승골로 승리를 거두었다. 맨유보다 승점 2점을 앞선 것이다. 하지만 맨유는 두 경기를 더 남겨두고 있었다. 다음 날, 경기 종료 10분을 남기고 맨유가 애스턴빌라에 1–2로 뒤지자 안필드에 희망이 피어올랐다. 하지만 올드트래퍼드에서는 또 다른 미친 경기가 펼쳐졌고, 호날두가 동점골을 넣었다.

마지막 반전은 무명의 17세 이탈리아 공격수 페데리코 마케다가 만들었다. 그는 맨유 데뷔전에서 결정적 공헌을 했다. 마케다는 라이언 긱스의 패스를 받아 빌라의 골키퍼 브래드 프리들의 방어를 무너트리는 오른발 감아차기로 마무리했다. 마케다의 올드트래퍼드 커리어는 한순간이었지만, 그 결정적 순간은 영원히 기억된다.

빌 생클리의 손자이자 도심 호텔의 소유주인 크리스 생클리 칼린은 꿈이 깨진 순간을 떠올리며 얼굴을 찌푸린다. "바르셀로나로 휴가를 가기 위해 리버풀 공항에 도착했더니, 맨유가 빌라에 지고 있었어요. 게임이 다 끝나가는데 마케다라는 꼬마가 들어갔어요. 아무도 모르는 선수였죠. 아마 맨유팬들도 그랬을 거예요. 그는 갑자기 나타나서 엄청나게 중요한 일을 해내고는 다시 사라지는 그런 선수였어요. 나는 거의 시체 상태로 휴가를 떠났어요. 그날 결과가 내 휴가를 망쳤답니다."

그날 승리로 맨유는 승점 4점 차로 리버풀을 따돌리고 우승을 차지했다. 리버풀은 무승부를 11차례나 기록했고, 토레스는 안필드에서 우승 트로피를 들어 올리지 못했다. 재능만 놓고 본다면, 베니테스 체제에서는 당시 팀이 최고 수준이었다. 캐러거도 이에 동의한다.

"내가 뛰었던 최고의 팀이었지만 안타깝게도 몇몇 동료는 우승하지 못했습니다. 우리는 늘 '이스탄불의 기적'을 이야기하는데, 사실 그때 팀은 최고가 아니었어요. 우리 모두 그 사실을 알고 있었죠. 2008-09시즌 우리가 아무런 타이틀을 따지 못했다는 사실이 실망스럽습니다. 그 팀은 챔피언스리그에서 우승했어야 했어요. 우리는 준결승과 8강에서 각각 멈췄습니다." 캐러거가 안타까운 듯이 말한다.

"무승부가 너무 많았던 게 문제였어요. 맨유는 올드트래퍼드에서 4-1로 승리하면서 추격의 고삐를 당겼어요. 맨유는 다음번 풀럼 원정 경기에서 패했고 웨인 루니가 퇴장당했습니다. 그래도 맨유는 늘 승점에서 한두 점 앞서 있었어요. 애스턴빌라전 후반에만 두 골을 넣어 3-2로 승리한 것이 맨유로서는 결정적이었다고 봅니다. 우리를 끝장낸 결과이기도 했고요."

당시 상황에 대한 패리 사장의 설명이다. "우리는 훌륭한 팀이었습니다. 선발 11명은 경이로웠어요. 우리의 발목을 잡은 무승부 중 상당수는 베스트멤버가 가동되지 않았던 경기들이었습니다. 스쿼드의 깊이가 부족했다고 볼 수 있어요."

캐러거는 리버풀의 로컬 선수°들이 맨유의 유명한 '92년 동기'와 비교해도 손색이 없었다고 확신한다. "92년 동기의 활약은 놀라웠지만, 우리 쪽 로컬 선수들도 못지않았습니다. 더 뛰어났을지도 모릅니다. 하지만 한꺼번에 뭉치지 못했어요. 로비 파울러와 스티브 맥마나만은 이후 최고의 전성기를 누리지 못했지만,

° 출신지와 프로 데뷔팀의 연고지가 같은 경우, 쉽게 말해 토박이 선수다.

우리가 5~6년에 걸쳐 육성한 선수들은 맨유 92년 동기들과 함께 시간의 시험을 견뎌냈습니다."

캐러거는 두 팀 간에 차이점이 있었다고 분석한다. "개인적으로는 우리 선수들이 위라고 생각합니다. 차이점이라면 우리 로컬 선수들이 항상 팀 에이스였다는 사실입니다. 폄하하는 건 아니지만, 맨유의 로컬 선수들은 팀 안에서 최고가 아니었어요. 피터 슈마이켈, 리오 퍼디낸드, 야프 스탐, 로이 킨, 에릭 칸토나 등이 버티고 있었으니까요. 나중에는 크리스티아누 호날두까지 있었죠."

리버풀에는 그런 선수들이 없었다는 것이 캐리어의 주장이다. "로이 에반스 감독 시절에는 로비와 맥마나만이 최고였어요. 울리에 감독의 팀에서는 제라드와 오언이 핵심이었고요. 라파 체제에서도 제라드가 중심이었어요. 우리에게도 훌륭한 동료들이 있었고 나는 그들을 무시할 생각이 없습니다. 특히 울리에와 베니테스 시대에는 토레스, 사비 알론소, 사미 히피아 같은 외국인 선수들이 있었죠. 훌륭한 선수들이었지만 팀 내 핵심은 언제나 우리 로컬 선수들이었어요."

다시 처음의 질문으로 돌아가자. 베니테스의 '팩트' 발언은 정말로 맨유의 성공과 리버풀의 실패를 부추겼을까? 무엇보다 그 발언은 1월에 이루어졌다. 베니테스 감독은 분명 잘못된 타이밍에 퍼거슨 감독의 손을 들어준 것에 대한 책임이 있다. 하지만 크리스 바스콤은 이런 관점이 다소 과장되었다고 주장한다.

"그의 발언이 리버풀의 우승을 막았다는 믿음은 미신이라고 생각합니다. 발언 후 단 한 번의 나쁜 결과가 있었을 뿐입니다. 불필요한 장애물 정도였고, 알렉스 퍼거슨 감독에게 어떤 영향도 미치지 않았습니다."

바스콤은 베니테스 감독의 말에 주목한 사람은 캐러거와 제라드, 그리고 몇 명 정도였을 거라고 주장한다. "아마도 그들은 '왜 그런 말을 했지?'라고 자문했을 겁니다. 베니테스 감독은 자신의 발언이 리버풀팬들의 포위 심리를 자극하고 클럽에 활력을 불어넣을 것이라 의도했다고 봅니다. '베니테스의 머릿속에 퍼거슨 감독이 있었나?'라고 묻는 사람도 있을 겁니다. 그야 알 수 없지만, 그의 머릿속에 리버풀과 맨유의 관계, 리버풀과 맨유의 역사가 있었을 거라 생각합니다." 바스콤의 마지막 결론이다.

"팀이 최고일 때는 운이 좋은 것처럼 보이곤 합니다. 맨유는 심판이나 잉글랜드축구협회의 편애 덕분에 우승 트로피를 가져간 적이 없습니다. 그들은 최고의 팀이었기에 우승했습니다. 음모는 없었어요. 그 시즌 내내 리버풀이 우승할 거라고 느낀 적이 없었습니다. 풀럼전에서 막판 결승골로 승리를 거뒀을 때, 딱 그때뿐이었습니다. 다음 날 맨유가 빌라에 역전승을 거두면서 모든 꿈이 사라졌어요. 라파의 발언은 불필요했지만, 그게 우승 실패의 원인이라고는 생각하지 않습니다."

이런 주장은 베니테스가 겪은 마지막 소란으로 증명되었다. 그는 리버풀이 리그 7위로 마무리한 다음 경질됐다. 공동 구단주, 힉스와 질레트가 이끄는 리버풀의 위험한 재정 상황을 우려하는 목소리가 점점 커지고 있었다.

2007년 챔피언스리그 결승전에서 패배한 후 공동 구단주에 대한 팬들의 의심은 사실로 드러났다. 그들은 자신들의 돈이 아닌 은행의 돈을 쏟아부었다. 이듬해 금융 위기가 덮쳤고 은행들은 구단에 돈을 갚으라고 요구했다. 리버풀의 명예는 끔찍할 정도로 손상되었다. 베니테스의 자리는 풀럼 감독이었던 로이 호지슨으로 채워졌다. 호지슨은 리버풀과 맨유 간의 라이벌 관계를 전혀 이해하지 못하는 모습으로 곧 적임자가 아니라는 사실을 드러냈다.

캐러거는 호지슨 감독이 상상도 할 수 없는 말을 했다고 밝힌다. "맨유는 12시 반 경기를 치렀고, 우리는 3시 경기를 앞두고 있던 상황이었어요. 맨유가 0-2로 뒤지다가 3-2로 뒤집었던가 그랬을 겁니다. 아무도 맨유에 신경 쓰지 않았죠. 그런데 로이 호지슨 감독이 팀토크에서 '맨유 같은 모습을 가져야 한다'라고 말했어요. 리버풀 감독이 할 말이 아니었습니다. 설령 그렇게 믿는다 해도 경기장에 나가기 직전에 해서는 안 될 말이었죠. 그는 리버풀과 맨유의 관계를 전혀 이해하지 못했어요."

2010년 9월 올드트래퍼드에서 리버풀이 2-3으로 패했다. 호지슨 감독은 '토레스가 다이빙을 했다'라는 퍼거슨 감독의 주장에 즉각적으로 맞서 토레스를 옹호하지 않았다는 이유로 격렬한 비판을 받았다. 결국 호지슨 감독은 퍼거슨 감독에게 항변했다. 리버풀팬들은 베니테스 감독이 한 것처럼 즉시 되받아쳐야 했다고 믿었다.

캐러거도 이에 동의한다. "퍼거슨 감독이 통로에서 심판에게 화를 내던 모습이 기억납니다. 그때 호지슨 감독이 '그렇게 많이 이기고도 심판에게 화를 내다니'라고 말하면서 자신은 절대 그러지 않을 거라고 했어요. 글쎄요, 퍼거슨 감독은 그런 열정 덕분에 그렇게 많이 이기지 않았을까요? 특히 리버풀과 맨유의 경기라면 예전에 얼마나 많이 이겼느냐는 중요하지 않습니다."

캐러거에 따르면, 호지슨 감독은 팀미팅에서 가장 공격적인 사람 중 하나였지만 본인은 그런 모습을 드러내는 것을 좋아하지 않았다고 한다. 캐러거의 말이다. "그는 영국 신사처럼 보이기를 원했어요. 그런 면에서 리버풀 감독에 어울리지 않았죠. 리버풀 감독이라면 팬들이 무엇을 원하는지 이해해야 하고, 싸울 때는 확실히 싸워야 합니다. 싸움에 앞장서는 깡패처럼 보이고 싶지는 않겠지만, 누군가 당신이나 당신의 동료, 당신의 클럽을 공격하면 맞서 싸워야 하는 겁니다."

2010년 10월, 3억 파운드에 리버풀을 인수한 보스턴 기반의 사업가 존 W. 헨리가 새로운 구단주로 오면서 호지슨 감독은 6개월 만에 경질됐다. 힉스와 질레트 공동 구단주는 엉뚱하게도 최후의 반항을 했다. 매각을 막는 임시효력 금지 가처분을 신청했다가 바로 해제한 것이다.

돌아가는 길은 아득했지만, 최소한 도움의 손길은 가까이에 있었다.

RED ON RED 08

MATCH	STADIUM	DATE
프리미어리그	올드트래퍼드	2009년 3월 14일

SCORE

맨체스터 유나이티드 **1 : 4** **리버풀**
MANCHESTER UNITED **LIVERPOOL**

크리스티아누 호날두(PK) **23'**

페르난도 토레스 **28'**
스티븐 제라드(PK) **44'**
파비오 아우렐리오 **77'**
안드레아 도세나 **90+1'**

맨체스터 유나이티드 출전명단 (4-3-3)

감독 **알렉스 퍼거슨**

에드윈 판데르사르; 존 오셰이, 리오 퍼디낸드, 네마냐 비디치, 파트리스 에브라; 박지성(라이언 긱스 74'), 마이클 캐릭(폴 스콜스 74'), 안데르송(디미터르 베르바토프 74'); 크리스티아누 호날두, 웨인 루니, 카를로스 테베스

퇴장 네마냐 비디치 **76'**

리버풀 출전명단 (4-4-2)

감독 **라파엘 베니테스**

페페 레이나; 제이미 캐러거, 사미 히피아, 마틴 스크르텔, 파비오 아우렐리오; 루카스 레이바, 스티븐 제라드(나빌 엘 자르 90'), 하비에르 마스체라노, 알베르트 리에라(안드레아 도세나 68'); 페르난도 토레스(라이언 바벨 80'), 디르크 카윗

주심 앨런 와일리

관중 75,569명

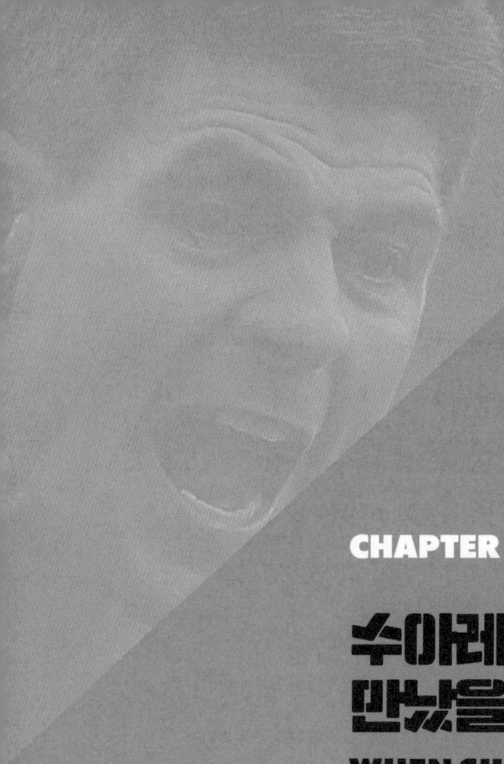

CHAPTER 09

수아레스가 에브라를 만났을 때

WHEN SUAREZ MET EVRA

프리미어리그

리버풀 1 vs. 맨체스터 유나이티드 1

안필드

2011년 10월 15일

시간이 많이 흘렀다. 지금 돌이켜보면 그저 광기로 가득 찬 순간, 혼란의 소용돌이였다. 이해가 안 되는 것투성이다. 나팔바지의 유행이나 도널드 트럼프가 한때는 대통령이었다는 사실과 비슷하다. 의아한 표정으로 고개를 갸우뚱거리며 바라보게 되는 역사. 도대체 어떻게 그런 일이 벌어졌던 것일까?

처음부터 눈에 띄지는 않았다. 정말 그랬다. 경기를 보던 관중 45,065명도, 기자들도, 경기 영상을 분석하는 사람들조차 이상한 점을 발견하지 못했다. 하지만 정말 일어났던 사건이다. 후유증만이 고약한 냄새를 풍기며 퍼져나갔다.

2011년 10월 15일, 안필드에서는 맨체스터 유나이티드와 리버풀의 격렬한 리그 경기가 펼쳐졌다. 경기 후, 맨유의 파트리스 에브라는 프랑스 방송국 〈카날플러스〉와 인터뷰했다. 에브라는 코너킥을 준비할 때 리버풀 공격수 루이스 수아레스가 자신을 향해 인종차별적 발언을 했다고 말했다. 짧은 인터뷰치곤 파격적인 내용이었다.

보통 이런 사건은 이렇게 흘러간다. 한 사내가 경기 도중 다른 사내에게 불쾌한 말을 한다. 기분이 상한 사내는 불평한다. 빌미를 제공한 쪽은 오해가 있었다며 사과한다. 상대는 공개적으로 사과를 받아들인다. 두 사내는 서로 악수하고 맥주 한잔하며 잊어버리기로 한다. 이게 '보통의' 축구판이다.

그런데 이번에는 달랐다. 몇 시간, 며칠, 몇 주 동안 남미 스페인어의 문맥 분석부터 악수할 때 손의 각도까지 논쟁은 끝없이 이어졌다. 간단히 끝날 수 있었던 사건은 분노와 논쟁의 소용돌이 속에서 몸집을 키웠다.

두 선수는 어떤 용어였는지에 대해서도 합의하지 않았다. 한 명은 자서전에서 '니그리토negrito'° 라고 주장했고, 다른 한 명은 다른 책에서 '니그로negro'°° 였다고 했다. 옳고 그름은 주관적 판단 아래 결정됐고, 공정성은 사라진 지 오래였다. 사건은 증오로 가득 찬 에피소드가 되었다. 냉철한 분석 같은 건 없었다. 수년간 서로를 경멸하는 시간 속에서 서사가 완성됐다. 무엇보다, 두 클럽의 관계에 얽힌 이야기이다 보니 말 다 했다.

그날 수아레스와 함께 뛰었던 제이미 캐러거는 이렇게 회상한다. "우리가 그 사건을 처리한 방식은 부끄러웠습니다. 그것은 리버풀과 맨유의 경기였어요. 인종차별은 안중에도 없었죠. 사람들도 무슨 일이 벌어졌는지 알지 못했어요. 이유는 간단합니다. 리버풀과 맨유의 경기였으니까요."

당시에는 크게 주목받지 못했지만, 수아레스와 에브라에겐 공통점이 있었다. 둘 다 1월 신입생은 신통치 않다는 편견을 제대로 뒤엎었다. 에브라는 세네갈 이민자 가족으로, 가족 수가 무려 24명이라고 한다. 파리 빈민가인 레울리에서 자란 그는 모나코를 떠나 맨유로 이적하며 처음 영국 땅을 밟았다. 2006년 1월 10일이었다. 그는 곧 팀의 주축이 되어 프리미어리그 우승 5회, UEFA챔피언스리그 우승 1회를 경험했다. 겨울에 맨유가 지급했던 550만 파운드는 이적료라기보다는 절도 행위에 가까웠다.

5년 후 수아레스가 리버풀에 등장했다. 2011년 1월 겨울 이적시장에서였다. 역시 절도 수준이었다. 리버풀은 아약스에 2,250만 파운드를 지불하고 수아레스를 영입했다. 10년 후, 잭 그릴리시의 장딴지 한

° 동남아시아 오지에 사는 원주민. '작은 흑인'이란 뜻이다.

°° 검정색을 뜻하는 스페인어(포르투갈어). 스페인어권에서는 비하의 의미가 아닌 흑인종을 일컫는다.

쪽을 살 수 있는 금액이었다.

수아레스는 다재다능하고 용감한 공격수였지만, 영국에서는 지난여름 남아공월드컵에서 벌인 기행으로 유명했다. 우루과이와 가나의 8강전 막판, 도미니크 아디야가 날카로운 헤더를 날렸다. 볼은 골대를 향해 날아갔다. 그때 수아레스가 펄쩍 뛰어올라 손으로 걷어내 버렸다. 그가 방해하지 않았다면 가나는 승리했을 것이다. 수아레스는 즉시 퇴장당했다. 하지만 가나는 페널티킥을 놓쳤고, 연장전에서도 득점에 실패했다. 승부차기에서도 지고 말았다. 그렇게 가나는 역사상 처음으로 준결승에 진출한 아프리카 팀이 될 기회를 잃었다.

수아레스는 아프리카 대륙에서 가장 증오하는 축구선수가 됐다. 반면 우루과이에서는 영웅으로 떠올랐다. 그는 몬테비데오 언론사와의 인터뷰에서 디에고 마라도나를 언급하며 "이제 '신의 손'은 나의 것, 내가 진짜 '신의 손'입니다"라고 말했다.

물론 이 핸드볼 반칙 때문에 아약스가 그를 팔기로 한 것은 아니다. 이전 시즌에 33경기 35골이었는데 그럴 리가 있겠는가? 다만 수아레스가 상대 선수와 가까이 있을 때 좀처럼 입을 다물지 못한다는 것이 아약스 수뇌부의 고민거리였다. 2010년 11월 수아레스는 PSV 아인트호벤 미드필더 오트만 바칼의 어깨를 물어 4경기 출전 금지 징계를 받은 적이 있다.

네덜란드 일간지 〈데 텔레그라프〉는 그에게 '아약스의 식인종'이라는 별명을 붙였다. 수아레스는 자신의 페이스북을 통해 사과문을 올렸지만, 아약스 수뇌부는 그가 구단의 명성에 해를 끼칠 수 있음을 우려했다. 차라리 돈과 바꿔야 할 때였다. 아약스는 리버풀의 신임 스포팅디렉터 데미안 코몰리에게 '수아레스 영입에 관심이 있느냐'라고 직설적으로 물었다. 수아레스의 출전 정지 징계 기간이었다. 코몰리는 즉각 케니 달글리시 감독에게 이 내용을 전달했다.

리버풀은 수아레스의 실력을 익히 알고 있었다. 달글리시 감독의 전임자 로이 호지슨 감독은 이미 시즌 전부터 수아레스를 영입하려고 분주히 움직였다. 한편 첼시 구단주 로만 아브라모비치는 리버풀의 주전 공격수 페르난도 토레스를 스탬퍼드브리지로 데려오고 싶어 안달이 났다. 토레스도 마음이 움직이고 있었다. 달글리시 감독에겐 고민할 틈이 없었다. 수아레스 영입을 빠르게 결단해야 했다.

코몰리는 팬웨이스포츠그룹으로부터 필요한 자금을 받아내야 했다. 사기꾼 톰 힉스와 조지 길레트가 정권을 내려놓고 4개월 만에 클럽을 인수한 새 구단주였다. 2021년 코몰리는 〈디애슬레틱〉과의 인터뷰에서 '나는 그들에게 루이스 수아레스 영입을 위해 2,100만 파운드를 달라고 요청했다'라고 회상했다. "그들은 내게 '1월에 지출하는 돈은 여름 이적시장을 위한 자금이니, 더 이상 여름에 쓸 돈은 없습니다'라고 말하더군요. 나는 곧바로 '상관없습니다'라고 대답했고요."

수아레스도 리버풀을 원했다. 자신의 오랜 야망인 챔피언스리그 우승의 꿈을 이룰 수 있다고 생각했기 때문이다. 그는 펩 과르디올라의 동생이자 자신의 에이전트인 페레 과르디올라에게 리버풀로 이적하고 싶다는 의사를 전달했다. 수아레스가 계약서에 서명하자마자 토레스가 영국 최고 이적료인 5천만 파운드에 첼시로 이적했다. 달글리시 감독은 코몰리에게 앤디 캐롤을 영입하라고 지시했다. 프리미어리그의 거친 경기에서 수아레스를 보호해 줄 사람이 필요했기 때문이다.

리버풀은 무려 3,500만 파운드를 들여 캐롤을 보디가드로 고용했다. 약삭빠르고, 노련하고, 월등히 뛰어난(훨씬 저렴하기도 하고) 수아레스를 위해서 말이다. 두 선수는 같은 날 언론에 공개됐다. 보도자료 사진 속의 수아레스는 그의 새로운 공격 파트너를 썩 달가워하는 표정이 아니었다.

당시 리버풀은 힉스와 길레트 사태의 그늘에 가려져 중위권에 머물렀다. 달글리시 감독은 수아레스에 대한 투자에 의심이 없었다. 수아레스는 달글리시 감독의 상징인 7번 유니폼을 입고 데뷔전인 스토크시티전에서 골을 터뜨려 팀을 2-0 승리로 이끌었다. 리버풀이 제대로 된 선수를 만난 것이다.

한편, 에브라는 남아공월드컵을 치르며 어려운 시기를 보냈다. 프랑스 대표팀의 주장으로서 레몽 도메네크 감독과 충돌을 빚었기 때문이다. 도메네크 감독이 동료 니콜라스 아넬카를 배척한다는 이유에서다. 사태는 갈수록 나빠졌다. 에브라는 파업을 주도했고 훈련에도 불참했다. 결국 대표팀에서 제외되는 지경에 이르렀다. 이후 프랑스 대표팀이 조별리그에서 탈락하자, 에브라는 프랑스에서 국가적 대의에 반하는 방해꾼으로 낙인찍혔다.

에브라는 잉글랜드에서도 논란에 싸인 적이 있다. 입단 직후인 2006년 3월, 청각 장애를 가진 맨유팬 두 명이 경찰에 신고를 했다. 안필드 원정 생중계를 시청하다가, 스티브 피넌이 에브라에게 인종차별 발언을 하는 것을 들었다는 것이다. 그들은 입술 패턴으로 읽을 수 있다고 주장했다. 에브라는 놀란 눈치였다. 그런 소리를 들은 적이 없었기 때문이다. 하지만 피넌은 무죄로 인정받기 위해 경찰조사를 받아야 했다.

더 심각한 일도 있었다. 2008년 4월 스탬퍼드브리지에서 발생한 충돌이다. 에브라는 첼시의 그라운드 관리자인 샘 베텔과 언쟁을 벌였다. 경기 후 베텔이 잔디 관리를 이유로 에브라의 쿨다운° 세션을 제지하자 그는 잔뜩 화가 났다. 맨유의 마이크 펠런 코치는 베텔이 에브라에게 '빌어먹을 이민자'라고 말했다고 주장했다. 하지만 이번에도 에브라는 그런 말을 듣지 못했다. 잉글랜드축구협회는 에브라에게 제재금 1만 5천 파운드, 4경기 출장 정지 징계를 내렸다.

에브라와 수아레스가 만난 그날, 안필드에서 어떤 일이 벌어져도 이상할 게 없었다. 리버풀이 코너킥을 준비하는 동안 둘은 콥스탠드 바로 앞에서 부딪혔다. 가벼운 몸싸움은 흔한 일이기에 안드레 마리너 주심은 카드를 꺼내지도 않았다.

하지만 경기 후 에브라는 할 말이 많아 보였다. 그는 수아레스에게 스페인어로(영어나 이태리어처럼 유창하진 않지만) 왜 코너킥 상황에서 자신을 걷어찼느냐고 물었다고 한다. 그리고 논란의 장면이 나온다. 에브라는 수아레스가 최소 열 번 이상 자신을 '니그로'라고 불렀다고 주장했다.

에브라는 이 사실을 동료 박지성과 안토니오 발렌시아에게 말하고, 인터뷰를 통해 알렸다. 이후 마리너 주심에게도 자신이 들은 내용을 전달했다. 마리너는 경기보고서에 이 사실을 기록하겠다고 약속했다. 에브라는 알렉스 퍼거슨 감독과도 이 일에 관해 이야기를 나눴다. 퍼거슨 감독은 필요하다면 에브라를 공식적으로 지원하겠다고 했다.

이후 에브라는 이 일에 대해 심사숙고했고, 결국 공

° 마무리 운동을 말한다. 쿨다운의 반대말이 웜업(준비 운동)이다.

식 절차를 밟지 않기로 결정했다. 경기 후 인터뷰 정도로 문제를 마무리할 작정이었다.

그런데 일은 그의 생각과 다르게 흘러갔다. 인터뷰를 지켜본 축구협회가 철저한 조사 의지를 표명했다. '파트리스 에브라의 인종적 기원과/또는 피부색과/또는 인종에 대해 폭력적 및/또는 모욕적인 언행 및/또는 행동'이 축구협회 규정에 어긋나는지를 들여다볼 특별조사위원회가 구성됐다.

그날 크리스 바스콤은 안필드 기자석에 있었다. "정말로 무슨 일이 일어나는지 몰랐습니다. 두 선수가 으르렁거리는 상황이었죠. 원래 치열한 경기이다 보니 어떤 말이 오갈지 대충 짐작이 되었어요. 세세한 건 알지 못했어요."

고발 소식을 들은 수아레스는 불같이 화를 냈다. 그는 페이스북에 자신 역시 흑인의 손자인데 인종차별주의자로 여겨지는 상황 자체가 터무니없다고 반박했다. 리버풀은 즉각 수아레스에 대한 절대적 지지를 담은 성명서를 냈다.

〈스카이스포츠〉 해설자 자격으로 현장에 있었던 게리 네빌은 이러한 리버풀의 대응 방식과 언어 선택이 아쉽다고 한다. "리버풀은 비난과 의심을 받아들이지 않았을 뿐 아니라 그 문제에 도발적으로 대응했어요. 옳고 그름을 떠나서 이 말도 안 되는 문제에 전쟁을 선포한 꼴이었죠. 크게 잘못된 반응이었다고 생각합니다. 경쟁심에서 벌어진 일이 아닌가 싶습니다."

바스콤은 달글리시 감독이 안쓰럽다고 말한다. "감독은 본능적으로 선수를 보호하려 합니다. 퍼거슨 감독과 에릭 칸토나의 관계와 비슷합니다. 칸토나는 특별한 선수였고, 감독은 그를 놓치고 싶어 하지 않았던 거예요."

시즌 초반, 첼시 주장 존 테리가 안톤 퍼디낸드에게 인종차별을 가한 혐의로 기소된 적이 있다. 그 후 축구협회는 경기장 내에서 발생하는 인종차별 사안에 민감하게 반응했다. 리버풀 주변에서도 신중한 목소리가 나왔다. 대부분 선수들과 팬도 같은 생각이었다. 수아레스가 단어 선택에 실수가 있었다며 빨리 사과하고 논란의 확산을 막는 편이 낫다는 의견이었다. 인종차별을 묵인하는 태도는 클럽 이미지에 그리 좋은 영향을 끼치지 못한다.

존 윌리엄스 교수의 말이다. "친구들 사이에서도 의견이 분분했어요. 대부분은 수아레스를 끝까지 지지했죠. 그가 잘못을 인정하는 건 있을 수 없는 일이었어요. 리버풀 사람들은 에브라를 별로 좋아하지 않았고, 맨유를 정말 싫어했어요. 첼시 선수였다면 좀 다른 반응이었을 것 같습니다. 하지만 안필드에서 열린 맨유전에서, 다시 말해, 리버풀팬들 눈앞에서 벌어진 일이었어요. 사람들은 수아레스가 희생당했다고 느꼈습니다. 우리의 에이스를 제거하기 위한 음모였다고 생각한 겁니다."

일각에서는 이런 분위기가 달글리시 감독이 수아레스를 옹호하도록 했다고 주장한다. 달글리시 감독은 수아레스가 얼마나 중요한지 알고 있었고, 재차 장기 출장정지가 확정된다면 리버풀에 마음을 붙이기 어려울 거라 생각했다. 그는 수아레스가 존중받아야 할 선수라는 사실을 보여주고 싶었다. 리버풀은 끝까지 수아레스 편에 선다는 방침을 굳혔다.

결국 이 사건은 선수끼리의 말다툼 수준에 그치지 않았다. 잉글랜드 축구 역사상 가장 추악한 진흙탕 싸움으로 번졌다. 달글리시 감독의 철옹성 같은 지지로 이번 건은 맨유를 상대하는 전면전 양상을 띠게 되었다.

당시 리버풀에서 프로축구선수협회 대표를 맡았던 캐러거의 말이다. “리버풀과 맨체스터 유나이티드, 케니 달글리시와 알렉스 퍼거슨, 잘잘못을 따지는 이 싸움에서 물러서려는 사람은 없었어요. 양쪽 서포터즈가 몰려들었고, 소셜미디어와 인터넷이 시끌벅적했습니다. 모 아니면 도였죠. 리버풀 출신이라면 설령 수아레스가 부도덕한 행동을 했더라도 반드시 지지해야 했습니다.”

언론은 핵심 당사자인 두 선수의 입장을 중점적으로 다뤘다. 두 선수의 성격이 끊임없이 조명받았다. 칼럼니스트들은 리버플레이트River Plate° 사투리의 미묘한 차이를 분석했다. 수아레스가 사용했던 ‘네그리토’라는 단어를 인종차별적이 아닌 일상적 호칭으로 이해할 수 있느냐가 쟁점이었다.

에브라가 수아레스에게 ‘왜 발길질을 했느냐’라고 물었을 때, 수아레스가 한 반응도 논쟁거리였다. 수아레스는 그때 ‘Por quÉ?’라고 했는데 ‘왜?’라는 뜻이다. 수아레스의 주장대로라면 ‘Pro quÉ’라는 말 뒤에 ‘흑인’을 덧붙여 ‘왜, 이 흑인아!’라고 했다는 것이다. 반면 에브라는 ‘왜냐면 너는 흑인이니까!’라고 들었다고 한다. 후자가 훨씬 악의적인 해석이 가능했다.

리버풀 법무팀이 적극적으로 대응했다. 그들은 스탬퍼드브리지에서 벌어진 에브라와 잔디 관리자의 말다툼과 피넌을 향한 거친 항의 등을 언급했다. 리버풀이 축구협회에 보낸 공문에는 ‘이 선수의 주장은 신뢰할 수 없다는 것이 우리의 의견이다.

° 아르헨티나 부에노스 아이레스에 있는 라플라타강을 영어식으로 부른 것이다.

이전에 발생했던 근거 없는 주장보다 신뢰성이 더 떨어진다'라고 적혀 있었다. 아쉽게도 리버풀 측의 주장은 간단한 인터넷 검색으로도 반박 가능했다. 과거 사례에서는 에브라 본인이 인종차별을 주장한 적이 없다는 사실이 밝혀졌다. 소셜미디어의 '가짜뉴스' 탓에 에브라가 '거짓말하는 겁쟁이'라는 편견이 굳혀졌을 뿐이다.

앤디 미턴은 "에브라는 오랫동안 이 사건에 대해 분노했습니다"라고 말을 꺼낸다. "그는 자신의 명예를 훼손하는 비방에 상처받았어요. 스페인어권 사람들은 이 사건을 이해하지 못합니다. 수아레스의 말이 별것 아니라고 생각했기 때문이에요. 하지만 잉글랜드에서는 다릅니다. 디에고 포를란(우루과이 국가대표)과 이 문제에 관해 얘기한 적이 있는데, 그는 수아레스가 절대 인종차별주의자가 아니라고 강변하더군요."

리버풀팬들은 페이스북과 트위터를 통해 울분을 토했다. 맨유와 그들의 천하무적 감독의 '언론 플레이'가 과하며, 축구협회가 그것에 너무 흔들린다는 주장이었다. 한국 출신 박지성에게 '개고기 송'°을 부르면서도 자신들은 도덕적 결함이 없다는 듯이 행동하고 있다는 것이 리버풀팬들의 공격 포인트였다. 그런 맨유와 달리 리버풀은 인종차별에 반대하며 인종차별을 하지도 않는다는 것이다.

퍼거슨 감독은 맨유가 더 큰 전쟁을 맞이할 것이라고 했다. 이제부터는 정치 싸움이었다. 축구협회 조사를 앞두고 퍼거슨 감독은 매치데이프로그램°° 에 이렇게 썼다. '에브라는 옳은 일을 했다. 인종차별에 문제를 제기하는 것은 중요한 일이다. 일각에서

° 2005년 박지성을 위해 맨유팬들이 만든 응원가. 한국 사람들은 개고기를 먹고, 그보다 못한 리버풀 사람들은 쥐고기를 먹는다는 내용이다.

°° 영국 각 구단이 경기에 맞춰 발간하는 소책자로 가격은 대략 3.5파운드(5,800원)이다.

그런 에브라를 비난하고 있다는 점이 유감이다.'

일각에서? 맨유팬들은 누구를 뜻하는지 알고 있었다. 리버풀이다. 축구협회는 진상 파악을 위해 3인의 조사위원회를 꾸렸다. 폴 글딩 왕립자문변호인, 브라이언 존스(셰필드와 할램셔 FA 회장), 전 선덜랜드 감독 데니스 스미스였다. 위원회는 이틀에 걸쳐 모든 관련자의 증언을 입수했다. 리버풀이 제출한 서류 중에 에브라가 다툼 도중 'sudaco'라는 용어를 사용했다는 것이 있었다. 이 단어는 스페인어권에서 남미 출신을 비하할 때 쓰는 은어다. 수아레스가 비하 발언을 한 혐의로 조사를 받는다면, 에브라도 동등하게 처벌받아야 한다는 게 리버풀 측 주장이었다.

상황은 달라지지 않았다. 2011년 12월 20일 축구협회는 115페이지 분량의 보고서를 발표했다. 리버풀 선수가 잉글랜드의 축구 이미지를 세계적으로 손상시켰다는 결론이었다. 보고서는 에브라 측 주장은 신뢰할 수 있지만, 수아레스 측 서류는 신뢰할 수 없고 일관성도 부족하다고 적시했다. 수아레스는 '네그리토'가 친근한 표현이었다고 주장하는데, 축구협회는 '선수들이 거친 말싸움 중이었다는 점을 감안할 때 이를 믿을 수 없다'라고 판단했다. 단, 인종 비하 발언과 무관하게 수아레스가 인종차별주의자라는 증거는 없다고 조심스레 결론 내렸다.

축구협회는 조사 결과에 따라 신속하게 후속 조치를 취했다. 수아레스는 제재금 4만 파운드, 8경기 출장정지 징계를 받았다. 리버풀은 거품을 물고 분노했다. 리버풀은 에브라의 주장이 타당하지 않으며, 출장정지 조치는 '매우 놀랍고 실망스럽다'라는 내용의 성명서를 발표했다. 구체적 내용은 다음과 같았다.

> 파트리스 에브라의 단독 증언으로 루이스 수아레스가 유죄 판결을 받는 것은 매우 이례적이다. 에브라의 맨체스터 유나이티드 동료들과 모든 경기 관계자를 포함한 그 누구도 혼잡한 골대 앞에서 두 선수의 대화를 듣지 못했다. 보고서 결과가 어떻든 수아레스가 무죄라는 우리의 의견에는 변함이 없으며, 그가 누명을 벗을 수 있도록 최선을 다해 지지할 것이다.

리버풀의 성명서는 축구협회 보고서가 발표된 다음 날 저녁, 위건애슬레틱 경기를 앞두고 공개됐다. 출장정지 징계가 적용되기 전 마지막 경기였다. 점심시간에 열린 리버풀의 팀미팅에서 선수들은 앞면에는 수아레스의 이미지가, 뒷면에는 그의 등번호 7과 이름이 적힌 티셔츠를 입고 워밍업을 하자고 의논했다.

그날 벤치에 앉았던 캐러거의 말이다. "그런 얘기가 오가는지 몰랐습니다. 당시 부주장이었던 내가 어떻게 모를 수 있었는지 의구심이 들 겁니다. 그때 남미와 스페인어권 동료들이 더 적극적으로 수아레스를 지지했어요. 그들은 가까운 거리에 살면서 온 가족이 친하게 지냈어요. 그래서 더 똘똘 뭉치지 않았을까 생각합니다. 스페인과 남미에서는 수아레스가 잘못했다고 생각하지 않았어요."

진짜 그랬다. 특히 우루과이 팬들, 관계자, 언론까지 수아레스에게 내려진 처벌에 의아해했다. 현지에서는 잉글랜드가 남미 선수를 차별할 구실을 찾는 데 혈안이 되어 있다는 게 중론이었다.

수아레스는 인종차별적 표현을 사용한 혐의로 유죄 판결을 받았고, 리버풀은 그런 선수를 지지하는 티셔츠를 입는다? 캐러거는 클럽이 공식적으로 인종차별 행위를 묵인하는 것으로 보일까 봐 걱정이었다. "우리는 위건의 한 호텔에서 팀미팅을 했습니다. 나는 내 방에 가서 크리스 바스콤에게 전화를 걸었어요. 어떤 일의 옳고 그름을 판단하기 어려울 때 다른 이의 의견을 듣는 것이 중요하니까요. 얼마나 큰 파장을 일으킬지 가늠이 가지 않았습니다. 크리스는 '그건 정말 끔찍한 생각인 것 같다'라고 말했습니다."

그때 캐러거가 〈스피리트오브생클리SOS〉의 피터 후턴에게 같은 질문을 했다면, 아마 이런 답이 돌아왔을 것이다. "티셔츠라니, 누구 아이디어인가? 그건 미친 짓이야!"

후턴의 회상이다. "리버풀의 팬 사이트에서 많은 논쟁이 있었지만, 문제가 제대로 해결되지 않았다는 점은 인정해야 합니다. 나는 수아레스를 잘 몰라요. 그가 무슨 말을 했는지, 무슨 말을 할지도 모릅니다. 팬들은 종종 너무 맹목적이에요. 클럽이 뭔가 잘못하면 팬들은 비판해야 마땅해요. 그 티셔츠는 정말 창피했습니다. 그들은 정치적으로 얽힌 문제를 이해하지 못한 것 같아요. 기술적으로 파고들고, 법률적으로 따져보면 리버풀은 논쟁에서 질 수밖에 없습니다."

바스콤은 수아레스를 향한 확고한 지지가 클럽 평판에 심각한 타격을 입힐 수 있다는 확신이 들었다. 그는 캐러거에게 수아레스 티셔츠 착용을 반대해야 한다고 조언했다. 바스콤은 캐러거와 통화한 후, 그는 티셔츠를 입지 않을지도 모른다고 생각했다. 하지만 캐러거는 한 명의 선수, 그 이상도 그 이하도 아니었다. 주장 페페 레이나가 동료들에게 티셔츠 착용을 지시했다. 캐러거는 불편한 마음을 한켠에 묻어둔 채 분위기를 따랐다. 스튜어트 다우닝, 글렌 존슨을 비롯한 모든 리버풀 선수가 수아레스 티셔츠를 입고 워밍업을 했다.

바스콤의 말이다. “위건 기자석에 있는데 〈더콥〉 매거진의 크리스 맥로플린이 내 어깨를 두드리며 말했어요. ‘재네 옷 봤어?’ 나는 손으로 얼굴을 감싸며 ‘아니, 나는 안 본 걸로 할게. 제발 아니라고 해줘’라고 말했어요.”

많은 이가 바스콤의 반응에 동의한다. 전 위건 공격수 제이슨 로버츠는 당시 인종차별 반대 운동을 오랫동안 해오고 있었다. 로버츠는 수아레스 지지 티셔츠에 대한 이야기를 전해 듣고 깜짝 놀랐다고 한다. “진짜요? 인종차별 발언을 했다고 알려진 선수를 클럽 차원에서 피해자처럼 여긴다고요? 도대체 무슨 말을 하고 싶은 거죠?”

티셔츠에 대한 의견은 분분했다. 존 반즈는 달글리시 감독이 선수들에게 인종차별 반대 메시지를 담은 티셔츠를 입혔어야 한다고 주장했다. 폴 맥그래스는 “수치스러웠어요. 내가 글렌 존슨이었다면 티셔츠를 바닥에 패대기쳤을 겁니다”라고 말했다. 하지만 정작 글렌 존슨은 티셔츠 착용을 후회하지 않았다. 그는 트위터에 ‘나는 내가 원할 때 내가 원하는 사람을 지지할 것이다. 내가 루이스 수아레스 편에 서는 데는 여러 가지 이유가 있다’라고 강변했다.

경기 후 달글리시 감독이 그 티셔츠 차림으로 등장했다. 그는 이 행동을 꽤 만족스러워했다. 카메라 앞에서 달글리시 감독은 이렇게 말했다.

“선수들이 티셔츠를 입고 루이스에 대한 존경과 찬사를 표했습니다. 동료와 팬들의 지지로 루이스가 평소 얼마나 훌륭한 인격을 가졌는지, 그가 얼마나 올바른 사람이자 축구선수인지가 드러났습니다. 그는 존중받을 자격이 있습니다. 우리는 항상 그의 곁에 설 것이고, '그들'이 아무리 노력해도 절대 흔들리지 않을 겁니다."

그날 안필드에 있던 사람들은 모두 '그들'의 정체를 알고 있었다. 리버풀팬들은 연신 수아레스의 이름을 외치며 달글리시 감독의 방식을 지지했다. 그들에겐 에브라가 죄인이었다. 잘못된 쪽은 리버풀이 아니라 맨유였다.

1월 말, 안필드에서 FA컵 4라운드 경기가 열렸다. 리버풀과 맨유가 다시 만났다. 수아레스는 출장정지 징계 중이었다. 에브라가 볼을 건드리기만 해도 온갖 욕설과 야유가 쏟아졌다. 단순한 더비매치 분위기가 아니었다. 에브라는 안필드에서 거짓말쟁이이자 사기꾼이었다. 리버풀은 승리로써 자신들의 주장을 한 번 더 주장했다.

운명의 장난인가! 칸토나의 징계 복귀전 상대는 리버풀이었는데, 수아레스도 징계 복귀전에서 맨유를 상대했다. 올드트래퍼드에 흥미진진한 이야기가 펼쳐지려는 순간이었다. 징계 기간 중 수아레스는 몬테비데오에서 매일같이 '너는 잘못한 것이 없어'라는 말을 들으며 지냈다. 전 세계 스페인어권이 자신을 지지한다는 확신을 품은 채 수아레스는 리버풀에 돌아와 맨유전을 준비했다.

경기를 앞둔 일주일 내내 경기 전 악수에 대한 기사가 쏟아졌다. 2008년 정착된 경기 전 악수 의식은 스포츠맨십을 강화하고, 치열한 경쟁 속에서 상호 존중을 보여주자는 의미에서 시작됐다. 당시 프리미어리그 CEO

인 리차드 스쿠다모어는 "이전에 무슨 일이 있었든, 이후에 무슨 일이 벌어질 것이든, 90분 동안은 축구만 합시다"라고 말했다.

언론들은 이번만큼은 악수 절차를 건너뛰는 게 좋겠다고 했다. 얼마 전, 첼시의 존 테리와 퀸즈파크레인저스의 안톤 퍼디낸드 사이에 인종차별 사건이 불거졌을 때도 악수를 하지 않았다. 하지만 양 팀 감독은 강행을 결정했다. 늘 그렇듯 퍼거슨 감독은 당당했다. 그는 에브라가 악수를 거절할 이유가 없다고 주장했다. 달글리시 감독 역시 수아레스가 거리낄 게 없다고 생각했다. 물러설 이유? 당연히 없었다.

2012년 2월 11일 토요일 오후, 7만 5천 관중이 경기 전 도열한 두 선수를 지켜봤다. 올드트래퍼드에는 이례적인 고요함이 흘렀다. 모두가 기다렸던 순간이 왔다. 여전히 뜨겁고 곪을 대로 곪은 싸움에 마침표를 찍을 수 있을까? 주심 필 다우드는 분위기를 부드럽게 만들기 위해 통상적인 절차를 따르지 않았다. 원정팀이 홈팀 선수들 앞을 지나가도록 한 것이다. 수아레스가 먼저 움직이도록 말이다. 그가 대면할 첫 번째 선수가 바로 주장 에브라였다.

40년째 연간회원권 소지자인 존 플랫은 아들과 함께 관중석에 앉아 있었다. "솔직히 잘 보이지 않았어요. 리버풀 선수들이 움직이는 동안 그들의 등만 보였으니까요. 작은 소동이 있었던 것 같긴 한데 확실치는 않았어요. 올드트래퍼드에는 장내 스크린이 없었어요. 집에서 중계를 보던 가족들이 내게 문자를 보내더군요. 소셜미디어에서 난리가 났다고요."

기자석에는 소형 모니터가 설치되어 있어, 그들은 문제가 되는 장면을 계속 돌려볼 특권을 누렸다. 근처에 있던 팬들 수십 명이 몸을 기울여 모니터에 나오는 리플레이 영상을 지켜보곤 한다. 경기장에 긴장감이 감돌았다. 수아레스가 등장하자 분위기는 고조됐다. 그가 맨유 선수들 앞으로 갔고 에브라와 마주쳤다. 수아레스는 에브라의 손을 뿌리치고 다음 순서인 다비드 데헤아와 악수했다. 에브라가 발끈해 수아레스의 팔꿈치를 잡았지만, 수아레스는 재차 그를 밀어냈다. 에브라는 카메라를 바라보며 수아레스 쪽을 가리켰다. 믿을 수 없다는 표정을 지으면서 말이다.

에브라는 〈스카이스포츠〉에 출연해 이렇게 말했다. "좀 놀랐죠. 일주일 내내, 어머니까지도 내게 악수할 거냐고 물어보셨어요. 리버풀과 맨유의 경기보다 악수가 더 큰 관심거리였어요. 어머니께 '나는 용서할 거예요. 그와 휴가를 보낼 일은 없겠지만 악수는 할 겁니다'라고 말씀드렸어요. 그런데 그가 내 악수를 거부했어요. '도대체 뭐 하는 놈이지?'라는 생각만 들었어요."

데헤아 옆에 있던 리오 퍼디낸드는 수아레스를 무시하고 뒤 순서였던 레이나와 악수했다. 퍼디낸드의 회상이다. "그 순간 수아레스를 향한 존중을 완전히 잃었습니다. 그가 한 짓을 본 이상, 악수할 수 없었어요."

다행히 주먹다짐은 없었다. 악수 의식은 그렇게 작은 소동으로 끝났지만, 경기장 밖에선 이제 시작이었다. TV를 통해 그대로 송출된 장면은 큰 파장을 일으켰다. 맨유와 리버풀 모두 불쾌하다는 입장을 보였다. 리버풀 팬들은 악수 직전에 손을 내린 에브라의 잘못이라고 공격했다. 그들에겐 이번에도 수아레스가 억울한 피해자였다. 심지어 정지 화면에서 손의 각도를 분석하기도 했다. 상황은 생각보다 심각해졌다.

펍에서 리버풀 서포터즈들과 경기를 보던 윌리엄스 교수는 이렇게 회상한다. "친구들은 에브라가 악수를 거부했다고 주장했어요. 누가 봐도 거부를 당한 사람인데 말이죠. 그들은 내게 '너 방금 에브라가 한 짓 봤어?' 라고 했어요. 그는 아무 짓도 하지 않았어요. 단지 맨유라는 이유로 사소한 행동도 확대 해석되곤 합니다. 신중하고 이성적인 사람들조차 리버풀 팬들의 헛소리를 믿을 지경에 이르렀죠. 맹목적 충성심의 폐해였습니다."

하프타임이 됐다. 선수들은 선수 통로 쪽으로 이동했다. 에브라가 수아레스에게 다가가자, 마르틴 스크르텔이 그 사이로 끼어들었다. 스크르텔과 에브라 사이에 몸싸움이 벌어지기 직전, 보안요원과 경찰이 둘을 제지했다. 하지만 에브라는 멈추지 않았다. 경기에서 2-1로 승리한 에브라는 수아레스 주변을 펄쩍펄쩍 뛰어다니며 도발했다. 초등학생 같은 행동이었다.

경기 후 기자회견장에 나온 퍼거슨 감독은 분노와 불쾌감이 극에 달한 표정이었다. 수아레스의 이름을 입에 올리지도 않은 채, 그는 경고장을 날렸다.

"믿을 수 없군요. 정말이지 믿을 수 없습니다. 그는 리버풀의 수치스러운 존재입니다. 이런 선수가 리버풀에서 뛰는 걸 용납해서는 안 됩니다. 위대한 역사를 지닌 클럽에서 그런 짓을 하다니, 오늘은 폭동이 일어날 수도 있었습니다. 그 선수에게 정말 실망했어요. 아주 형편없는 행동이었습니다."

맨유 입장에서 악수 거부 사태는 인종차별보다 더 심각한 짓이었다. 달글리시 감독은 별일 아니라는 노선이었다. 경기 후 TV 인터뷰에서 해당 장면에 관한 질문이 나오자, 달글리시 감독은 역정을 부렸다. 사실 그는 상황을 제대로 파악하지 못한 상태였다. 모니터로 악수 장면을 재확인한 그는 기자회견에 불참했다. 더 이상 수아레스를 지지하거나 옹호할 수 없었기 때문이다.

경기가 끝나고 언론들은 24시간 내내 험담을 늘어놓았다. 당시 문화체육부 장관이었던 제레미 헌트는 〈BBC〉에 출연해 악수 거부 사태에 대해 이렇게 말했다. "정말 실망스러웠습니다. 스포츠맨십이 결여된 행동이었어요. 축구협회가 규정 위반 여부를 조사할 것으로 믿습니다."

비난 폭풍은 안필드에도 불어닥쳤다. 바스콤은 "일요일 오후, 상황이 바뀌었어요. 불확실하고 애매모호했던 리버풀의 보도자료가 간결하고 명확해졌죠. 누군가 위에서 움직였다는 걸 단번에 알 수 있었어요"라고 회상한다. 리버풀의 오너가 상황을 통제하기 시작했다. 이런 사태에 민감한 미국인 기업가는 대중적 이미지의 훼손을 우려했다. 클럽의 메인 스폰서인 스탠다드차타드은행도 심각한 우려를 표했다. 이제는 리버풀이 한 발짝 물러설 때였다. 긴급 지침이 발령됐다. 그날 오후 늦은 시간, 기자들의 메일함에 달글리시 감독의 보도자료가 도착했다.

> 경기 전 해당 선수는 악수를 하겠다고 했으나, 그날 악수를 하지 않았습니다. 그 사실을 듣고 충격을 받았습니다. 우리는 클럽을 올바른 방식으로 대표할 책임을 지니고, 그것은 리버풀 감독인 나에게도 동등하게 적용됩니다. 어제 경기 후 방송사 인터뷰에서 나는 무슨 일이 일어났는지 잘 몰랐기에 감독으로서 부적절한 태도를 취했습니다. 이에 대해 사과하고 싶습니다.

감독이 공개적으로 선수의 잘못을 인정했다. 더는 버틸 수 없었던 수아레스도 직접 사과문을 작성해 공개했다.

> 올드트래퍼드에서 경기를 치른 후 감독과 대화를 나눴습니다. 내가 잘못된 행동을 저질렀다는 사실을 깨달았습니다. 나는 감독뿐 아니라 클럽과 클럽을 상징하는 모든 이들을 실망시켰습니다. 사과드립니다. 나는 실수를 저질렀고 후회하고 있습니다. 경기 전 파트리스 에브라와 악수해야 했습니다. 내 행동을 사과합니다. 이제 모든 문제를 뒤로하고 축구에 집중하고 싶습니다.

이후 두 시즌 동안 그는 클럽 최고의 스트라이커로 활약했다. 물론 간간이 기행이 나왔다. 첼시의 브라니슬라프 이바노비치의 어깨를 깨물기도 했다. 그의 식성은 이상했지만 실력에는 의심의 여지가 없었다. 2014년 5월 안필드, 그는 모두가 갈망하는 트로피를 간발의 차로 놓쳤다. 트로피는 맨체스터의 또 다른 팀, 맨체스터시티에 돌아갔다.

이후 수아레스는 바르셀로나로 이적했다. 하지만 클럽에 대한 애정은 식지 않았다. 그는 딸에게 '델피나Delfina'라는 이름을 지어주었다. 안필드Anfield의 알파벳을 재조합한 것이다.

수아레스와 에브라의 만남은 여기서 끝나지 않았다. 2015년 챔피언스리그 결승전에서, 유벤투스의 에브라와 바르셀로나의 수아레스가 만났다. 에브라에게 숙적 수아레스를 만나는 기분이 어떠냐고 물었다. "과거는 과거일 뿐입니다. 신경 쓰지 않습니다. 경기장에서 그를 만나면 악수할 겁니다. 친구가 될 순 없겠지만 악수 정도는 할 수 있습니다."

수아레스는 아무 말도 하지 않았다. 악수 차례가 되자 둘은 서로의 손바닥을 가볍게 툭툭 쳤다. 눈은 마주치지 않았다. 예전처럼 큰 이슈가 될 상황도 아니었다. 바르셀로나의 승리만이 초미의 관심사였다. 결승전에서 수아레스는 팀의 두 번째 골을 넣어 3–1 승리에 공헌했다.

코몰리와 달글리시 감독은 큰 후유증을 겪었다. 두 사람 모두 리버풀에서 떠나야 했다. 다른 이유도 있었겠지만, 리버풀의 구단주는 신뢰를 가장 중시했다. 그는 수아레스 사건의 처리 방식에 대해 우려했다. 언제든지 더 큰 논란이 불거질 수 있다고 판단한 것이다. 앤디 미턴은 리버풀 측이 상대가 맨유라는 사실에 집착한 나머지 판단 능력을 잃었다고 말한다. "상대가 브렌트퍼드였다면 이 정도로 세게 대응했을까요? 아닐 겁니다. 그때 리버풀은 좀 더 냉철해야 했어요."

곳곳에서 변화가 일어났다. 리버풀의 홍보 책임자는 이안 코턴에서 경험이 풍부한 매트 맥캔으로 교체되었다. 바스콤 기자는 팬웨이스포츠그룹 회장 출신인 마이크 고든의 목소리가 커졌다는 점이 가장 큰 변화라고 말한다.

"존 W. 헨리 회장이 선임됐을 때 팬웨이 본사 측에서는 '리버풀엔 현장 경험자가 필요하다. 우리는 그를 믿고 권한을 위임할 것이다'라고 판단했다고 합니다. 수아레스 사건은 팬웨이 측이 직접 나서야 한다는 사실을 깨닫게 했습니다."

코몰리는 위기관리 능력이 부족했음을 인정했다. 언론 인터뷰에서 그는 이렇게 고백했다. "거의 모든 것을 후회합니다. 우리의 태도를 후회하고 접근 방식을 후회합니다. 축구협회 진상조사에 대한 반응도 아쉬웠어요. 우리는 세상과 맞서려고 했습니다. 잘못된 행동이죠. 법률 분야는 물론 홍보 쪽에서도 자문을 받아야 했습니다. 상대가 맨유라는 이유로 우리는 최악의 방식으로 대응했고, 상황을 수천 배 나쁘게 만들어버렸어요."

캐러거는 라이벌 관계를 원인으로 지목하면서도 달글리시 감독의 처지를 이해한다고 말한다. "감독들 대부분이 그렇습니다. 아버지들은 자식의 잘못을 알면서도 그들을 보호하려 합니다. 달글리시 감독은 리버풀팬과 선수, 클럽의 보호자로서 평판을 쌓았고 팬들로부터 사랑받았어요. 그는 늘 언론매체와 대립했죠. 그리고 늘 자신의 선수들을 지지했습니다. 하지만 인종차별은 축구보다 맨유와 리버풀의 관계보다 훨씬 중대한 문제라는 사실을 간과했던 것 같습니다."

그로부터 수년이 흘렀고, 인종차별에 대한 사회적 인식이 높아지고 있다. 캐러거의 말이다. "이제야 인종차별 문제가 제대로 다뤄지고 있습니다. 우리는 조지 플로이드 사건°이 촉발한 선수들의 무릎 꿇기°° 운동을 목격했습니다. 이 사안을 더 이상 어둠 속에 방치할 수 없다는 사실을 이제야 깨달은 겁니다. 참 오래 걸렸습니다. 수아레스 사건에서 우리는 정말 잘못된 방식으로 대응했어요. 상당 부분이 라이벌 관계와 클럽 정체성에서 비롯된 것입니다."

캐러거는 자신의 잘못을 공개적으로 뉘우칠 기회를 얻었다. 2019년 10월, 한 TV 프로그램에서 캐러거와 에브라가 만났다. 두 사람은 수아레스 사건 이후 한 번도 이야기를 나눈 적이 없었다. 프로그램에

° 2020년 미국의 백인 경찰이 비무장 상태의 흑인을 체포하는 과정에서 무릎으로 뒷목을 누르는 과잉행동으로 사망에 이르게 했다.

°° 인종차별에 반대하는 의미에서 무릎을 꿇는 제스처를 취하는 것. 리버풀을 비롯한 다양한 스포츠팀, 다양한 분야로 확산되었다.

서 캐러거는 에브라에게 공개적으로 사과했다. 캐러거의 말이다. "방송이 나간 후, 리버풀의 CEO 피터 무어가 에브라에게 사과 편지를 보냈습니다. 나는 우리가 사과의 장을 만들었다는 데에 자부심을 느낍니다."

에브라는 무어의 편지를 받고 기뻐했다고 한다. 그는 우리 모두가 마침내 교훈을 얻었으리라 믿었을 것이다. 하지만 2020년 12월, 맨유의 우루과이 출신 공격수 에딘손 카바니가 인종차별 혐의로 축구협회의 상벌위원회에 회부되었다.

소셜미디어에서 '네그리토'라는 단어를 사용한 혐의였다. 카바니는 인종차별의 의도가 없었다고 주장했지만, 맨유는 해당 표현이 잉글랜드에서는 다르게 해석될 수 있다는 점을 지적했다. 축구협회의 제재금과 출장정지 처분에 맨유나 카바니 모두 이의를 제기하지 않았다.

2021–22시즌 첫 번째 경기. 첼시에서 노리치시티로 임대를 떠났던 빌리 길무어가 동성애 비하 발언을 들었다. 리버풀팬들의 행동이었다. 위르겐 클롭은 다시는 그런 말을 듣고 싶지 않다고 강하게 발언했다. 클럽 홍보팀은 차별 반대 운동을 주도하고 있는 '폴 암만'을 불러 클롭 감독과의 만남을 성사시켰다. 두 사람이 의견을 나누는 모습은 소셜미디어를 통해 빠르게 퍼져나갔다. 리버풀 감독이 어떤 믿음을 지지하는지가 대중에게 명확히 전달되었다.

리버풀은 이제 사건에서 벗어나 앞으로 나아가고 있다. 그런데 수아레스는 여전히 부당한 대우를 받았다고 믿는 것 같다. 그는 자서전°에서 억울함을 토로했다. 맨유가 리버풀을 무너뜨리기 위해 정치력을 휘둘러 자신의 출전을 막았으며, 영국 언

° 2014년 11월에 'Luis Suarez: Crossing the Line-My Story'가 발간되었다.

론이 사건 보도를 조작했다는 주장이다. 자신이 악수하려고 하자 에브라가 손을 내린 행동은 TV 영상으로 입증됐다는 말도 덧붙였다.

수아레스는 인종차별 판결이 '내 인격에 길이 남을 오점'이라고 말했다. 자서전에는 '우리는 네그리토라는 단어를 일상적으로 사용하지만, 잉글랜드에서는 뉘앙스 차이를 받아들이지 않는 것 같다'라는 불만도 담겼다.

언어의 뜻과 해석은 얼마든지 엇갈릴 수 있다. 아쉬웠던 둘의 사건에서 한 가지 사실만은 분명하다. 만약 수아레스가 다른 단어를 선택했더라면 아무 일도 일어나지 않았을 것이다. 후유증이 이렇게 길게 이어질 일도 아니었다. 만약 에브라에게 '이 망할 놈의 맨체스터 자식'이라고 했다면 양 팀에 관련된 모든 사람이 수긍했을 것이다.

RED ON RED 09

MATCH	STADIUM	DATE
프리미어리그	안필드	2011년 10월 15일

SCORE

리버풀 **1 : 1** **맨체스터 유나이티드**
LIVERPOOL **MANCHESTER UNITED**

스티븐 제라드 **68'**　　하비에르 에르난데스 **81'**

리버풀 출전명단 (4-1-4-1)

감독 **케니 달글리시**

페페 레이나; 마틴 켈리, 마르틴 스크르텔, 제이미 캐러거, 호세 엔리케; 스튜어트 다우닝, 루카스 레이바(조던 헨더슨 57'), 스티븐 제라드, 찰리 아담; 디르크 카윗, 루이스 수아레스

맨체스터 유나이티드 출전명단 (4-1-4-1)

감독 **알렉스 퍼거슨**

다비드 데헤아; 조니 에반스, 리오 퍼디낸드, 크리스 스몰링, 파트리스 에브라; 대런 플레처, 필 존스(하비에르 에르난데스 76'), 박지성(웨인 루니 69'); 애슐리 영(나니 69'), 대니 웰백, 라이언 긱스

주심 안드레 마리너

관중 45,065명

CHAPTER 10

올레가 지휘봉을 잡았다

OLE'S AT THE WHEEL

프리미어리그

리버풀 2 vs. 맨체스터 유나이티드 0

안필드

2020년 1월 19일

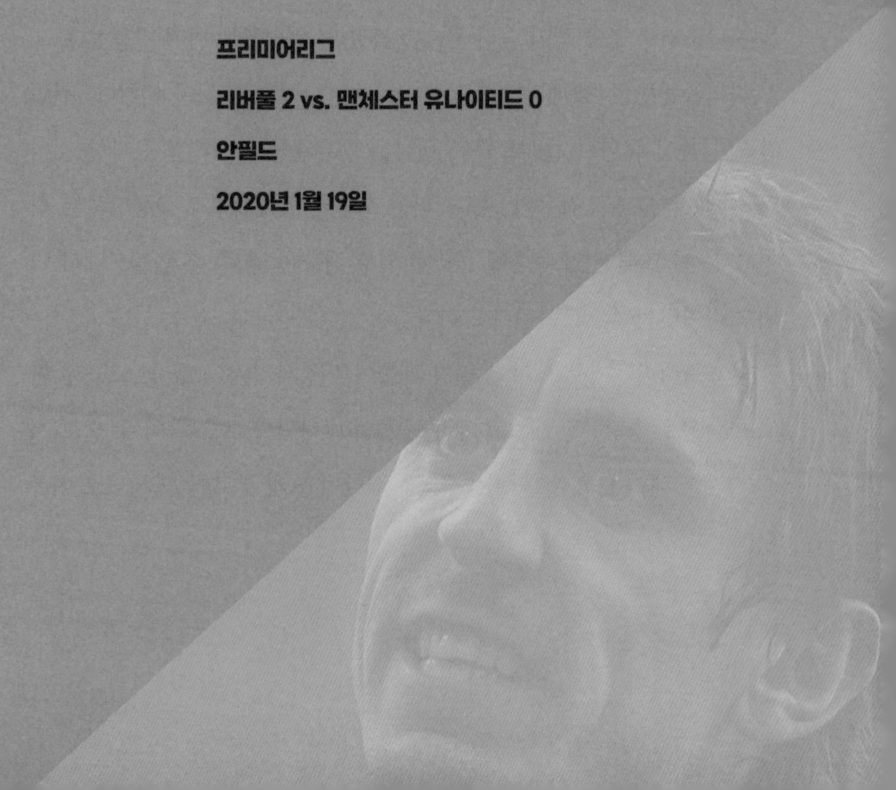

경기가 끝난 후 퇴장 시간이 지연되면 대개는 원정 팬들이 불평한다. 또한 갈 길이 먼 원정팀이 먼저 자리를 뜨는 건 매우 자연스럽다. 하지만 그날은 아니었다. 그들은 갇혔고 소떼처럼 이리저리 몰렸다. 원정 팬들의 자유권이 침해당하는 부도덕한 일이 벌어진 것이다.

2021년 10월 24일 일요일. 리버풀팬들은 맨체스터 유나이티드 홈구장에 원정 응원을 갔다. 경기 종료 후 30분 동안 그들은 올드트래퍼드를 떠나지 못했다. 장내 관계자는 위험한 충돌을 막기 위해 홈팀 관중의 퇴장이 완료될 때까지 기다려 달라고 요청했다.

이상하게도 이번에는 불평하는 원정 팬이 없었다. 증오하는 올드트래퍼드에서 자기 팀의 승리를 목격했기 때문이다. 단순한 승리가 아니었다. 그야말로 완벽한 승리였다. 스코어는 5-0, 양 팀의 격차를 증명하는 숫자였다. 맨유 감독과 선수들이 광고 보드 앞에서 인터뷰를 시작하자 원정 팬들은 큰소리로 조롱 섞인 승리 찬가를 불렀다. 인터뷰는 완전히 묻혔다.

리버풀팬들은 "올레가 지휘봉을 잡았다!"라며 비꼬듯이 외쳤다. 신임 감독인 올레 군나르 솔샤르를 응원하는 맨유팬들의 노래를 풍자한 것이다. 대패한 솔샤르 감독의 곤혹스러운 모습이 공개적으로 조롱당하는 격이었다. 이 노래가 썩 마음에 들었던 일부 팬들은 몇 주 후 안필드에서 열린 브라이턴전에서도 불렀다고 한다.

올드트래퍼드에서 드디어 원정 팬들이 퇴장하기 시작했다. 그들은 환호성을 지르며 경기장 밖으로 우르르 쏟아져 나왔다. 경찰들이 두 줄로 서서 경계 태세를 갖췄다. 리버풀팬들은 신나게 노래 부르며 그 사이로 이동했다. 마침 맨유의 VIP 팬들이 거나하게 취한 모습으로 나오던 중이었다. 그중 몇몇은 리버풀팬들을 향해 "빈민가로 꺼져!"라고 소리쳤다. 양측이 충돌하기 일보 직전이었다.

반바지에 낚시 모자를 쓴 한 남자가 리버풀팬들 사이에서 웃음을 터뜨렸다. 큰 목소리의 요란한 웃음이었다. 그는 경기장 일부를 가리키거나 트리니티 동상, 맨유 메가스토어를 손가락질하며 기분 나쁜 웃음소리를 이어갔다.

검은 재킷을 입은 맨유팬들은 침울한 표정으로 경찰 대열 뒤편에 있었다. 남자는 경찰을 사이에 두고 그런 맨유팬들을 손가락질하며 더 크게 웃었다. 특별한 말은 없었다. 그럴 필요가 없었다. 그저 웃기만 했다. 맨유팬들은 반응하지 않았다. 그들은 남자의 행동을 정확히 이해했다. 반대 상황이었다면 자신들도 똑같이 했을 테니 말이다.

남자의 행동과 원정 팬들의 기쁨은 단순히 승리에서 비롯된 것이 아니었다. 그들에게 최고의 즐거움은 싫어하는 상대를 조롱하는 것이다. 맨유가 쇠퇴하고 있다는 증거를 발견한 만족감이다. 리버풀팬들은 우월감에 흠뻑 취했다. 더비매치 승리의 참맛이다.

누루덴 초드리는 그날 리버풀팬들의 환희를 충분히 이해한다면서 이렇게 말한다. "축구는 우리를 기쁘게 해요. 거기엔 상대의 기분을 나쁘게 했다는 것도 포함되죠. 리버풀을 상대로 이겼을 때 진짜 재밌는 건 그들의 표정을 보는 일이에요. 팬들의 기분은 최악이 됩니다. 아주 중요한 경기였으니까요. 아주 사소하고 유치해 보일 수 있지만, 축구 문화를 아름답게 만드는 정말 중요한 요소라고 생각해요."

이 책을 쓰며 발견한 특이한 점이 있다. 이렇게 유구한 라이벌 역사에서, 두 팀이 트로피를 두고 직접 맞붙은 경기가 거의 없다는 것이다. 잉글랜드에서 가장 화려한 역사를 자랑하는 두 클럽은 FA컵 결승전에서 두 번, 리그컵 결승전에서 두 번 만났다. 잉글랜드 리그 150년 역사에서 우승을 두고 경쟁한 적은 많아야 세 번이다. 유럽 대항전으로는 2016년 UEFA유로파리그 16강에서 처음 만났는데, 무승부로 끝났다.

중요한 맞대결이 드물다 보니 이런 일도 있었다. 2011년 맨유팬들은 FA유스컵 8강전을 응원하러 안필드로 몰려갔다. 경기는 과열되었다. 리버풀의 코너 코디와 맨유의 폴 포그바가 나란히 퇴장당했다. 치열한 승부 끝에 레이블 모리슨의 결승골로 맨유가 승리했다.

관중석의 맨유팬들은 헤이젤과 힐스브러 관련 응원가를 불렀다. 무질서한 행동을 하기도 했다. 결국 맨유팬 여섯 명이 체포됐다. 당시 관중석에 있던 전 리버풀 공격수 존 알드리지는 당시 상황을 두고 "역겹다!"라고 표현했다.

하지만 그런 일이 자주 일어나는 것은 아니다. 두 클럽의 관계를 보면 알 수 있다. 한쪽이 잘나가면, 다른 한쪽은 상대적으로 하락세를 보인다. 북서부에는 두 팀 중 하나만 숨 쉴 수 있는 분량의 산소만 있는 듯이 말이다. 최근 역사를 보면 바로 이해된다.

수년간 맨유가 우위에 있었기에, 조롱의 대상은 거의 리버풀이었다. 그러나 21세기 들어 사정이 달라졌다. 리버풀은 지난 70년대, 80년대에 누렸던 영광을 되찾았다. 리버풀팬들에게 이 시기가 더 달콤한 이유는 따로 있다. 맨유가 무너지고 있었기 때문이다.

리버풀팬들이 함박웃음을 지었던 2021년 10월의 만남은 좀 달랐다. 한 팀이 트로피를 휩쓸고 다른 팀이 시들던 때에도 둘은 맞붙기만 하면 뜨겁게 불타올랐다. 그게 보통이다. 한 수 아래에 있는 팀에겐 도전, 다른 한 팀에겐 자존심을 건 맞대결이 되기 때문이다. 그런데 이번엔 아니었다. 리버풀이 압도하는 경기였다. 경기라기보다는 골 퍼레이드 쇼에 가까웠다. 낚시 모자를 쓴 리버풀팬의 반응이 적절했다. 맨유의 경기력은 그저 헛웃음만 나오게 했다.

그날 스트레퍼드엔드에 있었던 데비 호스필드는 이렇게 회상한다. "5–0 패배라니 너무 슬펐죠. 우리는 리버풀을 상대로 도전했고 한 단계씩 올라갔어요. 상대가 어떤 위치에 있든 말이죠. 하지만 그날은 당황스러웠어요. 맨유 선수들 같지 않았어요. 그들은 무기력하게 무너졌어요. 어떻게 이런 일이 벌어질 수 있나요?"

안타깝게도, 호스필드에겐 더 나쁜 상황이 펼쳐졌다. 2023년 3월, 그녀는 자신이 사랑하는 유나이티드가 안필드에서 7–0으로 지는 것을 목격했다. 이 경기는 리버풀팬들에 의해 노래로 박제되었다. 올레 군나르 솔샤르의 슈퍼서브를 칭송하는 라이벌의 구호를 완벽하게 뒤집은 것이다. "누가 유나이티드의 골망에 골을 넣었나? 빌어먹을 팀의 절반이 넣었지Who put the ball in United's net? Half the fucking team did!"

2021년부터 2022년까지, 안필드 주변의 교통이 통제되었다. 2022–23 시즌 개막에 맞춘 새로운 스탠드 공사 때문이었다. 7천 석을 보탠 안필드의 수용인원은 총 61,000명으로 늘었다. 2016년 메인스탠드를 확장한 이후 7년 만에 이루어진 추가 공사였다. 그와 함께 유료 관중수는 40% 가까이 증가했다.

올드트래퍼드에서는 2006년 이후 이런 시설 투자가 없었다. 맨유의 유서 깊은 경기장을 둘러보면 과거의 위대함이 느껴진다. 마치 과거와 현대의 틈에 놓인 듯한 느낌이다. 2021년 가을, 토트넘스타디움이 웅장함을 뽐내며 새롭게 개장했다. 이 경기장을 설계한 건축가를 포함한 여러 건축가들이 맨유 홈구장의 재개발 설명회에 초청되었다. 하지만 원고를 집필하는 현재까지, 맨유의 재개발 계획서는 초안 상태 그대로다.

경기장 안팎에서 맨유는 리버풀에 뒤처지고 있었다. 리버풀은 풀 액셀을 밟으며 직진했다. 클럽 매출도 쭉쭉 상승했다. 2010년 팬웨이스포츠그룹PSG이 조지 질레트와 톰 힉스로부터 리버풀을 넘겨받았을 때, 클럽 총매출은 맨유의 55%에 불과했다. 당시 맨유가 3억 3,100만 파운드를 벌어들일 때 리버풀은 1억 8,400만 파운드에 그쳤다.

2021–22시즌, 리버풀은 4개 대회의 결승전에 진출한 덕분에 클럽은 역대 최고인 총매출 5억 9,400만 파운드에 750만 파운드의 순익을 기록했다. 총수입 5억 8,300만 파운드에 1억 1,550만 파운드의 손실을 본 맨유를 추월했다. 시즌 동안 맨유는 부채까지 증가해 올드트래퍼드의 쇠퇴를 더욱 실감하게 했다. 안필드의 야망은 새로운 스탠드의 가동과 함께 축구의 머니money 리그에서도 맨유를 크게 따돌리는 것이다.

2005년으로 시계추를 돌려보자. 리버풀은 구단 역사상 다섯 번째 챔피언스리그 우승 트로피를 들어 올렸다. 브랜든 와이어트는 밤새 'Five Times'라고 새긴 티셔츠를 제작했다. 선수단 버스가 퍼레이드를 펼칠 때

모여들 수천 팬에게 판매할 작정이었다. 그의 판매 전략은 성공했다. 거리에 티셔츠를 내놓은 지 얼마 안 되어 동이 났다. 경쟁 제품도 없었다. 와이어트의 말이다. "3주 동안 클럽의 공식 스토어에 우승 기념품이 하나도 없었어요. 리버풀의 전형적인 모습이었죠. 맨유라면 이미 만들고도 남았을 거예요. 당시 맨유는 상품 개발 면에서 우리를 훨씬 앞섰어요."

실제로 1990년대와 2000년대, 맨유는 성공을 수익으로 연결하는 요령을 완벽하게 익혔다. 2005년 글레이저 가문은 막대한 담보 대출로 클럽을 인수했다. 미국인 구단주는 대출을 갚기 위해 판매 부서에 더 많은 매출을 올리도록 독려했다. 그 외에는 별다른 변화가 필요하다고 여기지 않았다. 이전 체제가 잘 구축해 놓은 인프라 덕분에 큰 투자도 필요치 않았다. 글레이저 가문은 플로리다에서 배당금을 세며 즐겼고, 매트리스와 베개를 만드는 파트너사°와 계약을 맺었다는 사실에 안주했다.

다만 문제가 하나 있었다. 글레이저 가문이 빚을 갚을 때 가장 큰 역할을 했던 유산이 바닥을 보이고 있었다는 것이다. 알렉스 퍼거슨 감독은 26년 동안 맨유를 이끌며 리버풀의 권위를 무너뜨렸다. 아르센 벵거 감독의 아스널을 제쳤고, 첼시의 부富를 이겼으며, 시끄러운 이웃 팀으로부터(잠깐이었지만) 맨체스터의 우위를 다시 가져왔다. 하지만 그런 퍼거슨 감독마저 이길 수 없는 존재가 있었다. 바로 시간이다.

퍼거슨 감독의 은퇴 시기가 다가왔다. 글레이저 가문은 난관에 빠졌다. 손바닥에 버터를 잔뜩 묻히고 저글링을 하는 초등학생의 모습 같았다. 펩 과르디올라, 카를로 안첼로티, 토마스 투헬, 안토니오 콘테 등 유럽 최고의 감독들에게 줄줄이 퇴짜를

° '밀리' 브랜드를 말하는데, 맨유 선수들이 매트리스와 베개의 홍보 모델로 등장했다.

맞으며, 후임자 물색 작업은 우스꽝스러워졌다.

맨유는 축구판을 떠난 지 오래됐거나 능력이 부족한 감독들에게 지나치게 많은 돈을 썼다. 퍼거슨의 뒤를 이었던 데이비드 모예스, 루이스 판 할, 주제 모리뉴가 줄줄이 시들한 경기력을 선보였다. 그리고 올레 군나르 솔샤르 감독이 부임했다. 옛 시절로 돌아갈 수 있다는 기대감이 피어올랐다. 하지만 돌아갈 수 없었다.

2021년 가을, 솔샤르 감독이 경질됐다. 리버풀전에서 완패한 지 3주 만이었다. 맨유는 팀 재건을 위해 4억 파운드 이상을 투자했지만 대체할 감독을 찾지 못했다. 감독대행으로 마이클 캐릭을 선임했고, 이후 랄프 랑닉을 2차 감독대행으로 영입했다. 맨유는 새 감독을 찾을 때까지 랑닉 체제로 간다는 계획을 발표했다. 2연속 감독대행은 초유의 일이었다. 4월이 되자 맨유는 아약스 감독인 에릭 텐 하흐가 6월부터 지휘봉을 잡는다고 밝혔다. 신임 감독을 물색한 지 7개월 만이다.

글레이저 가문의 올드트래퍼드와 FSG의 안필드 사이에는 커다란 차이점이 있었다. FSG 창립자인 존 헨리 회장은 리버풀뿐 아니라 보스턴레드삭스의 소유주로서, 스포츠 브랜드에 활력을 불어넣는 방법을 알고 있었다. 그 노하우가 리버풀을 바꿨다. 리버풀은 돈을 좇는 저속한 행위를 하지 않고 더 중요한 가치를 추구해야 한다는 것이 헨리 회장의 철학이다. 이 방침은 수년 동안 이사회를 지배했다.

리버풀의 사업 부문은 마이크 고든 회장과 빌리 호건 대표이사 체제에서 초고속으로 성장했다. 힉스와 질레트의 경기장 재건 계획은 거의 공상 수준이었지만, FSG의 계획은 구체적이고 현실적이었다. 매출원을 업데이트하고 상업적 기회를 활용했으며, 팬들이 과감하게 돈을 쓰도록 했다.

FSG의 역량이 빛을 발한 분야는 감독 영입이었다. 안일했던 맨유와 달리 FSG는 실수로부터 교훈을 얻었다. 2011년 재앙에 가까웠던 로이 호지슨 감독을 경질한 후, 리버풀은 안필드의 영웅 케니 달글리시를 재영입했다. 달글리시의 선임은 팬들과 함께 클럽을 재정비하겠다는 의지였다. 달글리시 감독은 부임 첫해 리그컵 트로피를 차지했다. 하지만 루이스 수아레스 사건의 미숙한 처리, 수준 이하의 선수 영입으로 2012년 여름 달글리시 감독은 재차 물러나야 했다.

이후 브랜든 로저스라는 젊고 유능한 감독이 부임했다. 그는 지적이고 진보적인 축구를 추구했다. 2014년 프리미어리그 우승을 향해 차근차근 걷기 시작했다. 그러나 스티븐 제라드의 단 한 번의 실수로 24년 만에 우승할 기회를 놓쳤다. 이후 리버풀은 더 나은 감독의 존재를 포착했다. 이것이 스포츠클럽을 운영하는 조직이 해야 할 일이다.

그렇다고 그들이 완벽한 것은 아니다. 헨리 회장과 경영진은 몇 가지 안타까운 실수를 저지르기도 했다. 77파운드짜리(약 13만 원) 티켓을 팔려고도 했고, 리버풀을 상징하는 라이버버드°를 상표권으로 등록하려고도 했다. 와이어트를 비롯한 리버풀 상인조합이 그런 시도를 저지했다. 코로나19 팬데믹 기간에는 정부의 일시적 고용지원금에 기대려고 했고, 유러피언슈퍼리그 참여 제안은 말할 필요도 없다.

다행히도 이런 당혹스러운 시도들은 빠르게 취소되었다. 극자본주의 구단주와 사회주의 전통에 자부심을 가진 지지자들 사이에서 벌어진 불가피한 충돌이었다. 리버풀의 주

° 리버풀FC 크레스트 중앙에 있는 새. 라이버빌딩 꼭대기에도 새의 구조물이 있다.

장 엠린 휴스가 다우닝가 10번 거리에서 마거릿 대처에게 키스하는° 사진을 잊고 싶어 하는 진짜배기 지지자들 말이다.

° 1980년 리버풀 선수단이 대처 수상의 리셉션에 참석했다. 대처는 노조 탄압, 힐스브러 참사에서 경찰을 옹호하는 등의 언행으로 특히 리버풀에서 악명이 높았다.

FSG는 자신의 실수를 빨리 알아차리고 방향을 전환했다. 누구도 반박할 수 없는 판단 능력이다. 그들이 안필드의 매출 흐름에 가져온 변화를 알고 싶다면, 클럽의 시장가치 평가액을 보면 된다. 예전에 리버풀은 가늠조차 되지 않는 부채 압박을 받고 있었고 은행의 압류에 직면한 상태였다. 2010년 FSG가 그런 리버풀을 3억 파운드에 인수했다. 10여 년이 흐른 2021년 4월, 〈포브스〉는 리버풀의 시장가치를 29억 6천만 파운드로 평가했다. 이런 게 바로 투자수익이다.

FSG가 로저스 감독을 해임하고 클롭을 데려온 판단도 빛났다. 그런데 리버풀이 보루시아도르트문트의 위르겐 클롭 감독을 발견하기 전에, 그와 먼저 접촉한 클럽이 있었다. 맨유였다. 클롭 감독의 전술적 재능이 퍼거슨 감독의 뒤를 잇는 데 적합하다고 판단한 것이다. 하지만 설득에 실패했다. 이 사례는 두 클럽의 차이를 잘 드러낸다.

협상을 위해 클롭이 올드트래퍼드에 왔을 때, 그를 맞은 것은 맨유의 에드 우드워드 부회장이었다. 자기만족형의 우드워드 부회장은 축구의 진정성에 집착하는 것으로 유명한 클롭에게 아주 자랑스럽게 말했다. "꿈의 극장에 감탄한 한 일본인 관광객이 이곳을 디즈니랜드의 성인 버전이라고 하더군요." 우드워드 부회장의 설명은 클롭에게 아무런 감흥도 주지 못했다. 한편 FSG는 맨유 임원진은 이해하기 어려운 방식으로 클롭을 손쉽게 설득했다. 그들은 안필드가 클롭 감독의 가치를 실현할 수 있는 곳이라고 강조했다.

클롭 감독은 풋볼 디렉터 마이클 에드워즈와 함께 부임해 리버풀 축구의 모든 측면에 활력을 불어넣었다. 그는 리버풀 태생이 아니었지만 이 도시에서 축구클럽이 어떤 존재인지를 충분히 이해했다. 사람들은 클롭 감독이 빌 생클리와 가장 비슷한 인물이라고 믿기 시작했다.

2016년 자신의 할아버지 이름을 따서 리버풀에 호텔을 세운 크리스 생클리 칼린도 그런 사람들 중 하나다. 호텔은 〈리버풀데일리포스트〉와 〈리버풀에코〉 건물이 있던 빅토리아스트리트에 있다.

생클리 칼린은 "누구라도 클롭 감독을 한 번만 보면 호감을 가지죠"라고 말을 시작한다. "그것이 클롭의 최고 장점이에요. 선수들은 감독의 말이라면 벽돌로 세운 벽도 뚫으려고 합니다. 그가 팀에 심은 동료애가 많은 승점을 불러와요. 할아버지와 닮은 점이 많습니다. 할아버지도 우리 리버풀에 그런 분위기를 만들었어요. 두 사람 모두 팬들이 클럽에 어떤 역할을 하는지 잘 알고 있어요. 팬과 선수가 얼마나 가까운지 말입니다."

2015년 여름 클롭 감독이 도착했을 때, 리버풀은 데릭 해튼과 밀리탄트 시절과는 비교할 수 없을 정도로 발전한 상태였다. 활기가 넘치고 반짝거렸다. 고급 레스토랑과 화려한 건축물이 즐비했다. 리버풀은 긴 침체기를 극복하고 자신감을 되찾았다. 도시 일부는 여전히 가난했지만, FSG가 축구클럽의 명성을 활용해 이윤을 창출한 것처럼 리버풀은 위대한 유산을 활용할 방법을 찾아냈다.

클롭 감독은 새롭게 문을 연 생클리 호텔에 초대받았다. 그는 몇 시간에 걸쳐 위대한 인물들의 기록을 살펴봤다. 그중에는 1965년 FA컵 결승전 전날, 비틀즈가 리버풀의 행운을 기원하며 보낸 전보 한 통도 있었다. '우리도 TV를 통해 응원할 예정이에요. 사랑을 담아 조지, 폴, 존, 링고.'

리버풀이 안필드에서 챔피언스리그 경기를 치를 때마다 바르셀로나, 아틀레티코마드리드, AC밀란 팬들은 비틀즈가 머물렀던 태번Tavern 펍을 비롯해 각종 관광명소 앞에 줄을 선다. 리버풀이 문화유산을 활용할 줄 아는 도시가 됐다는 뜻이다. 축구와 음악은 세계 각지에서 방문하는 관광객들에게 도시를 홍보하는 요소가 됐다. 경기 당일이 되면 생클리 호텔은 만실이 된다.

호텔, 박물관, 관광명소, 쇼핑, 바, 카페, 레스토랑, 머지강을 가로지르는 페리 여행. 코로나19 팬데믹의 반작용을 생각해도 리버풀에는 관광객이 넘친다. 스티브 로더럼 시장의 말이다. "2008년 우리가 유럽문화수도° 로 지정되면서부터 르네상스가 시작되었습니다. 우리는 다시 주목받기 시작했습니다. 우리는 사람들이 이곳에 와서 우리가 가진 것을 봐주길 원합니다. 모두가 자부심을 느끼도록 하는 것이 우리의 과업입니다."

맨체스터에서도 유럽문화수도 효과를 느낄 수 있었다. 2008년 퍼거슨 감독이 리그와 챔피언스리그 트로피를 모두 들어 올렸을 때, 올드트래퍼드에는 '맨체스터, 유럽 트로피의 수도'라는 플래카드가 나부꼈었다.

물론 모든 이가 리버풀의 부흥에 열광하는 건 아니다. 게리 네빌은 "나는 리버풀에 절대 투자하지 않을 겁니다. 나는 맨체스터 지역의 프로젝트에만 투자합니다. 내가 유일하게 믿는 지역이죠"라고 말한다.

° 유럽연합 회원국을 대상으로 매년 도시를 선정해 1년간 집중적으로 문화행사를 전개하는 사업

네빌은 한때 안필드 터치라인을 오르내리며 리버풀팬들을 괴롭힌 존재였다. 은퇴 후에는 맨체스터에서 가장 성공한 부동산 개발자가 되었다. 그가 소유한 호텔 중 하나인 '호텔풋볼'에서는 올드트래퍼드가 내려다보인다. 리버풀팬들이 게리 네빌의 호텔이라고 손가락질할 때 그는 높은 곳에서 비웃고 있을지도 모른다.

그는 지역팀 샐포드시티의 오너이자 맨체스터 스카이라인을 만드는 여러 신축 마천루의 책임자이기도 하다. 지난 10년 리버풀이 성장하는 동안, 맨체스터도 네빌과 같은 진취적 지역민의 열정 덕분에 빠르게 리버풀을 따라잡았다. 도시는 밤까지 활기를 띠었다.

맨체스터의 노던 쿼터○ 주변은 창업가들의 열정으로 활기를 띠기 시작했다. 어디를 가든 새로운 고층 건물을 세우는 크레인이 보였다. 괜히 '맨크-해튼Manc-hattan'○○이라 불린 게 아니었다. 네빌이 그 중심에 있었다. 그는 빅토리아 시대의 화려함이 내려다보이는 사무실에 앉아 이렇게 말한다.

"맨체스터는 내게 모든 것을 주었습니다. 함께 성장한 92년생 동기들이 떠오르네요. 한 명은 샐포드, 한 명은 올덤, 다른 한 명은 고턴 출신입니다. 나와 필립은 베리 출신이고요. 우리는 맨체스터의 보살핌을 받아왔고, 이 도시에 전적으로 헌신하고 있습니다."

네빌의 도시 안에서, 모두가 이 속도를 반기는 건 아니다. 맨체스터의 한 소셜미디어 스타트업에서 일하는 누루딘 초드리는 '요즘 맨체스터는 너무 자기중심적으로 변하고 있다'라고 우려한다. 그는 맨체스터

○ 맨체스터의 번화가. 공연장, 디자인샵, 전시장, 바, 레스토랑 등이 밀집한 문화공간이다.
○○ 맨체스터의 고층빌딩 숲을 뉴욕의 맨해튼에 비유한 말이다.

대학교 캠퍼스의 신축 건물 측면에 새겨진 문구를 예로 들었다. '이것이 맨체스터다. 우리는 다르게 일한다'라고 새겨진 문구 아래에 '앤서니 H 윌슨'이라고 각인되어 있는데, 윌슨은 그런 말을 한 적이 없다는 것이다.

이 문구는 사실 음악인 윌슨을 그린 영화 〈24시간 파티 피플〉에서 따온 것이다. 즉 앞의 문구는 윌슨이 아니라 윌슨 역을 맡은 배우가 한 말이란 뜻이다. 여기 아이러니한 사실이 숨어 있다. 영화 각본을 쓴 사람이 리버풀 출신의 프랭크 코트렐 보이스였기 때문이다.

누루딘 초드리의 말이다. "신화의 대부분이 정말 '신화'라는 게 문젭니다. 맨체스터는 진정성을 잃고 있어요. 사람들은 '굉장해, 마치 맨크-해튼 같아!'라고 감탄하지만, 맨체스터 출신 사람들은 정작 레이브타워 같은 이름이 붙은 거대한 아파트 단지에 살지 못합니다."

네빌은 이런 비판에 당황하지 않는다. "25년 전의 맨체스터가 더 좋았다고 주장하는 사람도 분명히 있어요. 하지만 사실이 아닙니다. 25년 전에는 이곳에 아무도 살지 않았어요. 좋은 레스토랑이나 바도 없었죠. 지금은 수천 명이 이곳에 삽니다. 이곳에는 학생 인구가 많아요. 젊고 번창하는 도시의 이미지죠. 나는 맨체스터를 많은 가정이 자녀를 키우고 녹지와 공용 공간을 즐기는 곳으로 만들기 위해 노력할 겁니다."

전직 디자이너인 토니 그레이엄은 새로운 도시에서 발견되는 한 가지 현상에 주목했다. "스윔SWIM이란 말이 있어요. 맨체스터에서 일하는 리버풀 사람Scouser Working in Manchester이란 뜻이죠. 딸의 축구 경기를 보러 갔는데 리버풀 유니폼을 입은 아이들이 있더군요. 예전에 리버풀의 이미지는 형편없었고 맨유는 최고였어요. 맨체스터에서 누가 리버풀 유니폼을 입을까요? 과거엔 볼 수 없던 모습이에요. 리버풀 출신 부모가 일자리를 찾아 이곳에 온 겁니다. 그런 인구가 엄청나게 늘었어요."

스윔 중 가장 유명한 이가 현 맨체스터 시장인 앤디 번햄이다. 번햄 시장은 게리 네빌이 자신의 고향을 만천하에 공개했다고 웃으며 말한다. "내가 선거에 나서자마자 네빌이 트위터에 '우리가 왜 리버풀 출신을 원하겠어?'라고 올렸습니다. 내 동생도 '진짜 선거에 나갈 거야? 형이 경기장에 가면 사람들이 뭐라고 할 것 같아?'라고 묻더군요."

그 질문에 대한 답은 곧 밝혀졌다. 번햄 시장의 말이다. "당선 직후, 에버턴과 맨시티 경기를 보러 구디슨파크에 갔습니다. 아버지와 함께였어요. 경기장 입구에 맨시티팬들이 몰려 있었어요. 나는 커다란 노스페이스 점퍼의 지퍼를 끝까지 올리고 고개를 숙인 채 아버지의 팔짱을 꼈어요. 그때 '이런, 빌어먹을 시장이 왔네'라는 소리가 들렸습니다. 우리가 걸어가는 내내 2천 명의 맨시티팬들이 '빌어먹을 리버풀 놈들You Scouse bastard!'이라고 외쳤어요. 에버튼팬들이 곧 상황을 알아차렸어요. 두 번째 라운드가 시작된 거예요. 그들은 '맨체스터 개자식들You Manc bastard!'이라고 반격했어요. 이길 수 없는 것에 대한 정의를 완벽하게 보여주는 순간이었습니다."

네빌은 은퇴 후 영국 축구계에서 가장 주목받는 두 명의 해설자 중 하나가 되었다. 그는 〈스카이스포츠〉의 '먼데이나이트풋볼'에서 제이미 캐러거와 함께 노스웨스트더비의 관전 포인트를 제공했다. 방송의 유능한 프로듀서들이 이런 조합을 기획하기 전까지, 둘은 한 번도 얌전한 대화를 나눈 적이 없었다.

캐러거는 제라르 울리에 감독이 리버풀 선수들에게 동기부여를 하기 위해 실제로 네빌을 공공의 적 1호로 만들었다고 밝혔다. "제라르는 네빌의 셀러브레이션을 제대로 활용했습니다. '그 자식이 우리 팬들에게 무슨 짓을 했는지 기억해!'라고 말했죠. 물론 매번 그랬던 건 아니지만요."

해설자 네빌이 안필드로 들어간 첫날, 〈스카이스포츠〉 관계자들은 호송 작전을 방불케 하는 경호팀을 꾸렸다. 네빌의 회상이다. "〈스카이스포츠〉가 나를 위해 경호원을 고용했고, 실제로 전직 군인들이 나를 에스코트했습니다. 앞에 차 한 대, 뒤에 차 한 대, 그리고 중간에 차 한 대가 있었는데 마치 미국 대통령이라도 된 기분이었어요. 그들은 나의 역사와 '우리가 왜 리버풀 출신을 원하겠어?'라는 트윗 때문에 크게 걱정하더군요. 나는 3시간이나 일찍 도착했고, 경호팀은 나를 꼭꼭 숨겨 경기장으로 데리고 들어갔어요."

안필드에서의 첫날은 무사히 지나갔다. 네빌은 시간이 갈수록 마음이 편해졌다고 한다. "이제는 혼자 차를 몰고 갑니다. 스탠리파크에 주차하고 도로를 건너 팬들 사이를 뚫고 경기장으로 가는 거죠. 협박당하거나 위협받는 느낌은 없습니다. 위협이 전혀 없는 것은 아닙니다. 여전히 나를 향해 고함치는 팬들이 있어요. '네빌, 너 이 자식!' 등의 폭언을 하지만 실제로 내 몸을 밀치거나 위협하는 행동은 없습니다."

그가 경기장 취재를 늘 좋아하는 건 아니다. 특히 고통스러웠던 날이 있었다. 2020년 1월 19일, 맨유와 리버풀의 관계에서 우위가 바뀌는 시점에 열린 경기였다. 리버풀팬들이 마음껏 떠벌릴 만한 날이었다.

클롭 감독은 팀을 빠르게 재건했다. 그의 첫 시즌, 리버풀은 리그컵과 유로파리그 결승전에서 모두 패했다. 2018년에는 리버풀을 챔피언스리그 결승으로 이끌었지만, 다시 레알마드리드에 패했다. 클롭 감독은 도르트문트 시절에도 챔피언스리그 결승전에서 무너진 적이 있다.

맨유팬들은 리버풀이 마지막 순간에 고꾸라지는 모습을 즐기면서 '마지막 패배자terminal loser'로 규정했다. 하지만 클롭 감독은 곧 맨유팬들이 틀렸음을 입증했다. 2019년 리버풀은 통산 여섯 번째 빅이어°를 들어 올렸다. 마드리드에서 열린 결승전에서 리버풀은 토트넘을 꺾었다.

같은 시즌에 리버풀은 프리미어리그 우승에도 근접했다가 한 차례의 실수로 트로피를 놓쳤다. 주인공은 맨시티였다. 맨유팬들은 이번에도 환호했다. 그들이 맨시티보다 리버풀을 훨씬 싫어한다는 사실이 다시 확인된 시즌이었다. 물론 어려운 선택이었을 것이다. 맨유팬들은 리버풀이 우승하느니 차라리 연고지 라이벌 맨시티가 이기길 바랐다. 자기 팀이 위기의 시기를 보내고 있었지만 리버풀의 실패는 더없이 달콤했다. 맨유 팬진 편집장 앤디 미턴도 마찬가지였다.

"리버풀이 패했을 때 여섯 살, 세 살이었던 딸들과 그 친구들이 노래하는 영상을 찍었어요. 아이들은 '리버풀이 리그 우승하는 거 본 적 있는 사람?'이라며 노래했어요. 트위터에 영상을 올렸더니 반응이 열광적이었어요. 하지만 아내는 딸 친구의 부모에게 허락받지 않았다며 한바탕 화를 내더군요. 다행히 친구 부모들도 재미있어했어요. 난 그 영상이 진짜 재미있었어요. 뭐, 다 웃자고 하는 일 아닌가요? 그게 축구죠."

° 챔피언스리그 우승팀에게 수여되는 트로피. 다음 시즌 16강 토너먼트 대진 추첨식까지 트로피를 소유할 수 있다.

안도감은 오래 가지 않았다. 다음 시즌에 모하메드 살라, 사디오 마네, 호베르투 피르미누로 구성된 리버풀의 공격진은 괴력을 과시했다. 그 어느 때보다 뛰어난 공격진이었다. 축구 좀 보는 사람이라면 이번에야말로 리버풀이 프리미어리그 트로피를 들어 올릴 거란 사실을 알 수 있었다. 30년 가까이 안필드를 괴롭혔던 리그 무관의 저주가 곧 깨진다는 것을 의미한다.

네빌의 말이다. "사실 로저스 감독 때 우승할 줄 알았어요. 그렇게 될까 무서웠지만 다행히 우승하지 못했어요. 그러나 클롭 감독 체제에선 달랐습니다. 우승이 다가오는 게 느껴졌어요. 경기장에서 그런 전율을 느낄 수 있었습니다. 리버풀의 경기를 보며 생각했죠. 정말 대단한 녀석들이다. 정말 멋진 팀이야!"

2019년 12월, 리버풀은 앞으로 치고 나갔다. 나머지 팀들은 리버풀이 저 멀리 사라지는 모습을 망원경으로 봐야 할 지경이었다. 솔샤르 감독 체제에서 들쭉날쭉한 경기력을 보인 맨유에겐 천체망원경도 부족할 판이었다. 10월에 맨유전 무승부 이후 리버풀은 8연승을 달렸다. 킹파워스타디움에서 레스터시티를 4-0으로 제압함으로써 리버풀은 2위와의 승점 차이를 10점으로 벌렸다. 당시 9위였던 맨유와는 24점 차이가 났다. 그때부터 원정 팬들이 외치기 시작했다. "이제는 믿겠지, 우리가 우승할 거야!"

클롭은 자신을 지지하는 사람들일지라도 틀렸다고 생각하면 주저 없이 반대했다. 이번에도 그는 팬들에게 그런 노래를 부르지 말라고 했다. 봅 페이즐리 전 감독처럼 미신을 믿는 건 아니었다. 단지, 진짜 때를 기다리는 것이 최선이라는 믿음이었다. 클롭 감독은 승리 찬가를 아껴두는 게 좋다고 판단했다.

그날 원정석에서 함께 노래했던 생클리 칼린의 회상이다. "팬으로서 감독의 말을 충분히 이해합니다. 면목을 잃는 것만큼 창피한 게 없으니까요. 그런데 팬들은 '다 알겠는데, 우린 지난 몇 년 동안 아슬아슬한 순간을 숱하게 겪었어. 무엇보다 이렇게 크리스마스 전에 10점 차이로 앞선 적이 없잖아'라고 생각했던 것 같아요."

피트 후턴도 레스터전을 중요하게 생각했다. "레스터 원정을 보면서 우리가 해낼 거라고 확신했어요. 펍에서 '우리는 무적이다!'라고 외쳤더니 사람들이 '그런 말 하면 안 돼!'라고 하더군요. 경기 결과와 상관없이 우승을 입에 올려서는 안 된다고요. 그날부터 한동안 펍에 온 사람들은 우승의 '우' 자도 꺼내지 않았어요. '쉿! 징크스가 발동할지도 몰라'라는 강박관념이 생긴 거예요."

1월 19일 리버풀이 또 다른 3연승으로 승점 9점을 챙긴 후, 안필드에서 맨유를 만났다. 조지 베스트, 보비 찰턴, 데니스 로는 없었다. 마크 휴즈, 브라이언 롭슨, 노먼 화이트사이드의 맨유도 아니었다. 라이언 긱스, 폴 스콜스, 웨인 루니도 없었다. 안드레아스 페레이라, 앤서니 마샬, 다니엘 제임스로 구성된 맨유였다. 물론 맨유는 여전히 리버풀의 우승 도전에 훼방을 놓을 수 있는 팀이었다.

관중석에서 경기를 관람했던 대니 머피는 이렇게 말한다. "맨유가 리버풀을 꺾는다고 기대한 사람은 아무도 없었습니다. 하지만 우리 모두 축구팬 아닌가요? 당연히 긴장했죠. 최상의 조건에서도 최악의 상황을 두려워하는 거예요."

존 윌리엄스 교수는 경기장이 가까워질수록 앞으로 펼쳐질 일에 전율이 일었다고 한다. 그는 맨유팬들이 우승 횟수를 알리는 현수막을 들고 온 모습을 보니 마음이 아팠다고 고백한다.

"그건 흘러간 과거를 들먹이는 일이었어요. 그들은 너무 멀리 떨어져 있었기 때문이죠. 그들은 리그에서 놀라운 성적을 거두며 우리보다 훨씬 앞서 있었어요. 우린 최근 몇 년간 우승을 꿈꿔보지도 못했어요. 많은 게 변하고 있었습니다. 경기장으로 향하면서, 상황이 뒤집히는 전환점에 도달했다는 느낌이 들었어요. 역사적 순간을 맞을 것이란 느낌 말입니다."

중계석에 앉은 네빌도 긍정적인 말이 나오지 않았다. "맨유팬들의 삶에서 리버풀은 늘 위협적인 존재였어요. 그들을 꺾고 나아가야 하기 때문이죠. 리버풀을 추월할 때마다 우리는 황금알을 낳는 기분이었습니다. 퍼거슨 감독은 리버풀을 추월하겠다는 엄청난 야망을 품고 맨유에 왔어요. 20년 이상 그 꿈은 이루어졌어요. 퍼거슨 감독은 이를 자신의 사명으로 여겼고, 나는 프로젝트의 일원으로서 임무를 완수했어요. 영광이었죠. 팬들이 원하는 것을 해주었다는 사실에 자부심을 느낍니다."

퍼거슨 감독이 벌린 격차를 클롭 감독의 리버풀이 좁혔다. 킥오프에 앞서 '당신은 홀로 걷지 않아'가 장내에 울려 퍼졌다. 후턴의 말이다.

"나는 오랫동안 리버풀과 맨유의 경기를 지켜봤습니다. 맨유팬들은 자신들이 리버풀 신세가 될 줄은 꿈에도 상상하지 못했을 겁니다. 이제는 그들이 26년 동안 우승하지 못할 거라고 생각합니다. 우리가 30년 동안 우승하지 못했던 신세에서 벗어나는 시점에서 말이죠. 눈앞의 맨유팬들은 70~80년대의 우리 모습을 하고 있었어요. '설마 그런 일이 벌어지겠어?'

하며 두려워하는 그런 표정이었죠."

경기가 시작되자마자 리버풀이 빠르게 우위를 점했다. 버질 반 다이크가 코너킥을 헤더 선제골로 연결하며 초장부터 앞서갔다. 이후 마네와 조르지니오 바이날둠이 차례로 골을 넣었다. 그러나 비디오 판독에 의해 득점으로 인정되지 않았다. 맨유는 그때부터 버티기 시작했다. 역습은 여전히 위협적이었다. 아직은 리버풀의 승리를 확신할 수 없었다.

경기가 막바지로 흘러갔다. 그리고 맨유가 코너킥을 얻었다. 안필드는 찬물을 끼얹은 듯 조용해졌다. 팬들의 염원이 한순간에 무너질 수 있는 장면이었다. 골키퍼가 볼을 걷어냈다. 멀리 날아간 공이 살라의 발아래 떨어졌다. 그는 곧장 원정팀 골대를 향해 달려갔다. 제임스가 쫓았지만 역부족이었다. 살라는 순식간에 문전에 도달했다. 리버풀 서포터즈들이 모두 일어났다. 제임스가 그의 발목을 향해 달려들자, 살라는 볼을 컨트롤한 뒤 슛을 때렸다. 슛은 다비드 데 헤아를 훌쩍 넘기고 골문 안으로 들어갔다. 경기장은 폭발했다. 살라는 유니폼을 벗으며 셀러브레이션을 만끽했다. 관중석은 환희로 넘실댔다.

조카 톰과 함께 관중석에 있던 케빈 샘슨은 40년 넘게 경기를 봤지만 그렇게 짜릿한 순간은 처음이었다고 회상한다. "다시 그런 골을 볼 수 있을지 모르겠네요. 내 조카는 리버풀이 리그컵에서 우승하는 것만 봤습니다. 억눌려 있던 모든 감정이 두 번째 골과 함께 터져 나왔죠. 순수한 열정이 터지며 모든 것을 쏟아냈어요. 가여운 톰은 뚱뚱한 삼촌 품에 꽉 안겨야 했습니다." 그의 이어지는 말이다.

"뛰어난 팀이 정점에 도달했다는 사실이 더 중요합니다. 그 순간, 나는 클롭의 팀이 2019년 챔피언스리그 우승에 이어 2020년 리그 우승까지 추가할 거라고 확신했습니다. 내가 평생 지켜본 리버풀 중 가장 뛰어난 팀이었어요."

그들이 가장 싫어하는 라이벌을 상대로 얻은 환희의 순간. 맨유를 꺾으며 리버풀팬들의 긴장감과 자제력은 해방되었다. 리버풀 선수들이 살라의 골을 축하하는 동안 경기장에서는 클롭이 만류했던 그 노래가 나오기 시작했다. "이제는 믿겠지, 우리가 우승할 거야!" 어쩔 수 없었다.

윌리엄스 교수는 이렇게 말한다. "상징적인 날이었어요. 우리가 아직 우승을 확정짓지 못해 이 노래를 부르길 꺼리는 사람들도 있었어요. 하지만 상대는 맨유였어요. '우승 18 대 20'이라는 숫자 때문에 사람들은 더 흥분했습니다. 올드트래퍼드에 갈 때마다 맨유는 항상 저 현수막을 걸고 있었어요. 그런 맨유팬들 앞에서 노래를 부를 기회가 생겼어요. 누구도 우리를 막을 수 없었죠. 정말 참을 수 없었어요. 멋진 순간을 만끽하며 나도 따라 부른 기억이 납니다."

머피도 기꺼이 여기에 동의한다. "모두가 우승을 축하하는 동시에 맨유의 몰락을 기뻐했습니다. 리버풀팬들은 '이제 우리는 맨유보다 더 나은 팀이 되었을 뿐 아니라 리그에서 우승도 할 수 있다'라고 생각했어요. 단순히 앞서는 게 아니라 너희를 짓밟고 우승으로 간다고 말입니다. 맨유는 뒤처진 신세였기에 놀려먹기 딱 좋은 대상이었어요. 만약 그날 토트넘과 경기를 하고 일주일 뒤에 맨유를 만날 예정이었더라도 리버풀팬들은 일주일 내내 그 순간을 기다렸을 겁니다. 그게 라이벌입니다."

후턴과 친구들도 두려움을 내려놓고 승리 찬가를 목청껏 불렀다. 후턴의 말이다. "상대가 맨유였으니까요. 아마 다른 팀이었다면 참았을 겁니다. 노래를 부르는데 느낌이 왔어요. 징크스가 깨지겠구나. 우리는 성공할 거야. 뭔지 모를 기운이 느껴졌어요. 우리는 수년 동안 '제라드가 리그에서 우승하는 거 본 적 있는 사람?'이라는 조롱을 들었어요. 이제는 우리 차례였어요. 자, 이제 무슨 일이 벌어질지 보시라고요."

맨유팬들은 침묵 속에서 패배를 지켜볼 수밖에 없었다. 충돌 방지를 위해 출입문이 잠겨 있어 집에 갈 수도 없었다. 그들은 리버풀의 완벽한 승리를 눈앞에서 지켜봐야 했다. 그날 오후 경기장에 있던 피터 보일의 말이다. "리버풀이 우리를 상대로 골을 넣으면 심장이 멈추는 느낌입니다. 그래요, 그들은 좋은 팀입니다. 정치적으로 단결된 방식은 존경스럽기까지 합니다. 그래도 난 리버풀이 싫습니다. 정말 싫어요!"

원정석에 있던 미턴도 실망감을 드러냈다. "맨유팬들을 열받게 한 것은 리버풀팬들의 거만함이었어요. 'This Means More(이것은 더 많은 것을 의미해)!'는 대체 뭔 말인가요? 그들이 큰 구단인 건 맞아요. 그렇다고 그들이 겪는 일이 더 많은 걸 의미하지는 않아요. 올덤이나 블랙번 팬이라면 의미가 있을지 모르지만, 맨유팬에게 할 말은 아니에요. 그저 자기네들이 특별하다는 걸 말하고 싶었다면, 그냥 꺼지시길!"

맨유전 이후, 리버풀은 리그에서 두 달 동안 여섯 번 이겼다. 하지만 승리 행진은 코로나19 팬데믹으로 멈추고 말았다. 모든 축구 경기가 중단되었다. 성난 맨유팬들은 시즌을 무효로 해야 한다고 요구했다. 소셜미디어에서는 이번 우승은 제대로 된 경쟁 상황에서 나온 게 아니니까 의미가 없다는 말이 퍼져나갔다. 맨유의 방해 공작은 6월 프리미어리그가 무관중 경기로 재개되면서 허사가 됐다. 심지어 6월 25일 맨시티가 첼시에 패하며 리버풀이 우승을 확정했다. 우승이 좌절될 가능성은 사라졌다. 일곱 경기를 남기고 말이다.

리버풀은 그렇게 19번째 우승을 기록했다. 맨유의 20회 우승 기록에 딱 하나 뒤진다. 선수들의 기쁨은 거대했다. 제임스 밀너는 안필드에 준비된 시상대 주변을 돌며 춤을 췄다. 그는 동료인 트렌트 알렉산더-아놀드에게 "트로피에 빨간 리본을 달고 싶은 건 처음이야. 전에는 항상 맨유였지. 그 망할 놈들!"이라며 기뻐했다. 리버풀팬들도 이제야 원래의 위치로 돌아온 느낌을 받았다.

샘슨의 말이다. "다시 제자리로 돌아왔습니다. 퍼거슨 감독이 늘 썼던 표현인데, 리버풀을 의식한 거라 생각했어요. 은근한 찬사이기도 합니다. 퍼거슨 감독 아래서 맨유가 우승을 이어갈 동안 우리는 아무것도 하지 못했어요. 무력한 분노를 느꼈습니다. 맨유가 우리 앞에서 운명을 묵묵히 받아들이는 꼴을 보니 감정이 폭발했어요. 마음껏 노래했고 모든 순간을 즐겼습니다."

아쉽게도 우승의 순간은 함께하지 못했다. 리그 최종전 역시 무관중으로 진행되었기 때문이다. 데비 호스필드는 "우리가 얻은 유일한 위안은 그들이 경기장에 들어갈 수 없다는 사실이었어요. 30년 만에 우승한 자기 팀을 지켜볼 수 없다니 얼마나 짜증이 날까? 생각만 해도 웃겼어요"라고 말한다.

경제적 이득도 컸다. 리버풀이 트로피를 들어 올린 날, 와이어트는 캐러거의 자택을 방문해 클롭 감독과 조던 헨더슨 등 리버풀 우승을 이끈 이들의 이미지가 담긴 티셔츠를 전달했다. 모두 직접 디자인한 제품이었다. 우승 다음 날 캐러거는 그 티셔츠를 입고 〈스카이스포츠〉에 출연했다.

와이어트의 말이다. "리버풀의 상업적 가능성을 가늠해 보고 싶다면, 캐러거가 이 티셔츠를 입고 방송에 출연했을 때를 떠올려보세요. 그 방송은 〈스카이스포츠〉 역대 최대 시청자 수를 기록했어요. 진행자가 티셔츠에 관해 묻자 캐러거는 '내 동료인 자키(와이어트의 별명)에게 선물 받았는데 온라인으로 구입할 수 있다네요'라고 말하며 내 웹페이지 주소를 알려줬어요. 다음 날 아침 내 계좌에 얼마가 꽂힌 줄 아세요? 자그마치 34만 파운드(약 5억 7천만 원)예요. 우리가 정말 '제자리'로 돌아왔다는 뜻입니다."

RED ON RED 10

MATCH	STADIUM	DATE
프리미어리그	안필드	2020년 1월 19일

SCORE

리버풀 2 : 0 맨체스터 유나이티드
LIVERPOOL MANCHESTER UNITED

버질 반 다이크 **14'**
모하메드 살라 **90'**

리버풀 출전명단 (4-3-3)

감독 **위르겐 클롭**

알리송 베커; 트렌트 알렉산더-아놀드, 조 고메즈, 버질 반 다이크, 앤드류 로버트슨; 앨릭스 옥슬레이드-체임벌린(아담 랄라나 66'), 조던 헨더슨, 조르지니오 바이날둠; 사디오 마네(파비뉴 83'), 호베르투 피르미누(디보크 오리기 83'), 모하메드 살라

맨체스터 유나이티드 출전명단 (3-4-1-2)

감독 **올레 군나라 솔샤르**

다비드 데 헤아; 빅토르 린델로프, 해리 맥과이어, 루크 쇼(디오고 달롯 84'), 아론 완-비사카, 네마냐 마티치, 프레드, 안드레아스 페레이라(후안 마타 74'), 브랜던 윌리엄스(메이슨 그린우드 74'), 앤서니 마샬, 다니엘 제임스

주심 C.퍼슨

관중 52,916명

RED ON RED 10

MATCH	STADIUM	DATE
프리미어리그	**올드트래퍼드**	**2021년 10월 24일**

SCORE

맨체스터 유나이티드 **MANCHESTER UNITED** **0 : 5** **리버풀** **LIVERPOOL**

나비 케이타 **5′**
디오구 조타 **14′**
모하메드 살라 **38′ 45′ 50′**

맨체스터 유나이티드 출전명단 (4-2-3-1)

감독 **올레 군나라 솔샤르**

다비드 데 헤아; 아론 완-비사카, 빅토르 린델뢰프, 해리 매과이어, 루크 쇼; 프레드, 스콧 맥토미니; 마커스 래시포드(디오고 달롯 62′), 브루노 페르난데스(에딘손 카바니 62′), 메이슨 그린우드(폴 포그바 46′); 크리스티아누 호날두

레드카드 폴 포그바

리버풀 출전명단 (4-3-3)

감독 **위르겐 클롭**

알리송 베커; 트렌트 알렉산더-아놀드, 이브라히마 코나테, 버질 반 다이크, 앤드류 로버트슨; 제임스 밀너(커티스 존스 27′), 조던 헨더슨, 나비 케이타(앨릭스 옥슬레이드-체임벌린 63′); 디오구 조타, 호베르투 피르미누(사디오 마네 76′), 모하메드 살라

주심 A. 테일러

관중 73,008명

EPILOGUE

세상 하나뿐인 추적

2023년 6월 3일, 33세의 제임스 화이트는 자신이 지지하는 맨체스터 유나이티드와 맨시티가 맞붙는 FA컵 결승전에 입고 갈 옷을 고르고 있었다. 맨유 유니폼을 모아놓은 옷장 서랍 속엔 선수들의 등번호와 이름이 적힌 평범한 유니폼 위에 다른 버전도 있었다.

등번호 97번이 표시된 유니폼에는 선수 이름이 있어야 할 자리에 '아직 부족해Not Enough'라는 글자가 새겨져 있었다. 힐스브러 참사를 조롱하는 문구였다. 화이트는 '그래, FA컵 결승전에는 이게 딱이야'라고 생각했다.

웸블리스타디움 근처 바에서 맥주를 주문하기 위해 줄 서 있는 화이트의 모습이 사진에 찍혔다. 충격받은 동료 팬이 소셜미디어에 공유한 사진은 공분을 불러일으키기에 충분했다. 힐스브러 유족과 리버풀FC는 물론 맨유팬들도 타인의 불행과 죽음을 농담의 소재로 삼는 행위를 수치스럽게 여겼다. 런던 경찰이 화이트를 연행했고, 그는 공공장소에서 가학적 문구를 노출한 혐의로 기소되었다.

사실 그의 행동에 깜짝 놀란 사람은 없었다. 맨시티는 오랜 맨유의 트레블 역사 독점권을 빼앗으려고 달리고 있었고, 맨유팬은 당연히 그런 질주를 막아야 했다. 하지만 포인트는 그게 아니다. 비록 화이트의 표현 방식은 잘못되었지만, 맨유팬들은 상대가 누구든 진짜 라이벌은 리버풀이라고 여긴다는 사실이다.

2000년 알렉스 퍼거슨 감독은 맨유의 적수를 순서대로 말해줄 수 있느냐는 질문을 받았다. 그는 '리버풀, 아스널, 첼시, 리즈'라고 대답했다. 시티는 안중에도 없었다. 당시 시티는 3부에서 막 부활하려던 참이었다. 퍼거슨 감독은 맨시티의 리그 우승 가능성에 대해 '내 생애에는 불가능'이라고 말했다.

퍼거슨 감독이 은퇴한 이래, 시티는 매년 유나이티드보다 높은 순위(평균 16.7점 이상 차이)로 시즌을 마쳤다. 만수르가 클럽을 인수한 후로 시티가 웸블리스타디움을 24차례나 방문했다는 사실은 굳이 설명할 필요도 없다. 오랫동안 이어온 맨유의 지배력을 무너트렸음에도 불구하고, 맨시티는 여전히 적수로서 대접받지 못하고 있다.

맨시티가 돈으로 성공을 샀다는 비판을 받고 있지만, 거리에는 엘링 홀란의 유니폼을 입은 아이들이 늘어나고 있다. 상황이 바뀌었지만 맨유와 리버풀의 라이벌 관계는 유일무이하다. 긴 시간 동안 두 팀이 만날 때마다 관중석에서는 상대의 상처를 후벼파는 언어폭력이 난무했다. 언어폭력은 소셜미디어의 익명성을 무기로 증가하는 추세다.

제임스 화이트를 포함해, 참사가 벌어진 이후에 태어난 맨유팬에게 힐스브러는 놀림거리에 지나지 않는다. 뮌헨공항 참사도 마찬가지다. 상대의 고통을 조롱에 이용하는 짓은 비극적이다. 화이트 같은 부류는 보통 사람이라면 입에 담지 못할 것을 공개적으로 말할 만큼 자신들이 대담하며, 문명화된 사회의 규칙 따위는 자신들에게 적용되지 않는다고 믿는다.

2023년 3월 5일, 안필드에서 열릴 예정인 노스웨스트 더비를 앞두고 에릭 텐 하흐와 위르겐 클롭 감독이 공동성명문을 발표했다. 텐 하흐 감독은 '맨체스터 유나이티드와 리버풀은 세계적으로 가장 위대한 축구 라이벌입니다. 우리는 양쪽 팬들의 열정을 사랑합니다. 그러나 넘지 말아야 할 선이 존재합니다"라는 말로 압도적 다수의 의견을 전달했다.

"승점을 따려고 상대의 희생을 악용하는 짓은 받아들일 수 없습니다. 이제 멈출 때입니다. 그런 언행은 클럽뿐 아니라 팬 자신과 자랑스러운 우리 도시의 평판을 깎아내립니다."

클롭 감독도 일부 팬의 추태에 대해 강력하게 비난했다. "리버풀과 맨체스터 유나이티드의 관계가 특별한 이유 중 하나는 라이벌 의식이 너무나 치열해서 우리 중 누구도 그것을 바꾸고 싶어 하지 않는다는 사실입니다. 하지만 라이벌 의식이 지나치면 모두가 손해를 입게 됩니다. 우리는 그런 상황을 원치 않습니다." 클롭의 이어지는 말이다.

"물론 우리는 떠들썩함을 원합니다. 양쪽으로 갈라지기를 원합니다. 전율이 흐르는 분위기를 원합니다. 그러나 결코 선을 넘어선 안 됩니다. 이런 원칙은 특히 축구계에서 퇴출해야 할 끔찍한 구호에 적용되어야 합니다. 열정은 지키되 악독한 요소를 제거한다면 우리 모두 건전한 라이벌 관계를 누릴 수 있습니다."

맨유팬 중 소수는 그런 호소에 귀 기울이지 않았다. 맨유가 0–7 참패를 당하자 일부 팬들은 적대감을 폭발시켰다. 안필드로드 스탠드의 맨유팬들이 '〈더선〉의 말이 맞았어, 너희는 살인자들'이라는 구호를 외쳤다. '매번 피해자 코스프레, 매번 잘못이 없대'라는 구호도 들렸다.

문제적 구호가 날아갈 때마다 리버풀팬들도 맞받아쳤다. 맨유팬들은 '우리는 맨유, 무슨 노래든 우리 마음'이라고 노래했다. 어떤 주제가 걸리든 리버풀과 맨유의 라이벌 관계가 겉으로 드러난 결과라는 사실에는 이견이 없다.

리버풀과 시티가 타이틀을 놓고 격돌하는 상황이 늘어나고 있다. 오일머니로 중무장한 맨시티는 급성장했다. 최근 일곱 시즌에서, 시티와 리버풀이 리그 우승을 직접 다퉜던 게 세 차례나 된다. 과거 50년 동안 맨유와 리버풀이 리그 우승을 다퉜던 시즌보다 많다.

챔피언스리그에서도 사정이 비슷했다. 두 클럽은 토너먼트 상위 단계에 주기적으로 얼굴을 내밀었고, 리버풀은 우승까지 차지했다. 2018년 둘은 챔피언스리그 8강에서 격돌했다. 안필드에 도착한 맨시티 선수단 버스는 벽돌 세례를 받았다. 리버풀팬들은 경기장으로 향하는 도로의 양옆에 늘어서서 상대 선수단을 거칠게 환영했다. 당시 버스 안에서 촬영된 영상에서 날아드는 홍염에 충격과 공포를 느끼는 장면을 확인할 수 있다. 영상에서 "망할 놈의 스카우저들은 원래 저래!"라는 억센 맨체스터 사투리도 또렷이 들을 수 있다.

축구에서 라이벌 의식은 영광과 트로피, 더 큰 성취를 차지하려는 경쟁에서 비롯된다. 현재 시점에서 잉글랜드 북서부 지역에서 발견되는 경쟁 관계는 안필드와 에티하드스타디움이다. 리버풀과 시티의 만남은 점점 더 큰 반향을 불러일으킨다. 둘의 맞대결이 곧 트로피 경쟁이기 때문이다.

반면 맨유는 글레이저 오너십에 발목을 잡혀 패권 경쟁에서 밀려나는 모양새다. 맨유팬인 데비 호스필드는 "한 가지 분명히 해두고 싶군요. 축구계에서 내가 제일 싫어하는 존재는 글레이저 가문입니다. 스카우저보다 더 싫어요!"라며 최근 여론을 대변한다.

한편 피터 후턴은 리버풀팬들 사이에서 공유되는 인식을 우리에게 들려준다. 지금 멱살 잡고 피 튀기는 접전을 펼치는 것이 다른 상대였으면 한다는 것이다. "나는 우리의 주적이 유나이티드였으면 좋겠습니다. 시티팬들이 아무리 애써도 우리와 진정한 라이벌 관계를 만들지는 못합니다. 별것 없는 분위기 속에서는 라이벌이 될 수 없으니까요."

그에 따르면, 라이벌이란 수십 년에 걸쳐 숙성된 경험의 결과물이다. 맞는 말이다.

안필드에서 맨시티 버스가 봉변을 당한 사건은 매우 상징적이다. 펩 과르디올라 감독의 팀도 리버풀팬들이 거칠게 반응해야 할 대상에 등극했다는 사실을 의미하기 때문이다. 하지만 홍염을 터트렸던 리버풀팬들은 상대의 정체성보다 당시 이슈 때문이었다고 주장한다. 리버풀팬들이 가장 신경 쓰는 경기는 따로 있다.

리버풀에서 뛰었던 대니 머피는 요즘도 시즌 일정표가 나오면 제일 먼저 리버풀과 맨유의 경기를 확인한다고 말한다. "우승 경쟁자는 맨시티이지만, 마음속에는 항상 맨유전이 제일 중요한 것으로 정해져 있습니다. 선수 때도 마찬가지였어요. '언제 맨유를 상대하지? 맨유 원정이 언제야?'라는 식이었죠. 뼛속까지 그렇게 새겨져 있어요. 리버풀팬 중에서 나처럼 생각하지 않는 사람이 있다면 놀랄 것 같습니다."

우리가 만난 리버풀팬들은 입을 모아 머피의 생각에 동의한다. 왓퍼드에 모인 시티의 팬들이 들으면 섭섭할지 몰라도 시티를 바라보는 콥의 시선은 다소 미지근하다. 리버풀팬인 로비 오닐은 어렸을 때부터 맨시티는 건전한 느낌이었다고 말한다.

"밴드 '오아시스'처럼 맨체스터치고는 받아줄 만한 구석이 있었어요. 그렇게 싫어하는 감정도 없었고요. 물론 지금은 맨시티의 존재감이 커졌고 우리도 더 신경 쓰게 되었습니다. 요즘 맨유는 우리의 경쟁과 크게 상관이 없지만 여전히 우리의 주적입니다. 이번 시즌 우리가 순위표의 어디에 있든, 올드트래퍼드에서 벌어지는 원정 경기가 제일 중요하다는 얘깁니다."

오닐은 챔피언스리그 8강에서 맨유를 만나게 되거나 리그 막판에 우승 경쟁자가 맨유라는 가정을 해보면 명확해진다고 말한다. "상상해보세요. 이건 할리우드 영화 시나리오로 딱이에요. 라이벌 관계는 누군가 만드는 게 아니에요. 에버턴이나 맨시티도 가능은 하겠지만, 잉글랜드 축구 역사에서 리버풀과 맨유만큼 강렬한 라이벌은 없어요. 우리는 알리와 프레이저 같다고요. 앞으로도 둘은 모든 걸 쏟아부어 격돌할 겁니다. 두 클럽은 늘 서로를 필요로 해요. 라이벌 의식이 두 클럽을 정의하기 때문이죠."

누루딘 초드리는 요즘 맨시티의 동향에서 흥미로운 관점을 발견할 수 있다고 한다."맨시티는 전 세계 시장에 자신의 브랜드를 알릴 영리한 방법을 찾아낸 것 같습니다. 새로운 라이벌을 만드는 겁니다. 내가 일하는 소셜미디어 세계를 보면 알 수 있어요. 우리가 맨유나 리버풀 관련 콘텐츠를 작성하면 그 효과가 어마어마합니다. 그런데 지금 잉글랜드 축구계를 지배하는 맨시티 관련 콘텐츠는 반응이 시원찮아요. 그래서 제작팀은 맨시티가 맨유나 리버풀의 아성에 도전한다는 메시지를 입히곤 합니다. 이런 점에서 맨시티는 두 클럽에 감사해야 한다고 생각해요. 맨시티가 세계적 브랜드가 되려면 반드시 라이벌이 필요합니다. 첫 번째는 맨유였고, 이제 두 번째 라이벌로 리버풀을 엮고 싶어 하는 거예요."

2022–23시즌 리버풀은 우승 후보다운 면모를 과시하면서도 결과적으로는 빈손으로 시즌을 마감했다. UEFA챔피언스리그 출전권이란 마지노선도 수성하지 못하고 리그에서도 5위로 밀려나자, 살라는 본인의 트위터에 '우리는 실패했다'라는 멘션을 남겼다. 시즌 막판 폭풍 같은 질주를 거듭하고도 4위권 진입에 실패하는 바람에 최종 성적표는 더 아쉬웠다.

맨유는 홈에서 브라이턴에 패하고 브렌트퍼드 원정에서도 0–4 대패를 당하는 수모를 당하면서 시즌을 시작했다. 다행히 텐 하흐 감독의 리더십이 빛을 발해 곧 집중력을 되찾을 수 있었다. 신입생 카세미루와 리산드로 마르티네스의 영입은 퍼거슨 이후 최고라는 평가를 받으며 리그 3위에 올랐고 리그컵 우승까지 쟁취했다.

스카우저들의 막판 도전을 뿌리친 뒤에 브루누 페르난데스는 주적의 마음을 헤집는 일을 잊지 않았다. "우리 모두 이 결과가 팬들에게 얼마나 중요한지를 압니다. 리버풀이 원하는 성적을 거두지 못하는 것이 팬들을 즐겁게 해준다는 사실도 잘 압니다. 물론 우리의 목표는 매 경기에서 원하는 결과를 얻는 일입니다.”

흥미로운 사건들은 경기장 밖에서 터졌다. 우선 올드트래퍼드에서 팬들의 함성이 들렸다. 글레이저 가문이 클럽을 시장에 내놓았기 때문이다. 최소한 그렇게 보였다.

흥미롭게도 외부 투자를 유치하고 싶다는 뜻을 먼저 밝힌 쪽은 리버풀의 주인 존 헨리였다. 영국 정부가 로만 아브라모비치의 팔목을 비틀어 첼시를 매각하게 한 직후 나온 결정이었다. 러시아와 우크라이나 간 전쟁의 여파였다. 아브라모비치의 영국 내 자산에 동결 조치가 내려졌고, 결국 첼시는 미국인 콤비인 토드 보울리와 베다드 이그발리가 지급한 42억 5천만 달러와 맞교환되었다.

프리미어리그 클럽 오너들은 갑자기 자신들의 클럽 가치가 얼마나 되는지 궁금해졌다. 리버풀을 소유한 PSG의 헨리 회장도 호기심이 발동되었다. 하지만 맨유가 시장에 나왔다는 소식을 듣고는 리버풀 매각 계획을 재빨리 보류했다.

2022년 11월, 글레이저 가족의 퇴장을 간절히 바랐던 팬들은 클럽 매각 계획이 발표되자 쌍수를 들어 환영했다. 글레이저 측은 전체 매각(예스!)과 부분 매각(노!)을 모두 검토했다. 미국인 오너는 인간의 언어로 퀴즈를 푸는 고릴라처럼 극도로 신중한 자세로 매각에 임했다. 글레이저 측은 최종 인수 계획안의 제출 기한을 수차례 제멋대로 바꿨다. 주주로 등록된 글레이저 6남매는 한 사람당 1억 파운드씩 챙기겠다는 뜻을 분명히했다. 고인이 된 부친 말콤 글레이저가 2005년 맨유를 인수하는 데에 들였던 돈은 1억 6천만 달러 이하였고, 나머지 투자금 6억 달러는 대출이었다.

당신이 집을 팔았다고 가정해 보자. 보통은 집을 팔아 받은 돈으로 대출금을 상환할 것이다. 그런데 글레이저 가족은 맨유의 부채는 그대로 둔 채 매각 수익 전체를 들고 떠날 궁리를 하는 듯 보인다. 어쨌든 맨유 매각 계획은 영국의 기업가와 카타르 은행가의 관심을 끌었다. 하지만 팬들의 마음에 드는 인수 의향자는 아니었다.

한쪽은 환경 오염에 앞장서는 글로벌 기업 중 한 곳이고, 다른 한쪽은 자신들의 수상한 이미지를 세탁하는 데에 맨유를 이용하려는 대표 세력이었기 때문이다. 맨유는 슈가 대디가 필요 없는 클럽이다. 리버풀과 함께 맨유는 자생력을 갖춘 소수의 클럽 중 하나다. 팬들이 원하는 것은 통장 잔고가 아니라 미래를 내다보는 안목으로 클럽을 효율적으로 운영해줄 인물이다.

이 책이 처음 기획되었을 때 기획 의도 자체를 부정하는 의견도 있었다. 셀틱과 레인저스, 바르셀로나와 레알마드리드, 보카주니어스와 리버플레이트, 베식타시와 페네르바체의 라이벌 관계도 리버풀과 맨유 못지않다는 주장이다. 행사에서 만난 누군가는 '렉섬과 체스터는?'이라고 말하기도 했다. 글쎄, 반박하기가 쉽지는 않다.

그런데 이렇게 바라보면 어떨까? 전 세계로 범위를 확장해서 라이벌 관계가 얼마만큼 영향력이 있는지를 살펴보는 방법이다. 프리미어리그는 세계에서 가장 많은 시청자가 보는 축구 리그다. 솔직히 싱가포르에서 아르헨티나의 프리메라디비시온 중계를 보는 사람은 거의 없을 것이다. 그런 면에서 맨유와 리버풀의 명성은 타의 추종을 불허한다.

에티오피아의 수도 아디스아바바에서 축구팬들은 일 년에 두 번씩 실내체육관에 임시 관중석과 대형 스크린을 설치하고 리버풀과 맨유의 맞대결 생중계를 단체 관람한다. 현지 팬들은 지지하는 클럽에 따라 좌우로 나뉘어 자리를 잡는다. 그곳에서도 다툼은 빈번하게 벌어진다. 폭력 사태가 발생할 때도 있다. 맨유와 리버풀, 양쪽 팬들이 서로 싫어한다는 원칙은 에티오피아에서도 동일하게 적용된다.

맨시티와 리버풀이 만나는 경기에서는 그런 단체관람이 이루어지지 않는다. 아스널이 토트넘과 만나도 마찬가지다. 심지어 챔피언스리그 결승전이 벌어지는 날에도 이런 이벤트는 없다. 오직 리버풀과 맨유가 만날 때만 볼 수 있는 풍경이다. 리버풀 소속으로 올드트래퍼드에서 열린 맨유와의 경기에서 3골을 넣은 대니 머피는 이것이 에티오피아에만 한정된 얘기가 아니라고 말한다.

가족과 함께 케냐의 마사이마라에 갔을 때의 일이라고 그가 말을 꺼낸다. "전화 신호도 잡히지 않는 천막 숙소였어요. 관리자가 뭐 불편한 게 없는지 확인하러 왔어요. 나는 '정말 멋져요. 딱 한 가지 부탁이 있는데 축구 경기 결과 좀 알려줄 수 있나요?'라고 했어요. 관리자는 나를 데리고 직원 전용 숙소를 지나 어디로 가더군요. 벽돌 벽에 철제 지붕을 덮은 널찍한 창고 같은 건물이었어요." 대니 머피가 이어서 말한다.

"안으로 들어가니 마사이족이 30명 정도 있었어요. 전통 복장 차림은 아니었지만 누가 봐도 100% 마사이족이었어요. 맥주를 담은 바구니가 있었고, 선반 위에는 내 아이패드만 한 크기의 텔레비전이 있었어요. 화면이 잘 보이진 않았지만 축구 중계였어요. 그들은 리버풀과 사우샘프턴의 경기를 보고 있었어요. 솔직히 그 틈에 껴서 맥주 마시며 축구 보고 싶다는 생각밖에 들지 않더군요. 내가 가까이 다가가니, 마사이족 중 하나가 들고 있던 창 끝으로 나를 가리키며 '대니 머피! 프리킥! 리버풀! 맨체스터 유나이티드!'라고 외치는 거예요."

대니 머피는 전 세계 곳곳에서 이런 반응을 볼 수 있었다고 말한다. "어느 나라에 가든지 리버풀팬 혹은 축구팬들은 내가 맨유전에서 넣었던 골을 얘기합니다. 그보다 훨씬 멋졌던 에버턴 원정 결승골을 말하는 사람은 아무도 없어요. 라이벌 관계가 어떤 것인지 단적으로 보여주는 증거라고 생각해요."

얀 몰비도 같은 경험을 했다. 1985년 그는 리그컵 경기에서 맨유를 상대로 생애 최고의 골을 넣었다. 자기 진영에서 볼을 빼앗은 몰비는 그대로 내달렸고, 페널티박스 앞에서 강력한 오른발 슛으로 골망을 흔들었다. 당시 중계권 마찰 탓에 중계가 이루어지지 않았다. 몰비의 골은 안필드에서 직관한 팬들 사이에서만 '잃어버린 최고의 리버풀 골 장면'으로 회자되었다. 20년이 넘게 흘러서야 해당 골 장면은 저화질 영상으로 세상에 공개되었다.°

몰비의 말이다. "몇 년 전 크루즈 여행을 떠났습니다. 바에서 한 사람이 내 앞에 맥주잔을 놓더니 '드세요'라고 하더군요. 나는 '고맙긴 한데 이유나 좀 압시다'라고 대꾸했어요. 그는 환한 미소를 지으며 '잘 아시잖아요. 맨유전에서의 그 멋진 골이요'라

° 유튜브에서 Jan Molby Lost Goal로 검색하면 3분 20초짜리 영상을 찾아볼 수 있다.

고 했어요."

맨유와 리버풀의 라이벌 관계는 긴장감, 소화불량, 목 막힘 등의 증상을 일으킨다. 다른 경기보다 실패의 두려움이 압도적으로 크다. 패배는 양쪽 어디든 치명상을 입히고, 패하는 쪽은 경련을 일으킨다. 관중석은 갈급한 집단 욕망으로 뒤덮인다. 2021년 10월 홈에서 맨유가 리버풀에 0–5로 참패했을 때, 스트레트퍼드엔드는 거칠게 반응했다. 당시 현장에 있었던 데비 호스필드는 굴욕적 패배가 계속되는 동안 쉬지 않고 응원 구호를 외쳤다. 그의 말이다.

"이런 증오에 이성 따위는 없습니다. 우리가 리버풀을 싫어하는 건 어린애들도 압니다. 아이들을 앉혀놓고 그걸 가르치는 사람은 없어도 그냥 자연스럽게 체득되는 겁니다." 그날 경기 막판 20분 동안, 호스필드와 친구들은 한 노래만 주구장창 반복했다.

> 올드트래퍼드를 달리며 리그를 지배해.
> 올드트래퍼드를 달려, 올드트래퍼드를 달려 리그를 지배해.
> 스카우저를 쫓아내며 신나게 노래해.
> 스카우저를 쫓아내며 신나게 노래해.

호스필드의 동지 중에는 앤디 미턴도 있었다. 리버풀을 향한 뿌리 깊은 감정은 그에게 맨유팬이라는 정체성을 형성하고 있다. 맨유의 영역에서는 오직 한 가지 감정만 존재한다. 맨유를 사랑하고 리버풀을 증오해야 한다. 중간은 없다. 미턴은 이런 감정을 동물의 본능에 비유한다.

"안필드 원정이 안전하거나 청정지역처럼 되는 걸 원치 않습니다. 양쪽 클럽의 이미지를 담은 반반 머플러도 싫어요. 콥의 '당신은 홀로 걷지 않아' 떼창을 좋아합니다. 콥이 시작하면, 반대편에서 맨유 원정 팬 3천 명이 죽어라 '맨체스터! 맨체스터!'를 외칩니다. 이런 광경이야말로 '축구 극장'의 정의 아닐까요? 정말 마음에 듭니다."

음악, 패션, 건축, 정치, 억양, 역사, 지리, 운하 등 어떤 분야에서든 맨큐니언과 스카우즈 사이에서는 의견 충돌이 일어난다. 이렇게 멀리 갈라진 양쪽이 유일하게 동의하는 것이 딱 하나 존재한다. 리버풀과 맨유만 한 라이벌은 세상에 없다는 점이다.

리버풀팬인 피터 후턴도 미턴의 생각에 전적으로 동의한다. 리버풀과 에버턴(유나이티드와 시티처럼)의 관계는 어딘가 모르게 다르다. 양쪽 팬들은 집과 가족을 공유하고, 영역 구분도 불분명하며, 학교 운동장부터 함께 사용하기 때문이다.

반면 리버풀과 맨체스터의 라이벌 의식은 넓고도 깊다. 그 어떤 라이벌도 근처에 오지 못한다. "이견의 여지가 없습니다. 누구도 역사를 창조할 수는 없어요. 우리의 주적은 오직 맨유 하나입니다. 맨시티가 아무리 우승을 많이 해도 우리에게 맨유 같은 타격을 입히지 못합니다. 아무것도 없는 데서 억지로 라이벌을 끄집어낼 순 없어요."

게리 네빌은 그라운드 위에서 그 누구보다 분열의 열정을 고조시킨 주인공이다. 그 역시 후턴의 생각에 동의하는 것 같다. 현역 은퇴 후, 네빌은 각종 축구 프로그램에서 활약하고 있다. 그에게도 맨유와 리버풀은 최고의 축구 라이벌이다.

"잉글랜드 축구에서는 그 관계가 영원할 것입니다. 가장 뜨겁고, 가장 거칠면서, 가장 변덕스럽습니다. 우리는 양끝에서 긴장의 끈을 팽팽히 당기고 있습니다. 나와 캐러거는 맨유-리버풀 경기의 중계를 하면서 '사랑과 전쟁에서는 모든 것이 공평하다'라고 말하곤 합니다. 안필드에서 리버풀팬이 내게 욕을 퍼부어도 그게 딱히 잘못되었다고 생각하지 않습니다." 네빌의 이어지는 말이다.

"하고 싶은 말을 하고, 하고 싶은 행동을 합니다. 신나서 껑충껑충 뛰고 상대 선수단 버스를 향해 뭐든지 집어 던집니다. 맨유와 리버풀의 라이벌 의식이 어때야 하는지, 우리는 서로를 이해합니다. 맞대결 안에서 늘 그런 긴장감이 유지됩니다. 반드시 그래야 합니다. 경쟁심이 삭제되면 그건 축구 경기가 아닙니다."

맨유와 리버풀 사이에 존재하는 유산의 정수는 라이벌 의식이다. 어릴 적부터 지지했던 클럽의 선수가 된 대니 머피는 인터뷰에서 자신이 어떻게 기억되고 싶은지에 대해 밝혔다. 그의 소망은 지금까지 우리가 얘기했던 라이벌 관계의 핵심이라 할 수 있다.

"죽기 전에 어떤 말을 남기고 싶냐고요? 침대에 누워 가족들 앞에서 감상적인 유언을 남기고 싶진 않군요. 나는 맨체스터 유나이티드를 상대로 결승골을 넣었던 세 경기의 날짜를 묘비에 새기고 싶습니다. 딱 세 날짜요. 자리가 남으면 그 밑에 '당신은 홀로 걷지 않아'라고 한 줄 더 넣든가요. 그거면 충분합니다."

'레드 온 레드'라고 쓰고 '라이벌'이라고 읽는다.

감사의 말

필 맥널티
Phil McNulty

이 책은 리버풀 광팬인 나의 아내 린의 제안으로 시작되었다. 나는 이 아이디어를 옥스퍼드의 이웃이자 언론인 짐 화이트와 공유했다. 전문가다운 능력과 열정 그리고 뛰어난 유머 감각을 가진 화이트는 내 첫 집필 작업을 위한 완벽한 파트너였다.

리버풀과 맨체스터 유나이티드, 각 연고지에 관해 더 많은 이야기를 담을 수 있다는 확신과 아내의 축구에 대한 애정이 모든 작업의 배경이 되었다. 아주 길고 즐거웠던 작업을 기꺼이 도와준 린, 짐, 그리고 내 아이들 로이스와 알렉스에게 고마움을 전한다.

린과 짐의 아내 아라벨라는 수개월에 걸쳐 각종 전화 업무를 맡아주었다. 오랜 작업에 지친 저자의 허기와 갈증 또한 자처해 해결해주었다. BBC스포츠 동료인 하워드 너스, 이언 싱글턴, 벤 갤롭은 내가 작업을 끝까지 수행할 수 있도록(물론 퇴근 후에!) 독려해주었다. 그들의 성원에 감사드린다.

무엇보다 축구계 안팎의 많은 분들이 귀중한 시간을 들여 우리에게 리버풀과 맨체스터 유나이티드의 위대한 라이벌 의식에 관한 수많은 이야기를 들려주었다. 우리는 대면 인터뷰, 영상 통화, 전화 통화 등 모든 방법을 동원했다. 그들이 없었다면 이번 작업을 절대 불가능했을 것이다. 형언할 수 없을 만큼 그들께 감사드린다.

많은 분들이 각자의 일상으로 바쁜 와중에도 우리를 자택으로 초대해주었다. 인터뷰를 위해 긴 시간을 할애해주었고, 때에 따라선 추가 인터뷰에도 응해주셨다. 초기 기획회의에 동참했던 소피 힉스 에이전시의 소피 힉스와 섀러 윌리엄스, 긴 시간에 걸쳐 많은 분량의 원고를 직접 확인하며 고견을 보태준 하퍼노스출판사의 편집자 조나단 드 페이어에게도 감사드린다.

위대한 두 도시가 품은 문화와 역사를 되돌아보면서 새로운 이야기 가닥을 잡아가는 작업은 정말 즐거웠다.

고마웠어요, 짐. 우리 한번 더 해보자고요!

★ ★ ★

짐 화이트

Jim White

대부분의 맨체스터 유나이티드 서포터즈처럼 내 인생에서도 리버풀은 언제나 가장 큰 존재였다. 그래서 라이벌의 역사를 짚어보는 작업에 동참해달라는 필의 제안을 냉큼 받았다. 친절하고 열정적이면서 해박한 지식으로 무장한 작업자들과 연을 맺는 일도 즐거웠다.

필은 물론 처음 아이디어를 제공한 그의 아내 린, 하퍼노스출판사의 조나단과 팀원들이 보여준 노력, 소피 힉스 에이전시의 섀러와 소피에게도 진심으로 감사드린다.

초기 원고를 읽어주며 귀중한 의견을 보태준 아들 바니, 언제나 웃음을 주는 딸 엘리, 맨시티와 리버풀이 트레블을 놓고 경쟁했던 우울한 시즌에 나를 위로해주는 노래를 선곡해준 아들 휴고에게도 고맙다는 인사를 전하고 싶다. 오! 항상 곁에서 최고의 아내가 되어준 아라벨라에게도 감사하다.

필과 마찬가지로, 인터뷰해주신 모든 분들에 감사의 뜻을 전하고 싶다. 이 책을 충실하게 만들어준 분들의 이름은 다음과 같다.

아서 알비스턴, 론 앳킨슨, 크리스 바스콤, 짐 베글린, 피터 보일, 마틴 버컨, 앤디 버넘, 제이미 캐러거, 지미 케이스, 누루딘 초드리, 버나드 클라크, 이언 크레인, 데이비드 데이비스, 로이 에반스, 콜린 깁슨, 게리 질레스피, 토니 그레이엄, 피터 후턴, 데비 호스필드, 레이 휴턴, 마크 로렌슨, 루 마카리, 스튜어트 매티슨, 앤디 미턴, 얀 몰비, 대니 머피, 게리 네빌, 로비 오닐, 릭 패리, 존 플라트, 브라이언 롭슨, 스티브 로더럼, 케빈 샘프슨, 존 스케일스, 데이브 스콧, 크리스 생클리-칼린, 욘 시베박, 나이절 스패맨, 필 톰슨, 클라이브 타일더즐리, 브렌던 와이어트, 그리고 지칠 줄 모르는 리버풀 통계 전문가 제드 레아, 맨체스터 유나이티드 역사 전문가 클리프 버틀러, 영국신문 사료.

숫자로 보는 라이벌 관계

RED ON RED

상대 전적

2021-22시즌 기준

공식전	맨체스터 유나이티드	리버풀	무승부
237전	89승	80승	68회

선수

맨체스터 유나이티드를 상대했던
리버풀 선수
439명

리버풀을 상대했던
맨체스터 유나이티드 선수
451명

양 팀에서 모두
뛰었던 선수
17명

득점 차 기록

리버풀의 맨체스터 유나이티드전 최대 득점 차 승리

7-0 승(프리미어리그)
안필드 | 2023년 3월 5일

7-1 승(2부)
안필드 | 1895년 10월 12일

5-0 승(프리미어리그)
올드트래퍼드 | 2021년 10월 25일

맨체스터 유나이티드의 리버풀전 최대 득점 차 승리

6-1 승(1부)
올드트래퍼드 | 1928년 5월 5일

5-0 승(1부)
메인로드 | 1946년 9월 11일

5-1 승(1부)
올드트래퍼드 | 1953년 12월 19일

최다 출장자

맨체스터 유나이티드를 상대한 리버풀 선수

스티븐 제라드 STEVEN GERRARD
35경기 9골
1998~2015

제이미 캐러거 JAMIE CARRAGHER
33경기
1997~2013

이언 러시 IAN RUSH
32경기 3골
1980~1996 (중간 2년 공백)

이언 캘러건 IAN CALLAGHAN
30경기 1골
1962~1978

브루스 그로블라르 BRUCE GROBBELAAR
28경기
1981~1994

최다 출장자

리버풀을 상대한

맨체스터 유나이티드 선수

라이언 긱스
RYAN GIGGS
48 경기 5 골
1991~2014

폴 스콜스
PAUL SCHOLES
32 경기 2 골
1995~2013

게리 네빌
GARY NEVILLE
27 경기
1994~2011

아서 알비스턴
ARTHUR ALBISTON
26 경기 1 골
1977~1988

보비 찰턴
BOBBY CHARLTON
24 경기 4 골
1962~1973

최다 득점자

맨체스터 유나이티드를 상대로 골을 많이 넣은

리버풀 선수

모하메드 살라
MOHAMMED SALAH
11 경기 10 골
2017~

스티븐 제라드
STEVEN GERRARD
35 경기 9 골
1998~2015

자책골
7 골
1894~

해리 챔버스
HARRY CHAMBERS
11 경기 7 골
1919~1928

딕 포쇼
DICK FORSHAW
8 경기 7 골
1919~1927

최다 득점자

리버풀을 상대로 골을 많이 넣은

맨체스터 유나이티드 선수

선수	경기	골	기간
조지 월 GEORGE WALL	12경기	9골	1906~1919
스탄 피어슨 STAN PEARSON	16경기	8골	1937~1954
조지 베스트 GEORGE BEST	20경기	7골	1963~1974
지미 턴불 JIMMY TURNBULL	6경기	7골	1907~1910
브라이언 롭슨 BRYAN ROBSON	19경기	6골	1981~1994

통산 우승 기록

리버풀

LIVERPOOL

1부, 프리미어리그	2부 리그	FA컵	리그컵
19회	4회	8회	9회

유러피언컵, UEFA챔피언스리그	UEFA컵	유러피언 슈퍼컵	클럽월드컵
6회	3회	4회	1회

통산 우승 기록

맨체스터 유나이티드

MANCHESTER UNITED

1부, 프리미어리그	2부 리그	FA컵	리그컵
20회	2회	12회	6회

유러피언컵, UEFA챔피언스리그	유러피언 컵위너스컵	UEFA 유로파리그	유러피언 슈퍼컵
3회	1회	1회	1회

인터 콘티넨털컵	클럽월드컵
1회	1회

SPECIAL THANKS

이 책이 만들어지기까지 도움 주신
모든 분들께 감사드립니다.

Laura Amos
Hannah Avery
Fionnuala Barrett
Claire Boal
Caroline Bovey
Charlotte Brown
Steve Burdett
Sarah Burke
Alan Cracknell
Jonathan de Peyer
Anna Derkacz
Tom Dunstan
Kate Elton
Mick Fawcett
Simon Gerratt
Monica Green
Tara Hiatt
Graham Holmes
Ben Hurd
Megan Jones
Jean–Marie Kelly
Steve Leard
Oliver Malcolm
Alice Murphy–Pyle
Adam Murray
Genevieve Pegg
Agnes Rigou
James Ryan
Florence Shepherd
Zoe Shine
Emma Sullivan
Katrina Troy
Phillipa Walker
Kelly Webster

L I V E R P O O L
M A N C H E S T E R U N I T E D

◇ 당신은 언제나 옳습니다. 그대의 삶을 응원합니다. – **라의눈 출판그룹**

레드 온 레드

리버풀과 맨체스터 유나이티드 세상에 둘도 없는 극한의 라이벌 이야기

초판 1쇄 | 2023년 10월 12일

지은이 | 필 맥널티 · 짐 화이트
옮긴이 | 홍재민
펴낸이 | 설응도
편집주간 | 안은주
영업책임 | 민경업
디자인 | 박성진

펴낸곳 | 라의눈

출판등록 | 2014 년 1 월 13 일 (제 2019-000228 호)
주소 | 서울시 강남구 테헤란로 78 길 14-12(대치동) 동영빌딩 4층
전화 | 02-466-1283 팩스 | 02-466-1301

문의 (e-mail)
편집 | editor@eyeofra.co.kr
마케팅 | marketing@eyeofra.co.kr
경영지원 | management@eyeofra.co.kr

ISBN 979-11-92151-62-5 13690